TIBET
La question qui dérange

Claude B. Levenson

TIBET
La question qui dérange

Albin Michel

*Au compagnon de toutes les aventures,
interrogations et rencontres partagées
sur des chemins parfois de traverse.*

Si le Tibet m'était conté...

Amaravathi en Andhra Pradesh : une petite ville poussiéreuse, assoupie au soleil brûlant de midi, avec ses modestes
maisons basses et fleuries aux couleurs coquettes autour de
son grand temple, dans un paysage rural comme l'on
s'étonne d'en découvrir encore dans l'Inde profonde
– entre bananeraies, champs de coton, palmiers, troupeaux
de buffles ou de chèvres, hameaux de huttes en pisé aux
toits de chaume, cultures vivrières où l'épouvantail est cra-
vaté, tandis que sur la berge de la rivière des femmes
battent le linge sur des pierres plates. Un silence campa-
gnard, loin des cités trépidantes de l'Inde qui se rue vers
la modernité. Amaravathi comme surprise d'être soudain
investie deux semaines durant par une marée rouge et
jaune de nonnes et moines tibétains, par une foule bigarrée
et souriante de Tibétains du dedans et du dehors : des
milliers de pèlerins suants et silencieux sous l'immense
tente étayée de bambous, attentifs jusqu'aux larmes aux
propos de leur maître de sagesse, ou de vie.

Selon la légende – ou l'histoire ? –, lorsque Amaravathi
s'appelait Dhanyakataka, dans le sillage du règne du grand
roi Ashoka, un stûpa monumental y fut construit pour
honorer l'enseignement de l'Éveillé. D'après la tradition

tibétaine, c'est en ce lieu que le Sage des Shakya aurait lui-même initié pour la première fois certains de ses fidèles au tantra supérieur du Kâlachakra, la Roue du temps. Et comme son parfait accomplissement personnel lui conférait des pouvoirs exceptionnels, au même moment, à d'autres disciples, il enseignait la Prâjnapâramita, le sûtra de la Perfection de la sagesse, au pic des Vautours à Rajgîr, non loin de Bodh Gaya où il avait auparavant atteint à l'éveil suprême. C'est pourquoi les maîtres du Pays des monts neigeux associent de manière si étroite ces deux enseignements particulièrement chers au cœur des Tibétains.

La roue du temps néanmoins a tourné depuis lors, les siècles et les tribulations de l'histoire ont déposé des couches de poussière sur les monuments et les vestiges. Jusqu'à ce que l'oubli s'installe, ou que la mémoire des hommes ne sache plus y discerner ses racines. Pourtant, patiemment nourris dans le silence des monastères, les souvenirs ont perduré, corroborés par les témoignages de pieux pèlerins chinois ou cinghalais, tibétains aussi, pour sortir de leur torpeur au grand jour à l'aube de l'an 2006, lors de la pleine lune du onzième mois de l'an de l'Oiseau de bois (2132 selon le calendrier tibétain), quand le XIVe dalaï-lama a, pour la trentième fois dans son incarnation actuelle, transmis l'enseignement de la Roue du temps. Ils étaient plus de cent mille à l'écouter.

Ce fut une belle cérémonie, empreinte de ferveur et de bonne humeur, peut-être encore plus émouvante que de précédentes de la même inspiration, en raison de la présence inattendue d'environ huit à dix mille Tibétains de l'intérieur. Certains étaient arrivés munis de laissez-passer et visas officiels, d'autres par centaines étaient venus clandestinement, bravant tous les dangers en franchissant les hauts sentiers secrets himalayens. Une attente à la fois fiévreuse et confiante se lisait dans leurs regards, même si des larmes ont jailli lorsque le dalaï-lama a répété, comme déjà maintes fois par le passé, qu'il leur incombait d'assurer la survie du Tibet et que la clé de leur avenir se trouvait entre leurs mains. Les dob-dob, ces maîtres de discipline aux carrures athlétiques et à l'œil sévère, n'eurent guère à intervenir, sauf pour canaliser des cohues sporadiques avant les rencontres avec le dalaï-lama, ou la pérégrination chaotique autour du mandala.

Si le public à Amaravathi était essentiellement tibétain, regroupé autour d'un noyau fort de quelque seize mille moines et nonnes venus des grands monastères reconstruits dans le sud de la péninsule indienne, bonzes et laïcs d'obédiences bouddhistes diverses étaient bien représentés – Japonais, Coréens, Taiwanais en nombre, Mongols et Bouriates, Russes et Occidentaux, sans négliger la présence aussi remarquable que remarquée d'un groupe important de fidèles chinois venus de Chine continentale. Par affinités, tous ont été reçus en audiences successives par le dalaï-lama, et nombreux en sortaient les yeux brillants. Dans cette ambiance singulière, irréfutables sont les témoignages des sens : tous à l'affût, ils se liguent pour attester la vigueur de la réalité tibétaine, tissée des difficultés quotidiennes de ceux de l'exil, des drames innombrables de ceux de l'intérieur. Une quinzaine de jours durant, les participants ont tout oublié pour se consacrer aux retrouvailles, à renouer des liens distendus mais jamais rompus, sous la protection bienveillante de leur guide temporel et spirituel.

Drôle de pays, qui existe sans existence officiellement reconnue ; drôle de peuple foncièrement nomade, la tête dans les étoiles, qui se bat pour sa liberté sans tapage ni violence ; drôle de destin qui fait de cette haute terre au cœur de l'Asie une contrée à la fois mythique et tellement réelle qu'elle ne cesse d'attirer des convoitises matérielles certes, mais aussi des rêveurs de tous horizons aimantés par sa singularité dans une quête toujours recommencée de perfection ou de bonheur, de beauté ou de sagesse – d'aucuns disent d'une autre vie.

Et si le Tibet n'était qu'une vue de l'esprit ? Pourquoi éveille-t-il autant d'échos disparates sous des cieux si divers, si éloignés apparemment les uns des autres ? Immanquablement, un jour vient où la question se pose comme d'elle-même : pourquoi le Tibet ? La réponse n'est pas simple, tant elle a de facettes. Chacune est sans doute vraie, du moins partiellement. Cependant, une fois rassemblés les morceaux épars de ce puzzle, il reste encore une part d'ombre – ou de lumière – à apprivoiser. Marchands des temps anciens, missionnaires précurseurs des époques intrépides, caravaniers d'antan et montagnards d'aujourd'hui, voyageurs pressés et pèlerins de l'éternité, chemineaux de l'espace et du temps, mais encore doctes tibétologues et archéologues d'une mémoire incertaine, collectionneurs amoureux d'un inaccessible lointain, experts passionnés à déchiffrer des richesses insoupçonnées passées au fil des siècles de maîtres à disciples, chercheurs en quête d'eux-mêmes ou de planches de salut, adeptes insouciants de modes aussi excentriques qu'éphémères, politiciens de toutes les couleurs à l'affût d'un geste porteur, activistes et militants d'une bonne cause – jamais la réponse ne sera la même, aucune ne vaudra pour toutes les autres. Difficile ainsi de dégager une vision d'ensemble.

À sa manière, cette contrée pas tout à fait comme les autres résume les aspects les plus divers des défis de notre temps : à savoir destruction programmée d'une civilisation multiséculaire et de son peuple dans l'indifférence de la communauté internationale ; violations flagrantes des droits de l'homme et d'un peuple à l'autodétermination ; colonisation du territoire et transferts massifs de populations visant à réduire les autochtones à une minorité chez eux ; exploitation anarchique des ressources naturelles et dégradation accélérée de l'environnement au profit essentiel de la métropole, en l'occurrence chinoise ; pollution du château d'eau du continent asiatique ; inaction des instances mondiales faute de volonté politique de ceux qui les dirigent. Et si le Tibet était aussi une métaphore de notre liberté, de nos libertés ?

1.

L'idée du Tibet
au miroir des précurseurs

C'est pourquoi tant que durera l'histoire des hommes, il y aura toujours sur les hauts plateaux de l'Himalaya des moines tibétains qui contempleront sans regard un ciel indéchiffrable.

Sergio Solmi

Au loin sur la colline, dans une clarté d'azur, cette silhouette familière et pourtant inconnue – le liséré blanc sur le bâtiment trapu lie-de-vin en haut, le solide socle imposant et blanc en bas, la dentelle d'or scintillant tout en haut au soleil méridien –, le Potala s'impose. Première vision lors d'un premier voyage, l'image du yack solitaire sur le tarmac désert près d'une baraque de bois déguisée en salle d'accueil déjà mise en mémoire, première impression de franchir le seuil d'un rêve, ou d'un espoir, d'un désir peut-être, pour apprivoiser une réalité. Mon chemin de Lhassa ? Moi-même je n'en revenais pas...

Au début des années 1980, quand les portes s'entrebâillaient précautionneusement pour laisser passer des voyageurs filtrés et avertis des périls qui les guettaient en altitude – à peine un demi-millier d'étrangers sont lâchés en petits groupes sur le Toit du monde –, l'escapade s'apparentait encore à l'aventure. Certes, rien de comparable avec les obstacles et les épreuves des éclaireurs, des plus intrépides pionniers à la spectaculaire équipée d'Alexandra David-Néel, célèbre Parisienne à Lhassa, frayant la voie aux derniers témoins d'une indépendance perdue lors de l'annexion militaire chinoise. Mais tout de même, ce léger pincement au cœur, ce flottement inédit dans la tête en suivant la route de poussière devant les bâtiments partiellement en ruines du grand monastère de Drépung accrochés à flanc de montagne avant d'aborder la ville...

La ville ? Elle n'était déjà plus tout à fait cette « cité du divin » où avaient flâné en liberté, en compagnie de notables locaux, une poignée d'Occidentaux chanceux dans les années 1950 ou, tout au début des années 1960, les quelques experts et spécialistes amis de contrées socialistes sous l'œil vigilant de cornacs officiels. Entre-temps, il y avait eu les vagues de rage destructrice des années de révolution dite culturelle et les inepties des inconditionnels du régime, qui vantaient la « libération des serfs »...

Ce n'était pas encore non plus cette agglomération d'aujourd'hui au modernisme arrogant, de béton et de verre bleu : immeubles champignons poussés à la va-vite le long des larges veines éventrées à coups de bulldozers et de travaux forcés, vastes places nettes dans leur démesure pour accueillir parades militaires et festivités populaires soigneusement encadrées. Des constructions sans grâce qui jurent avec l'indifférente majesté de l'environnement, tant elles paraissent incongrues avec leur air de fausse mascarade chinoise, feignant de masquer l'invasion et le mépris. Tout cela en trois décennies à peine – défigurée, enchinoisée, Lhassa est-elle encore à même de faire battre des cœurs ?

D'évidence, oui : il suffit de se faufiler dans la cohorte des pèlerins qui au jour le jour attendent le crépuscule rapide pour apporter offrandes et prières au Jowo, au cœur du Jokhang, en partageant le rituel du soir des moines, lorsque les touristes ne sont plus là et que la nuit redevient tibétaine. Et de suivre dans le crissement des moulins à prières la ronde qui tourne sans se lasser sur le circuit rituel du Barkhor autour du sanctuaire, quand marchands de fruits hui et vendeurs chinois à la criée ont plié bagage pour aller se perdre dans les lumières criardes et le vacarme des haut-parleurs des quartiers à plaisirs. Le vieux quartier recouvre ses droits, Lhassa reprend le fil de ses rêves.

Et pourtant... Lors de mon premier voyage, il n'y avait pas de grand-place devant le Jokhang, encore moins de ces réverbères qui, depuis, ont essaimé sur le pourtour sacré et lui donnent un air bizarrement emprunté. Le sanctuaire était alors encore blotti au creux de la vieille ville, comme gardé par les anciennes demeures patriciennes mal entretenues certes, mais néanmoins protectrices. Dans les venelles enchevêtrées, les maisons traditionnelles aux murs épais, légèrement en oblique vers le haut, sans dépasser les deux étages, et aux fenêtres fleuries ressemblaient à des gardiennes bourrues de traditions renaissantes.

Des rires fusaient des cours intérieures entrevues au-delà des porches, des sourires à la fois incrédules et engageants étaient invite à l'approche mutuelle : là, l'hospitalité fait partie des coutumes, c'est avec une curiosité évidente que l'on renouait avec la tradition longtemps interdite – ne serait-ce que pour s'enquérir en catimini d'éventuelles nouvelles d'un célèbre absent. Autant de surprises que de jours, autant de découvertes que de rencontres, l'étrange impression aussi de sentir un peuple se réveiller à lui-même après des temps de chaos et de cauchemar.

Marcher sur des sentiers dont un régime autoritaire s'est acharné à effacer les traces et les pas, et percevoir le frémissement d'un renouveau, le souffle ténu d'un appel à l'espoir, le désir passionné d'un retour, d'une liberté tellement attendue. Dans l'attente de ces souhaits informulés, l'élan était à la reconstruction : relever les murs, déblayer les gravats et les débris, en retirer des morceaux épars de statues à recoller, nettoyer les parois souillées de slogans révolutionnaires, rendre leur regard aux personnages des fresques barbouillées, remettre d'aplomb les autels, reconstituer les bibliothèques saccagées, façonner de nouvelles statues petites ou grandes, reconsacrer les oratoires et reconstituer la ronde des moulins à prières, reprendre les gestes ancestraux qui donnaient ses couleurs particulières au quotidien. Un labeur à la fois méticuleux et gigantesque, repris sans hâte apparente, en renouant avec les tours de main précis d'autrefois revenus comme autant de réflexes endormis. Et tout cela, en chantant si c'était à l'air libre, en silence concentré ponctué de rires chuchotés si c'était en atelier ou en chambre.

Pourquoi donc cette réputation de terre interdite, et donc pourquoi cette attirance persistante que le Pays des monts neigeux exerce si loin à la ronde ? À convoquer les souvenirs inscrits dans les relations de voyages, les récits personnels ou les carnets de notes d'expéditions savantes, on finit par se dire que pour un territoire interdit, le Tibet a vu passer au fil des temps tout de même pas mal de visiteurs... À commencer par ces quelques érudits célèbres, Padmasambhava et sa suite venus du royaume d'Oddhyana (vallée de Swat, dans l'actuel Pakistan) au VIIᵉ siècle. Ou Dipankara Srijnana, dit Atisha, et ses disciples arrivés de la grande université indienne de Vikramasila au XIᵉ siècle pour enseigner la sagesse et jouer les bonnes fées sur le berceau de ce fier rejeton que deviendrait le bouddhisme tibétain. Mais eux n'ont pas laissé de chroniques de leurs pérégrinations, seulement des traductions et des monastères... À preuve Samyé, rasé jusqu'en ses fondations lors de la révolution dite culturelle et aujourd'hui rebâti sur son lieu d'origine choisi par le premier, et le Nyetang Dolma Lakhang, à l'orée de Lhassa, où le second a fini ses jours, ce qui a valu au petit sanctuaire d'échapper, indemne, à la folie destructrice des Gardes rouges : il porte à sa manière gage de la dévotion du sage à la vénérée Târa, protectrice du Tibet.

Les découvreurs

Il semble que Benjamin de Tudèle ait été le premier en Europe à faire mention dans son *Itinéraire* d'une province qu'il désigne sous le nom de « Tibet » : lors de sa visite à Samarkand vers 1165, le grand voyageur juif relate qu'à des jours de marche de la célèbre oasis, dans les forêts de cette lointaine Asie se trouve le gîte de « cette bête qui fournit le musc », matière de grande réputation à l'époque qui se négociait dans cette halte fameuse de la Route de la soie.

Saura-t-on jamais avec certitude lequel fut réellement le pionnier parmi les devanciers, le premier à exprimer la sensation d'aborder un monde si différent qu'il le nimbait d'étrangeté ? Sur la route des caravanes, la rumeur peut-être portait-elle déjà les ouï-dire des grands espaces désertiques ? Et avant que l'étranger de passage ne s'avise de ses propres impressions, sans doute quelque ascète ou yogi obstiné avait-il déjà arpenté ces hautes solitudes en quête de silence ou de beauté – mais nul n'en a rien su. Sauf la mémoire des pèlerins et des bardes errants à l'écoute des folles histoires que colportent les ouragans...

L'idée du Tibet est cependant lancée par les récits détaillés – et les bruits qu'ils font naître – d'autres voyageurs, plus connus ceux-là, comme Guillaume de Rubroeck, Odoric de Pordenone le franciscain et, naturellement, Marco Polo. Le Vénitien affirme se souvenir : « Les rivières et les lacs du Thibet contiennent des paillettes d'or. On trouve aussi dans cette province du corail qui est très estimé et dont on orne le cou des femmes et des idoles. Enfin, il y a des épices inconnues en Europe. C'est là que se rencontrent les plus puissants enchanteurs. Leur art diabolique leur permet d'accomplir des prodiges inouïs. Je ne vous les raconterai pas, car cela ne servirait qu'à scandaliser. »

Ces découvreurs ne tardent pas à faire des émules : le miroitement des merveilles énumérées, vraies ou enjolivées, a de quoi susciter des mirages. Des vocations aussi. Les premiers vrais curieux sont des religieux, d'abord en quête du royaume mythique du roi-prêtre Jean, et ensuite désireux de se mesurer, en paroles du moins, à l'idolâtrie asiatique qu'ils ressentent comme portant ombrage à leur propre croyance. Au début du XIIe siècle, un rapport de l'évêque de Gabala (Syrie) au pape Eugène III l'informe d'une « grande victoire du roi Jean sur les Perses et les Mèdes infidèles », accréditant dès lors l'histoire d'un roi-prêtre chrétien nanti d'immenses richesses et doté d'une redoutable armée dans une lointaine contrée d'Asie alors inconnue. Ce personnage mythique allait prendre selon les époques les traits du grand khan mongol ou du négus d'Éthiopie. La légende d'un royaume chrétien au-delà des Sarrasins et des Mongols – Gengis Khan s'apprêtait à déferler sur l'Europe – devait ensuite alimenter l'imagi-

20

naire occidental et servir d'aiguillon aux premiers missionnaires attirés par un mirage tibétain pailleté d'or. Jésuites,
capucins et lazaristes – souvent par le détour de Cathay,
la Chine de l'époque, ou de l'Inde devenue terre de mission – sont parmi les précurseurs. Franchir l'Himalaya
devait cependant prendre du temps et exiger une grande
ténacité.

Les premiers missionnaires connus et reconnus ne trouvent pas porte close lorsqu'ils atteignent en 1624, après
maintes épreuves, le royaume de Guge : le roi de Tsapa-
rang offre l'hospitalité à Antonio de Andrade et l'autorise
même à bâtir une église. Environ un siècle plus tôt, un
général moghol, Hirza Haïdar Dughlat, cousin de Babur
l'empereur, après une sanglante expédition dans les royaumes de Guge et de Purang, avait tenté l'aventure de la
traversée himalayenne, avant de tourner bride pour guer-
royer au Cachemire. Il en avait profité pour consigner
nombre de notes sur le Tibet, le bouddhisme et les coutumes entrevues, mais ces velléités peut-être conquérantes en
sont restées là.

La voie étant ainsi tracée, sinon ouverte, d'autres l'em-
pruntent tour à tour : Johannes Grueber l'Autrichien et
Albert d'Orville le Belge séjournent deux mois durant à
Lhassa en 1660, avant que ne s'y présente un demi-siècle
plus tard Ippolito Desideri, de Pistoia. Les notes de Grueber, remises à son retour en Europe à Athanasius Kircher,
sont intégrées dans son *China illustrata* publié en 1667.
Bizarrement, le jésuite autrichien rapporte qu'il y a « deux
rois, dont le premier s'emploie à faire observer la justice
dans toutes les affaires qui se traitent dans le royaume [...],
l'autre vit oisivement dans son palais, comme dans une
solitude, retiré du monde, exempt d'affaires et libre de tout
soin ; et non seulement adoré des habitants du lieu comme

une divinité, mais encore tous les autres rois de la Tartarie qui lui sont sujets entreprennent volontairement des pèlerinages pour lui aller rendre leurs adorations comme au Dieu vivant et véritable. [...] Il se tient dans un lieu obscur et secret de son palais tout couvert d'or, d'argent et de pierreries, encerclé par quantité de lampes [...] les pieds appuyés sur de précieux tapis étendus ». Le palais du grand lama ressemblerait-il à un Vatican d'Asie ?

Les prêtres découvrent sur place une petite communauté de marchands arméniens, qui font commerce dans la capitale des dalaï-lamas – ce qui tendrait à montrer que Lhassa n'était pas si inaccessible que cela, du moins pour les échanges, et que ceux qui acceptaient les périls des longs chemins caravaniers y trouvaient sans doute leur compte. L'un d'eux, Hovhannes Joughayetsi, dit Jean de Julfa, y résida cinq années vers 1685, au temps du Grand Cinquième dalaï-lama et donc des grands travaux de réfection du Potala. Pour le compte d'une grande famille arménienne établie près d'Ispahan, il négociait tissus indiens et marchandises diverses, tout en menant ses propres affaires. Tenant scrupuleusement ses registres de comptes, il n'a guère laissé d'impressions ou d'informations personnelles sur ce séjour prolongé[1].

Des rivalités à peine feutrées entre capucins et jésuites pour l'exclusivité de la propagation de la foi à Lhassa doivent être résolues au plus haut niveau à Rome, ce qui implique de longues attentes et des jeux d'influences pour les principaux protagonistes sur place, tandis que le Tibet connaît de sérieux remous politiques dans le sillage du décès, occulté pendant une douzaine d'années, du Ve dalaï-

---

1. John E. Wills, Jr., *Lima, Pékin, Venise, 1688 une année dans le monde*, Autrement, 2003.

lama. Les missionnaires européens font indirectement les frais des luttes de pouvoir qui se livrent dans les couloirs des monastères et du palais.

Dans le même temps, Damba Darzha Zayayev, fils d'un chef de famille bouriate des contrées proches du lac Baïkal – « Miracle bleu » ou « Perle de Sibérie », dont les Russes sont en train de faire la conquête –, débarque tranquillement à Lhassa en 1724 pour y poursuivre des études monastiques poussées durant sept ans. Introduit au noviciat par le IIe panchen-lama et pleinement ordonné par le VIIe dalaï-lama, il sera à l'origine de la consolidation du bouddhisme d'obédience tibéto-mongole en ces territoires des confins où se mêlent à l'époque des tendances multiples, alors que des querelles de clans réduisent l'influence mongole dans l'immensité qu'elle dominait naguère. Pourtant, dans ce coin perdu de Sibérie et malgré toutes les vicissitudes encore à surmonter, la tradition de l'Éveillé persiste obstinément jusqu'à nos jours.

Un autre chef mongol, Latsang Khan des Dzoungares, impose temporairement son ordre au Tibet, avant que la Chine mandchoue ne réagisse et ne le déloge. Les capucins retournent à Lhassa qu'ils ont dû quitter précipitamment, et Ippolito Desideri est rappelé à Rome, qu'il regagne en 1727. Il rédige la plus minutieuse et complète relation de mission de ses voyages au Tibet, qui fera date dès qu'elle sera publiée... en 1904, après avoir été totalement négligée, puis oubliée dans un grenier. Quant aux capucins d'Orazio Della Penna qui l'ont finalement emporté sur la Compagnie de Jésus pour évangéliser ces territoires, ils subsistent quelque temps encore sur place, accueillant notamment lors de son passage en 1728 le Hollandais Samuel Van de Putte en route de Calcutta à Pékin. L'animosité croissante des lamas à leur égard devient néanmoins telle que la

mission ferme ses portes, et les missionnaires quittent finalement les lieux en 1740, sans avoir réussi ni à s'implanter
solidement sur place ni surtout à réfuter la doctrine bouddhiste comme l'avait si ardemment souhaité leur rival mal-
heureux Desideri.

L'attrait de Lhassa

Les temps qui suivent sont porteurs de bouleversements
tandis que se mettent en place pour une nouvelle donne
les pions principaux du Grand Jeu[1] à venir. En Europe,
des experts en chambre s'activent à établir les nouveaux
repères de royaumes et empires lointains, visualisés d'après
les récits dorénavant disponibles de divers témoins, quitte
à suppléer par l'imagination aux informations manquantes.
Des cartes sont établies, dont de rares exemplaires sont
précieusement gardés dans des musées de petites villes pié-
montaises, ou ailleurs. Dès 1751, sieur Robert, géographe
ordinaire du Roy, indique correctement le « Royaume du
Thibet » par-delà l'« État du Mogol » au chapitre « Indes
orientales » de son atlas. En 1766, l'Autrichien Joseph Tie-
fenthaler situe pour la première fois avec précision le Dau-
laghiri en Himalaya. Et sur une carte de « l'Asie divisée en
ses principaux États, Empires et Royaumes », dressée en
1778 par le sieur Robert de Vaugondy, sur « ordre du Roi,
du feu Roi de Pologne, Duc de Lorraine et de Bar, et de
l'Académie des Sciences et des Belles-lettres de Nancy »,

---

1. Le Grand Jeu : nom donné à la concurrence politique entre la
Grande-Bretagne, la Russie et la France pour s'assurer une hégémonie
en Asie (tournant XIXe-XXe siècle).

entre le « Royaume des Eleuths [tribu mongole] » au nord et l'« Inde moghole » au sud, avec le « Petit Thibet » en ouest et les « Tartares du Koukounor » en est, on trouve clairement délimité au centre le « Grand Thibet », avec cette précision : « État du dalaï-lama »...

D'après le *Petit Robert* de 1978, le mot « tibétin » aurait fait une première apparition en 1765, avant de s'enrichir d'un « a ». Un *Alphabetum tibetanum* a déjà vu le jour en 1762 à Rome sous les auspices de la Congrégation pour la propagation de la foi, mais son auteur, Antoine Gorgi, a commis tant d'erreurs et de contresens que la postérité le juge fort sévèrement : le seul mérite que d'aucuns lui concèdent, c'est d'avoir été quasiment le premier à se pencher sur cette langue « exotique ». De fait, il aura fallu attendre la ténacité et l'abnégation peu communes d'un personnage singulier, Alexandre Csoma de Körös, pour véritablement « ouvrir » le Tibet à l'attention occidentale. Déterminé à découvrir l'origine exacte de sa propre langue, le magyar, et de son peuple, ce chercheur hongrois a rencontré le tibétain sur son chemin vers le cœur de l'Asie et en a établi un *Essai de dictionnaire tibétain-anglais*, au prix d'un labeur acharné dans les conditions les plus dures d'un vieux monastère perdu d'une vallée himalayenne. Publié entre 1826 et 1830, l'ouvrage fait autorité aujourd'hui encore.

Du coup, cet érudit aussi modeste qu'original pose en quelque sorte le fondement des études tibétaines en Occident. Chemineau dans le sens le plus précis du terme, voyageur entêté mais sans bagages, linguiste mâtiné d'ascète, le savant est célébré comme héros national en Hongrie et comme bodhisattva au Japon, honneur reconnu à aucun autre étranger. Nul parmi ceux qui suivront plus tard sur sa lancée ne saurait nier la dette due à ce devancier d'exception. Ce qui n'empêche pas le *Petit Larousse illustré* en deux volumes de 1923 de toujours s'interroger à propos de cette langue insolite : « Le tibétain n'a pu jusqu'ici être rapproché scientifiquement d'aucune autre langue : il est sur le passage du monosyllabisme à l'agglutination. L'écriture tibétaine dérive de l'alphabet indien. »

Si l'accès à cette branche de la famille linguistique tibéto-birmane a longtemps été l'apanage d'un cénacle de chercheurs passionnés, c'est aussi qu'elle n'est réellement entrée que sur le tard dans le domaine des études universitaires : encore un effet imprévu de l'annexion militaire. L'arrivée en Occident d'érudits exilés, surtout religieux mais aussi laïques, a stimulé la curiosité et lancé sur des pistes peu courues des esprits curieux du déchiffrage de grimoires et de manuscrits sauvés des tourmentes politiques, à la recherche peut-être également d'une lecture différente du monde. La présence vivante de maîtres de qualité a fourni les clés pour la compréhension d'ouvrages qualifiés naguère d'obscurs, faute de lecture correcte.

Le XVIIIᵉ siècle demeure l'époque où des précurseurs attentifs – Victor Jacquemont, Julius Klaproth – commencent à prendre la mesure réelle et intellectuelle, voire spirituelle, des terres qu'ils « découvrent ». Les émissaires des puissances européennes se penchent de plus près sur les pays qu'ils assujettissent sans états d'âme au service des familles royales. Le temps des colonies met aux prises les intérêts financiers et commerciaux des empires que se taillent, ou essaient de se tailler, l'Angleterre, la Chine et la Russie, la France. Le Grand Jeu commence à se dessiner plus nettement.

Pour y mettre cependant les formes, Warren Hastings, gouverneur des Indes, dépêche sur les hauts plateaux George Bogle, à qui il confie une mission de renseignement : s'informer sur le terrain des perspectives commerciales, sans plus. Son jeune émissaire est accompagné d'un médecin et a pour guide-interprète Purangir, un moine plus ou moins errant, que le tashi-lama a envoyé, porteur d'une missive pour le vice-roi. Quittant Calcutta en mai 1774, la petite équipe passe par le Bhoutan, se voit refuser tout net l'entrée au Tibet, franchit les grands cols et aboutit en novembre à la cour du IIIe panchen-lama, au Tashilhumpo à Shigatsé.

Le séjour s'avère riche en rencontres pour l'Écossais curieux de tout, qui est reçu par le hiérarque de l'époque avec une ouverture qui lui va droit au cœur : « Bien que vénéré comme le vice-régent de Dieu dans tous les pays de l'Asie de l'Est – relève-t-il –, il s'accommode de la faiblesse des mortels et se comporte avec tous, et spécialement avec les étrangers, de la manière la plus affable. » Parti sans préjugés, l'envoyé britannique laisse percer une sorte de nostalgie au retour de cette expérience à bien des égards exemplaire qui lui fait former ce vœu pour le peuple qu'il a découvert : « Puisses-tu longtemps jouir de ce bonheur qui est refusé aux nations plus policées et, tandis qu'elles sont engagées dans la poursuite sans fin de buts dictés par l'avarice et l'ambition, puisses-tu, défendu par tes montagnes arides, continuer à vivre dans la paix et le contentement... »

Quelques années plus tard, en 1783, Samuel Turner sera pour sa part le dernier à profiter de cette tolérance encore nonchalante : il est chargé de porter les félicitations du vice-roi des Indes à la réincarnation du IIIe panchen-lama décédé des suites d'une maladie contractée lors d'un voyage à Pékin. Avec cette brève visite de courtoisie s'achèvent d'une certaine manière la période d'échanges de civilités et le mandat de Warren Hastings. Son successeur se désintéresse de ces terres trop hautes et d'accès ardu, d'autres personnages entrent en scène en ordre moins dispersé et plus pointu. Les choses se corsent au tournant du siècle, des deux côtés d'ailleurs – la période est turbulente pour le Tibet : à ses frontières naturelles les ambitions de puissance s'affrontent, des barrières se posent que d'aucuns ou d'aucunes prennent un malin plaisir à vouloir franchir. Mais pour quelques audacieuses réussites, combien d'échecs, et non des moindres, sans oublier parfois de véritables drames.

Il y a aussi des notes divergentes, comme celles de Thomas Manning, un voyageur fantasque à la mode britannique, qui ne rêve que de Chine et s'en voit refuser l'accès par des fonctionnaires tatillons. Il se jure de contourner l'obstacle et le prend à revers : il décide d'entrer en Chine par le Tibet, et se présente en 1811 au poste-frontière de Phari, au sud, où le chef de la garnison chinoise, à la fois surpris et amusé par son outrecuidance, décide de l'emmener avec lui : ayant achevé son service, il rentre en Chine en passant par Lhassa, occupée par la troupe impériale. De surcroît, Manning est médecin, ce qui peut toujours servir en voyage.

Arrivé dans les bagages d'un général chinois, flanqué d'un serviteur chinois, l'Anglais porte un regard d'occupant sur un pays occupé. Tant bien que mal, il passe quatre mois – un hiver – à Lhassa, mais comme en dehors d'une réalité qui lui échappe et, somme toute, ne l'intéresse pas. S'il daigne admettre que « la route qui serpente le long du palais est une voie royale, elle est large, plane et sans cailloux, et avec le palais – une construction énorme et majestueuse qui la domine de haut – l'effet est magnifique », en revanche ce qu'il voit ailleurs le révulse au point de noter : « En bref, tout est minable, sordide, avec quelque chose d'irréel. Même la gaîté des habitants, leurs rires, je trouvais qu'ils paraissaient oniriques, hallucinants. C'était moi qui rêvais, sans doute – concède-t-il –, mais je

28

ne pus me débarrasser de cette idée.» Ses tentatives de repartir directement pour Pékin se révèlent vaines, les fonctionnaires chinois ne lui font pas confiance, pas plus que les autorités tibétaines en raison de ses accointances, supposées ou réelles, avec l'occupant. Terré dans sa chambre alors que circule le bruit qu'il va être exécuté, il est reconduit sous escorte à Phari, d'où il regagne Calcutta en observant un silence prudent sur sa mésaventure tibétaine.

Les voyageurs occidentaux suivants arrivent de Mongolie et sont français : les lazaristes Huc et Gabet. Ces deux-là ont en tête de combattre l'idolâtrie à n'importe quel prix et, de passage au grand monastère de Kumbum, ils décident de se joindre en 1845 à la caravane officielle qui retourne à Lhassa. Le brave père Huc raconte qu'il y a vu lui-même, de ses yeux vu, un arbre né, dit-on, de la chevelure de Bouddha (!) et dont chaque feuille portait un caractère tibétain. Et de commenter : «Nous cherchâmes partout, mais toujours vainement, quelque trace de supercherie, la sueur nous en montait au front.»

Le récit de ces tribulations, brèves mais colorées, dans la capitale des dalaï-lamas est suffisamment connu – un grand succès de librairie guère démenti par le temps – pour se contenter de signaler que c'est en grande partie grâce à leur folle équipée que des vocations sont nées, parmi lesquelles celles de Nikolaï Prjevalski qui se lance sur leurs brisées en 1870, 1879 et 1887 par les contrées désertiques du nord, sans jamais atteindre Lhassa ; d'Henri d'Orléans, qui prend avec Gabriel Bonvalot la route par le Tonkin en 1890 ; et, bien sûr, plus tard, d'Alexandra David-Néel.

Le Tibet se drape dans ses solitudes, Lhassa redevient cité fermée par la volonté réaffirmée de ses autorités décidées à préserver autant que possible un quant-à-soi de plus en plus menacé par les appétits de leurs voisins. Sûre de son bon droit et de sa force, la Couronne britannique règne sur le sous-continent indien et, désireuse de se réserver la meilleure part de territoires septentrionaux à explorer, monte une garde sourcilleuse dans les montagnes himalayennes et au-delà, désormais soumis en toute clandestinité dans le dernier quart de siècle à examen par des agents très spéciaux, ces exceptionnels pandits-pèlerins équipés des instruments de mesure les plus sophistiqués de l'époque dissimulés dans des objets usuels – moulin à prières, rosaire ou bâton – indispensables à tout chemineau ou honnête marchand... Le plus connu d'entre eux, Sarat Chandra Das, rédige des rapports circonstanciés qui feront date lors de leur publication[1].

Dans l'intervalle, les passions de deux hommes, Alexandre Csoma de Körös et Brian Hodgson, convergent par des sentiers d'heureux hasards pour mettre enfin à la portée d'un public élargi des documents qui répondent à un intérêt croissant pour ce pays. Des alpinistes commencent à partir à la découverte voire à l'assaut de l'Himalaya. C'est aussi l'époque où William W. Rockhill, diplomate américain de son état, tente par deux fois, en 1888 et en 1892, d'aller jusqu'à Lhassa en partant de Pékin, en vain. En 1894, l'expédition de Dutreil de Rhins et de Joseph-Fernand Grenard en Asie centrale tourne au drame, tout comme une nouvelle tentative d'évangélisation de Lhassa entreprise par un couple de missionnaires, Petrus et Susie Rienhart s'achève en tragédie – la jeune femme y perd son mari, son bébé, mais pas sa foi.

Moins connue sans doute, une autre missionnaire anglaise se lance à l'automne 1892 dans une espèce de

---

1. Sarat Chandra Das, *Voyage à Lhassa et au Tibet central*, Olizane, 1994.

répétition générale de l'aventure d'une Parisienne à Lhassa
– sauf qu'Annie Taylor, accompagnée d'un jeune serviteur
recruté au Sikkim qui lui a enseigné le tibétain et trahie par
un guide chinois, n'atteindra jamais Lhassa. Après maintes
péripéties – l'attaque de la caravane par des brigands, la
mort d'un fidèle serviteur musulman, le froid, la neige et
les vents – et un interrogatoire serré à Nagchuka en janvier 1893 par des magistrats tibétains venus tout exprès de
Lhassa, elle doit reprendre la route en sens inverse. Ce qui
ne l'empêche pas de repartir ensuite vers ce Tibet interdit,
pour ouvrir une échoppe à Yatung, dans la vallée de la
Chumbi... L'histoire dit qu'une dizaine d'années plus tard,
les soldats de l'expédition du colonel Younghusband la
saluèrent au passage.

Lhassa, ville ouverte

Un nouveau chapitre s'ouvre ainsi, dans le sang et la
mort, pour ce pays qui n'en finit pas de nourrir les imagi-
naires. Un journaliste, Perceval Landon, envoyé spécial du
Times, accompagne le corps expéditionnaire et fait partager
à ses lecteurs, avec une rigueur très professionnelle, aussi
bien les détails des combats que la richesse des trésors des
monastères : des reportages comme on n'en fait plus, avec
le sentiment bien ancré du privilège, exceptionnel à l'époque, et peut-être une pointe de fierté, d'y accéder. « On
ne se rend pas toujours compte – écrit-il – que c'est dans
la cathédrale et non dans le palais du Potala que se concentre la vie religieuse du Tibet et des innombrables millions
de bouddhistes du Nord. [...] Ce qu'est le Tibet pour le
restant du monde, ce qu'est Lhassa pour le Tibet, le

Jokhang l'est pour Lhassa ; et il n'est pas prouvé, malgré plus d'une soi-disant description de l'intérieur, qu'aucun Européen y ait jamais mis les pieds... »

Lhassa réellement et finalement dévoilée ? Pas si sûr... En 1909, puis en 1910, Jacques Bacot essaie de gagner la cité des dieux – peine perdue, mais ses voyages dans les marches orientales du Tibet l'instruisent sans équivoque sur l'animosité profonde entre nomades du Kham et intrus chinois. Et s'il est contraint par la vigilance des gardiens du Toit du monde de renoncer à son rêve, ce savant voyageur n'en reste pas moins passionné de ces contrées qu'il a si bien perçues et qui l'ont profondément marqué. Au point de rejoindre dans la pensée George Bogle en notant ce vœu peu banal pour un explorateur : « Peuple qui a pour lui les siècles, quelques années de paix ne lui seront qu'une trêve dans une guerre de cent ans. »

Non seulement Bacot a recueilli sur le tas et commenté des informations précieuses, mais il a aussi invité son fidèle compagnon et serviteur Adjroup Gumbo à le suivre en France, ce qui vaut à l'amateur curieux de partager quelques brèves réflexions d'un Tibétain – le premier ? – sur la France de l'époque : « Après cinq mois passés à Paris, nous sommes partis. Entre les deux maisons, la distance au Tibet serait de vingt jours. Cette maison est grande comme une forteresse et bâtie sur une petite montagne. Mais le ta-jen [Jacques Bacot] n'est pas le chef du pays, car, en France, ceux qui habitent les palais sont devenus les sujets de leurs fermiers. Les pauvres, devenus puissants étant élus par le peuple, ont laissé leurs biens aux riches. Mais désormais, ils désirent s'en emparer[1]. »

---

1. Jacques Bacot, Adjroup Gumbo, *Le Tibet révolté*, Hachette, 1910.

L'idée du Tibet au miroir des précurseurs

Parmi les intellectuels et les poètes, le Pays des neiges a toujours la cote, comme le clame Victor Segalen à sa manière, porté par la passion :

> « *Mais toi, Thibet, tu t'es pétri, levé du plus fort de toi-même*
> *Héros terrassier et émouvant*
> *Non point potier mais poète ; et non artisan mais poème*
> *Non pas du dehors mais du dedans.* »

Le capitaine Ilya Tolstoy et le lieutenant Brooke Dolan, émissaires américains auprès du jeune dalaï-lama en 1942 ; André Migot, médecin français en caravane vers Bouddha entre 1946 et 1949, qui note son émotion de se trouver « sur la rive droite du Yang-tsé, sur le territoire du Tibet indépendant[1] » ; Li Gotami et Anagarika Govinda de 1932 à 1949 sur le « chemin des nuages blancs » ; Amaury de Riencourt dans la foulée de la fin de la guerre en 1947 ; tant d'autres qui, après les malheurs de Susie et le bonheur d'Alexandra, font écho à des tentations analogues à travers des prismes si divers tout au long du XXe siècle que même un chercheur aussi averti et rassis que Giuseppe Tucci, après huit voyages au Tibet, admet ce phénomène singulier : « Partir de Lhassa n'est pas quitter une ville quelconque. Il est facile de retourner n'importe où ailleurs, mais Lhassa est aussi inaccessible que si elle était hors du monde. S'en éloigner, c'est voir s'estomper une image de rêve, sans savoir si elle reparaîtra jamais. » C'est encore le savant italien qui relève, dès 1967 : « Quoi qu'il advienne, le Tibet de demain ne sera plus le Tibet d'hier. Il n'est pas interdit de penser que la nouvelle éducation et un certain

---

1. André Migot, *Au Tibet, sur les traces du Bouddha*, Éd. du Rocher, 1978.

esprit d'indépendance inné amèneront un jour les Tibétains à prendre conscience de ce qui est unique et particulier dans leur culture ; alors peut-être affirmeront-ils leur sens national pour des fins plus pratiques – et les signes de ce processus apparaissent de plus en plus clairement de quelque côté que se tourne le regard. »

Satyajit Ray lui aussi se laisse couler dans ce rêve finalement bien plus universel que strictement occidental. Le grand cinéaste indien offre dans sa nouvelle *Expédition Licorne*[1] une piste peu explorée, qui mène à sa façon au Toit du monde : « Mon idée est que si un nombre important de gens croient sur une grande période de temps à une créature imaginaire, la pure force de cette croyance est capable d'amener cette créature à la vie, avec toutes les caractéristiques que lui a attribuées l'imagination des hommes. » Le vieux lama qui ne pipait plus mot depuis des lustres pour avoir fait vœu de silence avait bien fait comprendre à ses visiteurs que « la licorne existe, mais pas dans la réalité » – pourquoi pas une terre ?

Peut-être le Pays des monts neigeux s'y prête-t-il avec une évidence particulière, qui tire sa force de ses contradictions et sans doute également d'avoir alimenté tant de légendes répandues au gré des trois temps dans les dix directions de l'espace. Une terre entre ciel et terre, où une certaine idée de liberté est à défendre à tout prix, celle d'un peuple dont la survie conditionne la nôtre.

---

1. Satyajit Ray, *La Nuit de l'indigo*, Presses de la Renaissance, 1987.

2.

Les troupes de Mao
à la conquête du Tibet

*Quand bien même les Chinois ne laisseraient
que ruines sur notre terre, le Tibet se relèvera de
ses cendres en tant que pays libre, même si cela
prendra du temps. Jamais puissance impérialiste
n'a réussi à maintenir longtemps d'autres peuples
sous le joug colonial.*

Tenzin Gyatso, XIVe dalaï-lama

En mars 1947, une délégation officielle tibétaine assiste
ès qualités à la Conférence interasiatique de New Delhi :
les couleurs nationales du Tibet ont été hissées à égalité
avec les drapeaux emblématiques de tous les participants.
En octobre 1948, une mission commerciale tibétaine
conduite par le ministre des Finances, Tsepon Shakabpa
Wangchuck Dedhen, voyage avec des passeports tibétains
dûment munis de visas officiels d'Inde et du Pakistan, du
Royaume-Uni, des États-Unis, de France, d'Italie et de
Suisse : preuves pour les Tibétains que leur pays n'est nullement une « province chinoise ».

L'ouverture d'un restaurant chinois à Lhassa fait beaucoup jaser en 1949, certains soupçonnent la mission chinoise locale de s'en servir comme couverture pour la

propagande communiste. Le prétexte est tout trouvé, en juillet, du renvoi immédiat des fonctionnaires, leurs familles, leurs acolytes et autres résidents chinois dans la capitale tibétaine, avec ordre de ne plus jamais y remettre les pieds. Des moyens de transport sont gracieusement mis à leur disposition jusqu'à la frontière indienne, à charge pour eux de poursuivre vers la Chine à leur guise. Il ne reste plus sur place que des représentants officiels de l'Inde et du Népal. Le geste n'est apprécié ni du président chinois de l'époque, qui proteste mais en vain, ni de ses successeurs, qui n'oublient pas l'affront.

Même si l'écho des événements du monde franchit péniblement le rempart himalayen, les autorités tibétaines pressentent peut-être qu'un sérieux danger plane sur le pays et que le sort des armes entre nationalistes et communistes chinois peut se révéler lourd de conséquences pour l'avenir. Leur crainte ne tarde pas à être justifiée : à peine installé au pouvoir en octobre 1949 à Pékin, Mao Tsétoung proclame clairement ses visées sur le Toit du monde. Le nouveau régime n'entend pas laisser passer l'occasion d'une mainmise, y compris par la force, sur ce voisin avec lequel les relations n'ont pas toujours été faciles et dont l'annexion pure et simple est un vieux rêve impérial. Le moment semble s'y prêter d'autant mieux qu'à Lhassa, le jeune dalaï-lama est en formation et, comme toujours, l'interrègne sous l'autorité d'un régent est propice aux incertitudes, voire aux rivalités de clans pour le contrôle du pouvoir. L'équipée militaire vise à assurer des débouchés à long terme pour une Chine à l'étroit dans ses frontières officielles et qui revendique une hypothétique suzeraineté sur des territoires adjacents que lui contestent vivement les pays concernés.

L'intention de « libérer le Tibet » est annoncée d'emblée

à la radio officielle en octobre 1949 et confirmée en janvier 1950, lorsque sont définies les missions prioritaires de l'Armée populaire pour l'année qui commence. À peine connue, la nouvelle suscite l'indignation des responsables tibétains, qui envoient une note de protestation récusant la prétention chinoise selon laquelle le Tibet fait partie de la Chine. La machine de propagande communiste est lancée et, parallèlement, le gouvernement tibétain se voit enjoint de dépêcher des émissaires à Pékin pour négocier la « libération pacifique ». Dans le même temps, le nouveau régime chinois multiplie les mises en garde à l'intention des pays étrangers tentés de recevoir des envoyés tibétains en partance pour essayer d'éviter ce qu'ils redoutent : l'invasion militaire. Aux prises avec la Partition, conséquence de la décolonisation, l'Inde de Nehru fait mine de regarder ailleurs, suivie en cela par les pays occidentaux, Grande-Bretagne et États-Unis compris, davantage soucieux des signes annonciateurs de la guerre froide et de la situation en Corée.

L'époque est propice aux ambitions du nouveau maître de la Cité interdite : sur ordre du Comité militaire central, le 7 octobre 1950, la deuxième armée de terre, sous le commandement conjoint du général borgne Liu Bocheng et du commissaire politique Deng Xiao-ping, franchit le Yangtsé supérieur : c'est le début de la « libération pacifique » du Tibet. La campagne est épaulée par la première armée, soit au total plus de quatre-vingt mille hommes en cinq colonnes lancées à l'assaut du Toit du monde. Une fois passée cette frontière naturelle entre les deux voisins, l'avance de l'Armée populaire de libération (APL) balaie les tentatives héroïques de la résistance tibétaine : deux à trois mille combattants mal équipés, peu entraînés et sans stratégie définie ne pouvaient à l'évidence pas faire le poids face aux anciens de la Longue Marche. La guerre de Corée, commencée en juin, polarisant l'attention du monde extérieur, la conquête du Tibet se déroule à l'abri des regards indiscrets.

En quelques jours, les postes-frontières tombent l'un après l'autre. Déjà âprement disputée depuis des années en raison de l'empiètement territorial de colons chinois, la province orientale du Kham est rapidement sous la coupe de l'envahisseur, parfois aidé par des hobereaux ou des marchands locaux traditionnellement hostiles au gouvernement de Lhassa en raison de querelles d'impôts. En Amdo, autre province des marches orientales, un chef de guerre musulman, Ma Bu-feng, profitant des affrontements entre nationalistes et communistes en Chine proprement dite, s'est déjà taillé par la terreur un fief personnel en terre tibétaine, et le ressentiment populaire à son égard demeure vif. Quant aux autorités de Lhassa, elles gardent un silence rétrospectivement étonnant, espérant sans doute, à l'abri du traditionnel rempart himalayen, pouvoir calmer un jeu dont elles ne soupçonnent ni l'ampleur ni les conséquences. Ce n'est qu'un mois plus tard qu'un message, en fait un appel au secours, sera envoyé aux Nations unies.

Pourtant, à la mi-août, un tremblement de terre d'une amplitude supérieure à 8 sur l'échelle de Richter a secoué le Tibet septentrional : l'onde de choc en a été ressentie jusqu'à Lhassa et même à Calcutta. Ce séisme d'une intensité inégalée jusqu'alors a été interprété par les oracles et devins locaux comme un terrible avertissement, tandis qu'un chercheur de l'observatoire de Boston déclarait : « L'humanité a échappé à une catastrophe sans précédent. » Des heures durant, le ciel a rougeoyé dans une odeur de soufre, des dizaines de hameaux ont été engloutis, des vallées et des montagnes se sont déplacées et le Brahmapoutre, le Tsang-po des Tibétains, a modifié son cours. Dans son carnet, Robert Ford, le technicien radio britannique installé à Chamdo pour le compte du gouvernement tibétain, note : « Ce n'était pas un tremblement de terre ordinaire, on aurait dit la fin du monde. » À Lhassa, il n'en faut pas davantage pour rappeler soudain les paroles prémonitoires du XIIIe dalaï-lama.

L'avertissement du XIIIe dalaï-lama

En 1933 déjà, peu avant sa mort, le prédécesseur de l'actuel chef spirituel tibétain avait tenu à mettre ses compatriotes en garde, les enjoignant de « commencer à envisager le jour où je ne serai plus là. Entre moi et ma nouvelle réincarnation, il y aura une période dépourvue de souverain. Nos deux puissants voisins sont l'Inde et la Chine, et tous deux possèdent de puissantes armées. En conséquence, nous devons établir des relations stables avec eux. Il y a également quelques États plus petits qui maintiennent une présence militaire à nos frontières. Aussi est-il important de maintenir nous aussi une armée efficace, composée de soldats jeunes, bien entraînés et capables d'assurer la sécurité du pays. [...] Nous devons en particulier nous méfier des barbares communistes, semant terreur et destruction partout où ils passent. Ce sont les pires. [...] Sous peu, ils seront à nos portes. Ce n'est qu'une question de temps avant que nous soyons forcés de les affronter, que cela soit au sein de nos propres rangs ou de l'étranger ».

La force et la clarté de la vision qui ressortent de ce testament ne laissent pas de surprendre aujourd'hui encore : « Lorsque le moment viendra, nous devons être prêts à nous défendre. Sinon, nos traditions spirituelles et culturelles seront englouties à jamais. Les noms des dalaï-lamas et des panchen-lamas seront voués à l'oubli, de même que ceux des dépositaires de la foi et des glorieuses réincarnations. Les monastères seront mis à sac et réduits en cendres, moines et nonnes chassés ou exterminés. L'œuvre des grands rois religieux sera à jamais perdue, toutes nos institutions culturelles et spirituelles persécutées ou reléguées dans l'oubli. Le peuple sera dépouillé de ses droits et de ses biens ; nous deviendrons les esclaves de nos envahisseurs et n'aurons plus qu'à errer en vain comme des vagabonds. Tous les êtres vivants seront contraints de côtoyer la misère, le temps s'écoulera lentement dans la souffrance et la terreur. »

Et le Grand Treizième d'insister : « Je sais que l'harmonie et la prospérité demeureront de mon vivant. Ensuite, des souffrances considérables surgiront et chacun subira les conséquences de ses actes. Présentement, en temps de paix et de bonheur, quand le pouvoir vous appartient, travaillez en conscience et de tout cœur au bien commun. Usez de méthodes pacifiques lorsque celles-ci sont dues ; mais dans le cas contraire, n'hésitez pas à recourir à des moyens plus énergiques. Œuvrons assidûment pendant qu'il est encore temps, afin qu'il n'y ait point de regret plus tard. Entre vos mains, vous fonctionnaires du gouvernement, vous détenteurs des Enseignements, et vous, mon peuple, repose le futur du pays. Oubliez vos rivalités et vos propres intérêts, ne perdez pas de vue l'essentiel. [...] Vous m'avez demandé avis et conseil. Voilà qui est fait. Je vous en conjure, prenez-les à cœur et efforcez-vous d'appliquer leur essence à tout ce que vous entreprendrez. N'oubliez pas ce que j'ai dit, l'avenir est entre vos mains. »

Mais pas plus que d'autres ailleurs, les dirigeants tibétains de l'époque n'ont su prêter attention à ces avertissements.

Au lendemain de la partition de l'Empire britannique, de la création du Pakistan et de l'indépendance de l'Inde, parmi les hauts fonctionnaires, religieux ou laïques, très rares sont ceux qui ont une idée nette du monde au-delà des montagnes. Les communications avec l'extérieur passent forcément par Kalimpong, carrefour marchand prospère et obligé, ou par le Sikkim, sur le versant méridional de l'Himalaya. C'est encore le temps des caravanes : il faut des semaines à partir de Lhassa pour atteindre Gangtok, capitale du petit royaume encore indépendant à l'époque, et des mois, voire une année, pour rallier Pékin. « C'est précisément durant cette période de grande faiblesse – note Elliot Sperling, spécialiste des relations tibéto-chinoises et professeur associé à l'université d'Indiana – qu'eurent lieu les événements menant à l'annexion du Tibet. » À la demande pressante de Pékin, une mission est mandatée début janvier 1950 pour négocier avec le nouveau pouvoir chinois.

Pour les Tibétains, ces émissaires ont pour but de faire respecter l'intégrité territoriale du pays et sa volonté d'indépendance, officiellement réaffirmée en 1913 par le XIIIe dalaï-lama lors de la signature du traité d'Ourga avec la Mongolie. Il leur incombe également d'obtenir des éclaircissements sur les proclamations belliqueuses entendues à Radio Pékin prétendant « libérer le Tibet ». Si les chancelleries occidentales parlent à l'époque de « bluff », les responsables tibétains sont tellement incrédules devant l'énormité – à leurs yeux – de ces affirmations qu'ils considèrent que quiconque un tant soit peu sensé ne saurait y accorder de crédit.

En mars 1950 néanmoins, les craintes tibétaines se

renforcent lorsque des troupes chinoises occupent Tatsien-lou (Dartsédo), une agglomération qui sert traditionnelle-ment de point de passage entre Tibet et Chine. Dans une confusion savamment entretenue, des autorités communis-tes se mettent en place et s'empressent aussitôt d'entamer des travaux d'aménagement routier. En mai, Pékin lance un appel au dalaï-lama afin qu'il accepte sans coup férir la « libération pacifique » et mande de Siling à Lhassa trois émissaires officieux pour en discuter. Sans résultat. Un peu plus tard, les autorités tibétaines décident d'envoyer des missions en Inde, en Chine, au Népal, en Grande-Breta-gne et aux États-Unis. Pékin donne de la voix et, sous prétexte d'apaisement, feint tout de même d'accepter de nouer un semblant de discussion à New Delhi avec des représentants tibétains. Mao n'a-t-il pas assuré Nehru que « tout différend entre le Tibet et la Chine serait résolu uniquement par des négociations pacifiques » ?

De contretemps en manœuvres dilatoires, les émissaires tibétains se morfondent dans la capitale indienne, tandis que se prépare l'agression. Lancée le 7 octobre, l'invasion est officiellement reconnue par Pékin le 25, alors que des négociations tibéto-chinoises sont prétendument en cours. Elles traînent en longueur et n'aboutissent évidemment à rien. Les illusions tibétaines s'estompent, il faut se rendre à l'évidence : personne à l'étranger n'est prêt à se porter à la rescousse du Pays des monts neigeux en dépit de protes-tations indiennes purement formelles.

Le 7 novembre, le gouvernement de Lhassa en appelle aux Nations unies, en un document[1] aux sceaux du Cabi-

---

1. Message du 7 novembre 1950, posté le 11 novembre 1950 de Kalimpong, au secrétaire général des Nations unies ; cf. XIVᵉ dalaï-lama, *Ma terre et mon peuple*, John Didier, 1963.

net et de l'Assemblée nationale (Kashag et Tsongdu*)* qui ne laisse planer aucun doute : « L'attention du monde est rivée sur la Corée, où la résistance à l'agression est épaulée par une force internationale. Des faits similaires qui se déroulent au lointain Tibet passent inaperçus. [...] Le problème n'est pas le fait du Tibet, il résulte largement de l'ambition sans frein de la Chine d'assujettir les nations les plus faibles à sa périphérie à sa domination active. [...] Depuis l'établissement de la République populaire de Chine, les Chinois hurlent des menaces de libérer le Tibet, utilisant des méthodes douteuses afin d'intimider et de saboter le gouvernement du Tibet. Le Tibet admet ne pas être en mesure de résister. C'est pourquoi il a accepté de négocier à l'amiable avec le gouvernement chinois. [...]

« Le monde extérieur ne sait pas grand-chose de cette invasion insidieuse. Longtemps après qu'elle s'est produite, la Chine a annoncé au monde qu'elle a donné ordre à ses troupes d'entrer au Tibet. Cet acte d'agression sans avertissement n'a pas seulement troublé la paix au Tibet, il est en contradiction totale avec l'assurance solennelle donnée par la Chine au gouvernement de l'Inde, et a créé une situation grave au Tibet pouvant finalement le priver de son indépendance, chérie depuis si longtemps. Nous pouvons vous assurer, monsieur le secrétaire général, que le Tibet ne se rendra pas sans combattre, quand bien même il y a peu d'espoir qu'une nation vouée à la paix soit en mesure de résister à l'effort brutal d'hommes entraînés à la guerre. Nous croyons néanmoins comprendre que les Nations unies ont décidé de stopper l'agression où qu'elle se produise.

« L'invasion armée du Tibet en vue de l'incorporer à la Chine communiste par la force physique brutale est un acte caractérisé d'agression. Aussi longtemps que les Tibétains seront contraints et forcés de devenir partie de la Chine contre leur volonté et sans leur consentement, l'invasion actuelle du Tibet demeurera la plus grossière violation du faible par le fort. C'est pourquoi nous en appelons par votre intermédiaire aux nations du monde afin d'intercéder pour nous et de freiner l'agression chinoise. [...]

« Dans cette urgence, nous, ministres, avec l'approbation de Sa Sainteté le dalaï-lama, confions le problème du Tibet à la décision ultime des Nations unies, dans l'espoir que la conscience du monde ne permettra pas la disparition de notre État par des méthodes rappelant celles de la jungle. »

Le Salvador se fait le porte-parole du Tibet devant l'organisation internationale : en vain. Et la situation n'a guère changé depuis lors. Le Premier ministre indien, Jawaharlal Nehru, temporise et prêche la conciliation, le débat est reporté – aux calendes grecques. Trop longtemps isolé dans son quant-à-soi, le Tibet se retrouve seul. Et se tourne alors encore une fois vers ses dieux protecteurs. L'oracle de Nechung, qui veille sur l'État, est consulté : en transe, il ordonne que tous les pouvoirs soient remis au plus vite au dalaï-lama. Celui-ci n'a que quinze ans et, traditionnellement, sa majorité temporelle n'est accomplie qu'à dix-huit ans. Mais qu'importe, à circonstances exceptionnelles décision d'exception : Tenzin Gyatso est solennellement investi le 15 novembre 1950 du pouvoir politique dans la grande salle du trône du Paon du Potala, alors que ses études religieuses ne sont pas terminées et qu'il ignore à peu près tout du monde extérieur.

Craignant pour la vie du jeune souverain et dans l'incertitude des événements à venir, ses tuteurs, en accord avec les autorités civiles et religieuses, décident de le mettre en sécurité, un peu à l'écart, à Yatung, dans la vallée de la

Chumbi, à proximité de la frontière indienne. Il y reste quelques mois, le temps pour les troupes chinoises de poursuivre leur progression dans des conditions souvent dramatiques, et pour Pékin de préparer dans le plus grand secret le fameux « accord en dix-sept points », scellant l'assujettissement du pays, qui sera signé sous coercition en mai 1951 muni de sceaux prétendument officiels, en réalité falsifiés pour l'occasion.

Le 3 novembre 1950, *Le Monde,* sous le titre « La route de Lhassa », résume ainsi la situation dans ses pages intérieures en trois points de vue : « Les communistes chinois doivent franchir des cols à plus de 5 000 mètres », « Washington s'inquiète des visées chinoises en Corée et au Tibet » et « Un coup d'État pourrait se produire à Lhassa » – une manière de refléter aussi bien l'imprécision de l'information que la difficulté à en mesurer la portée réelle. Quelques jours plus tard, le quotidien annonce à la une que « Lhassa serait tombée aux mains des communistes chinois », puis le lendemain que « Pékin respecterait l'autonomie nominale du Tibet » pourvu que la défense, les communications et les affaires étrangères lui soient confiées, avec de surcroît l'autorisation pour une « force symbolique » de demeurer à Lhassa. À la mi-novembre, il est fait mention de l'appel du Tibet à l'Onu, qui contient « un historique des relations tibéto-chinoises et dénie qu'un lien de vassalité subsiste encore entre le Tibet et la Chine ». Et de préciser que « des informations recueillies dans les milieux du secrétariat et des délégations membres du Conseil [de sécurité], il semble résulter que personne n'est disposé à reprendre la plainte tibétaine ». Malgré lui, le Toit du monde devient ainsi un enjeu de la guerre froide en gestation.

Un « accord » extorqué

En fait, le gros des troupes chinoises n'arrivera que l'année suivante à Lhassa. Une dernière tentative d'entente avec le nouveau régime est faite avec l'envoi d'une autre mission en Chine en janvier 1951. Les délégués tibétains se retrouvent finalement le 26 avril à Pékin, où ils sont accueillis par Chou En-lai. Les discussions commencent trois jours plus tard et durent jusqu'au 10 mai, quand les Tibétains refusent que l'armée chinoise installe ses quartiers dans le Haut Pays. Vient alors l'ultimatum : c'est à prendre ou à laisser, pas question d'en référer au dalaï-lama ni au gouvernement de Lhassa. Les émissaires sont confinés dans la Maison des hôtes et interdits de sortie, le temps pour leurs interlocuteurs de contrefaire des sceaux officiels, puis de les contraindre sous la menace de les apposer au bas du document imposé. Ainsi voit le jour le fameux « accord concernant la libération pacifique du Tibet », plus connu comme « accord en dix-sept points ». Quelques protestations laconiques et remontrances offusquées de l'Inde, suivies d'explications embarrassées de la Grande-Bretagne, sont vite oubliées, et le monde entier laisse le Pays des neiges tomber sous la botte chinoise.

Débute alors une période de cohabitation malaisée sur le Toit du monde. Reste aussi à faire la part de l'histoire et celle de la propagande. Si les faits sont têtus, leur interprétation diffère selon le point de vue adopté. Pour Lhassa, il ne fait aucun doute que, isolement volontaire ou non, le Tibet est un pays traditionnellement indépendant agressé par un voisin envahissant : il a pour lui un territoire, une langue, une civilisation, une administration, un drapeau, une armée, une monnaie, un service de communications et un minimum de relations officielles avec des pays étrangers. Et de faire valoir la réaffirmation de l'indépendance du Tibet consignée en 1913 en bonne et due forme dans le traité d'Ourga, officiellement scellé entre le XIIIe dalaï-lama et le grand lama de Mongolie, mettant un terme aux rapports antérieurs, sporadiques et pas toujours franchement cordiaux, avec la Cité interdite.

Pour Pékin, c'est plus simple : le Tibet « appartient » à la Chine depuis le XIIIe siècle, depuis qu'une princesse chinoise a épousé un souverain tibétain. Dans ces conditions, il est néanmoins permis de s'interroger sur la nécessité d'un accord officiel autorisant l'entrée de fonctionnaires et de militaires chinois dans cette partie du pays, ainsi que sur la validité d'un traité imposé à des émissaires sans le consentement du gouvernement qu'ils représentent. Depuis l'invasion de 1950 et jusqu'à ce jour, les générations de dirigeants chinois qui se sont succédé dans la Cité interdite n'ont eu de cesse de saisir la moindre occasion de réaffirmer leur credo, le complétant périodiquement de considérations sur l'« aide fraternelle » accordée à ce « territoire éloigné et arriéré » afin de le « civiliser » et lui permettre d'« accéder à la modernité ». Il n'est guère surprenant que les Tibétains ne partagent pas forcément cette vision des choses [1].

---

1. Tel n'est pas non plus l'avis de nombre de juristes et spécialistes en droit international. Aux premiers rapports de 1959 et 1960 de la Commission internationale de juristes (CIJ) sont venus s'ajouter en 1993 les conclusions de la Conférence internationale de Londres consacrée au statut du Tibet, puis un nouveau rapport en décembre 1997 de la CIJ, concentré cette fois sur les droits de l'homme et l'état de droit au Tibet. À comparer les conclusions de ces experts, il y a constat manifeste de déni de justice pour le peuple tibétain, dans

Le retour du jeune dalaï-lama dans sa capitale à la mi-août 1951 redonne quelque peu confiance aux Tibétains et permet de réduire provisoirement des tensions déjà perceptibles avec les nouveaux venus qui s'arrogent rapidement tous les droits, en contradiction d'ailleurs avec les engagements souscrits dans l'accord en dix-sept points : Pékin devait reconnaître l'« autonomie raciale » des Tibétains et ne pas s'immiscer dans leurs affaires intérieures, tandis que le dalaï-lama devait conserver ses pouvoirs spirituel et temporel – moyennant quoi le hiérarque acceptait le retour du panchen-lama, deuxième dignitaire du bouddhisme tibétain déjà exilé en Chine par son prédécesseur. C'est à la requête expresse du nouveau commissaire et administrateur des affaires civiles et militaires au Tibet, le général Chang Ching-wu, qui s'est rendu en personne à Yatung en juillet, que le dalaï-lama a regagné le Potala en s'arrêtant en chemin dans divers monastères et ermitages afin de se mettre à l'écoute du sentiment populaire.

Début septembre, les premiers détachements militaires s'installent à Lhassa. Le ton ne tarde pas à monter, d'autant qu'ordre est intimé aux Tibétains de pourvoir à leurs besoins en logement et nourriture, l'intendance chinoise n'ayant pas les moyens logistiques de suivre tandis que la population de Lhassa ne dépasse guère les cinquante mille habitants. De rares échos parviennent jusqu'en Europe, et on annonce même le prochain retour du panchen-lama, accompagné d'une imposante caravane et... d'une solide escorte armée chinoise. Cet afflux soudain de nouveaux

---

la mesure où, « selon la loi internationale, un traité ou un accord signé sous la contrainte est invalide ». Une étude juridique espagnole très fouillée (J.-E. Esteve Molto, *El Tibet : la frustración de un Estado*, Valence, 2004) va dans le même sens.

venus rompt le précaire équilibre des approvisionnements alimentaires, des pénuries surgissent et le mécontentement s'étend. Pour la première fois dans l'histoire du Tibet, on parle de famine.

Des informations inquiétantes commencent à circuler, qui alourdissent l'ambiance et dont on trouve quelques échos dans la presse en janvier 1952 : « Les autorités chinoises à Lhassa auraient décidé d'amener au Tibet quinze mille familles chinoises et de les établir dans ce pays. Cette mesure semble destinée à écouler vers le Tibet l'excédent de la population chinoise et constitue sans doute un moyen de procéder à la "sinisation" de cette province récemment acquise », signale un quotidien français. Sur place, le Cabinet tibétain s'efforce de faire front et conteste les décisions imposées par les responsables chinois : les deux Premiers ministres, l'un laïque et l'autre religieux, qui dénoncent la mainmise chinoise sont contraints de démissionner, et le dalaï-lama assume directement le pouvoir.

Désireux de sauver la face, le général Chang essaie de maintenir les apparences tout en plaçant ses hommes aux postes clés, et ce sont eux qui exécutent ou font exécuter les décisions prises à Pékin. Reprenant un petit jeu traditionnel cher au Céleste Empire, le nouveau régime s'applique à semer la zizanie entre les deux grands lamas, le dalaï-lama à Lhassa, et le panchen-lama de Shigatsé. Ce dernier rentre tout juste d'exil en Chine et son escorte le ramène directement en son monastère du Tashilhumpo, sans même lui laisser le temps en traversant Lhassa de faire une visite de courtoisie au Potala, où réside le dalaï-lama. Pour mener à bien ses desseins, Pékin achemine prisonniers et détenus astreints aux travaux forcés par milliers sur le haut plateau afin de construire des routes, des aéroports, des bâtiments administratifs, mais aussi des baraquements et des prisons. Les Tibétains sont réquisitionnés pour faire l'appoint, l'armée prend solidement pied au Pays des monts neigeux.

Vient l'heure des réformes conformes au nouveau credo maoïste. Les dirigeants chinois sont cependant pris de court : dès son retour à Lhassa, le dalaï-lama a mis à profit sa retraite à Yatung pour songer à l'avenir et avance des propositions concrètes visant à alléger l'endettement des paysans et à favoriser le développement du Tibet en vue de l'insérer dans la nouvelle donne du monde. Manifestement, Pékin ne voit pas les choses dans la même perspective : ces suggestions sont balayées d'un geste de la main, au vif soulagement des grandes familles locales et des propriétaires fonciers laïques ou monastiques inquiets des velléités réformistes de leur jeune souverain.

Ce revers, véritable affront à la tradition locale, n'empêche pas Tenzin Gyatso d'en faire à sa tête : il décide de créer un bureau du service social, de supprimer la corvée de transport gratuit des fonctionnaires et d'annuler l'ensemble des dettes paysannes. Il entend moderniser le pays en favorisant la diffusion de la technique et de la médecine occidentales, et surtout en facilitant l'accès à la scolarité des enfants des zones rurales. Ce faisant, il reprend à son compte les tentatives réformatrices de son prédécesseur, le Grand Treizième, et laisse déjà entrevoir ce qui sera l'un des traits saillants de toute sa vie, son intérêt pour l'étude, l'échange, les sciences et une manière de formation continue.

L'atmosphère s'appesantit encore davantage lorsque les nouveaux venus commencent à s'en prendre ouvertement à la foi bouddhiste et aux monastères. Entre les engagements pris, les garanties assurées par l'accord et les réalités quotidiennes, le fossé ne cesse de s'élargir. L'afflux massif de militaires et de civils entraîne une baisse dangereuse des réserves de nourriture, le début d'une exploitation anarchique des ressources et des richesses naturelles indispose les autochtones, le mécontentement commence à sourdre en dépit des affirmations officielles du contraire. Une résistance passive s'étend en sourdine, avant de prendre parfois des formes plus rudes, notamment dans les régions orientales frontalières.

Le voyage organisé en 1954 par Pékin pour les deux grands lamas en Chine, sous prétexte d'assister à la session de l'Assemblée nationale, éveille les pires inquiétudes, d'autant qu'il se prolonge pendant près d'une année. Rongeant leur frein par crainte de voir les deux hiérarques retenus en otage, les Tibétains font le dos rond, mais à peine le dalaï-lama est-il de retour en juin 1955 à Lhassa que des foyers de révolte s'embrasent dans le Kham et l'Amdo. L'annonce de la mise sur pied d'un Comité préparatoire pour la Région autonome du Tibet avive les ressentiments. Le bombardement des cités monastiques de Lithang, Batang ou encore Chating au Kham, considérées par les chefs militaires chinois comme des centres de résistance, ainsi que l'exécution sommaire de moines révérés et les déplacements forcés de populations locales au bénéfice de colons chinois, engrangent des colères mal dissimulées.

À la fin de la même année, le dalaï-lama est officiellement invité à participer en Inde aux cérémonies marquant le Buddhajayanti, le deux mille cinq centième anniversaire de la naissance du Bouddha historique. Pékin dit non. Le maharadja du Sikkim se rend personnellement à Lhassa et insiste, le dalaï-lama accepte, la Cité interdite persiste dans son refus. Le ton monte dans la capitale tibétaine, la population se fâche, les moines grondent, le Premier ministre indien intercède : les autorités chinoises lâchent du lest, mais à condition que le panchen-lama soit du voyage, avec les deux tuteurs du dalaï-lama et trois ministres. Sans compter les gardes du corps et les agents de sécurité... ni les instructions détaillées prodiguées au hiérarque tibétain sur ce qu'il peut dire et ce qu'il doit taire.

Ce voyage auquel il a longtemps rêvé est un moment de répit et de réflexion pour Tenzin Gyatso, une rare réunion familiale puisque frères et sœurs ainsi que leur mère se retrouvent pour ce pèlerinage dans les hauts lieux du bouddhisme. C'est également l'occasion de s'entretenir avec Jawaharlal Nehru et même Chou En-lai qui se trouve comme par hasard en visite en Inde. Lors de ce voyage en 1956, ce dernier confie au Premier ministre de l'Inde indépendante : « Il faudra un siècle pour convertir le Tibet au communisme. » À Lhassa, la situation se détériore, les officiels chinois pressent le dalaï-lama de rentrer au plus vite, Nehru lui conseille la patience, se disant convaincu que la Chine tiendra ses engagements de n'imposer aucun changement par la force...

De retour dans son grand palais rouge et blanc, le dalaï-lama passe davantage de temps à jouer les intermédiaires entre autorités tibétaines et chinoises qu'à ses études, ce dont il se souvient avec regret. Néanmoins, sa bonne volonté et son choix de « donner une chance supplémentaire aux Chinois de tenir les promesses de leur gouvernement » ne suffisent pas à inverser la tendance : la révolte fait tache d'huile au Tibet oriental ; résistants, réfugiés, moines et laïcs refluent vers Lhassa. Leurs récits des brutalités de l'occupation alimentent les tensions. Mao Tsé-toung a beau faire retirer en fanfare quelques troupes après avoir admis publiquement en février 1957 que le Tibet n'est pas prêt pour les réformes chinoises et lui avoir accordé un délai de six ans, rien ne va plus sur les hauts plateaux tibétains.

Afin de juguler l'extension des affrontements, le commandement militaire chinois enjoint le Cabinet tibétain de prendre des mesures radicales en vue de réprimer les heurts sporadiques, mais le dalaï-lama refuse : des émissaires déjà dépêchés sur place pour tenter d'apaiser les esprits ont rejoint les résistants. Des renforts chinois prennent position à la frontière tibétaine, les maquisards multiplient les coups de main et la population proteste contre les difficultés d'approvisionnement. L'année 1958 se passe tant bien que mal, quand une invitation transmise au dalaï-lama le conviant à participer début 1959 à une conférence panchinoise ravive les soupçons. D'importants examens prévus en janvier pour le jeune souverain sont une excuse plausible afin de décliner l'offre. Il suffit néanmoins d'un prétexte analogue quelques semaines plus tard pour provoquer le drame.

Pékin revient à la charge et insiste pour que le dalaï-lama soit présent à la mi-avril à l'ouverture de la deuxième Conférence nationale du peuple. À Lhassa, la rumeur s'inquiète de voir le chef spirituel retenu en otage tandis que le ton monte : nomades et pèlerins convergent vers la capitale pour les cérémonies du Losar, le Nouvel An lunaire qui tombe cette année-là en février, et la ville regorge de monde. Dans les grands monastères des alentours, l'heure est à la vigilance. Le dalaï-lama doit passer ses dernières épreuves philosophiques une fois achevées les festivités, et nul ne souhaite manquer ce moment crucial aux yeux des Tibétains, religieux ou laïques, tous confondus dans une attente à la fois déterminée et sereine.

La révolte de Lhassa

C'est précisément ce moment que choisissent les responsables chinois pour « inviter » le dalaï-lama à se rendre à un spectacle de danses au principal camp militaire de la ville. Tout dans ce geste concourt cependant à alourdir dangereusement l'atmosphère : le carton est remis par deux officiers subalternes ; les principaux représentants de l'envahisseur boudent ostensiblement la traditionnelle procession, début mars, qui mène le jeune souverain du Potala au Norbulingka ; le rendez-vous est pris à la va-vite pour le 10 mars au cours d'un appel téléphonique entre un interprète chinois et le moine représentant officiellement le dalaï-lama au Kashag (Cabinet) ; ordre est signifié par le chef de la garnison chinoise au commandant de la garde personnelle du dalaï-lama de ne pas venir avec l'escorte habituelle, deux ou trois gardes sans armes pouvant à la rigueur l'accompagner. De surcroît, ce déplacement doit être tenu secret. Devant pareils manquements aux usages du protocole, difficile pour les autorités tibétaines de ne pas s'alarmer.

Toujours est-il que les nouvelles vont vite dans une petite ville : à l'époque, Lhassa ne compte guère plus de cinquante mille habitants au quotidien, le double ou le triple, peut-être davantage, en temps de cérémonie et de pèlerinage. La cité longtemps interdite ne fait pas exception, moulins à prières et chevaux de vent contribuant à faire librement circuler l'information. C'est dire que le secret est éventé à peine requis, et que le 9 mars à l'aube, il y a foule dans les rues. Les Tibétains sont déterminés à faire barrage à tout déplacement du dalaï-lama : les femmes sont parmi les premières à exprimer leur colère contre

54

l'occupant au pied du Potala, le palais d'hiver, et les hommes s'agglutinent en rangs serrés, armés d'une patience à toute épreuve, autour du Norbulingka, le palais d'été – tout un peuple vigilant auprès de celui qu'il vénère en tant qu'incarnation sur terre du bodhisattva de la compassion et protecteur du Tibet.

Dans ces conditions, les restrictions de circulation édictées pour le 10 mars afin de laisser la voie libre au-delà du Pont de pierre qui indique la frontière tacite entre la ville tibétaine et les casernes chinoises ne pèsent pas grand-chose, elles sont simplement ignorées par la foule qui ne bouge pas d'un pouce et renforce au contraire sa présence près du Norbulingka. Tard dans la soirée du 9, deux militaires chinois apportent à la faveur de la nuit une poignée d'invitations pour le lendemain, destinées à quelques hauts fonctionnaires tibétains et assorties de la même injonction de se présenter avec un seul serviteur et sans armes. Commentaires et conciliabules se prolongent tard dans la nuit sans apporter de solution, tandis que l'exaspération croît autant à l'intérieur qu'à l'extérieur du parc aux Joyaux. La pression de la rue aidant et désireux d'apaiser les tensions, le dalaï-lama annonce qu'il renonce à se rendre à l'invitation chinoise.

Le répit est de courte durée ; les responsables chinois, outrés de cette insubordination, craignent de perdre la face et, dans leur volonté de se faire obéir, accumulent maladresses et faux pas dans un échange de messages trahissant leur énervement. Pendant ce temps, les rues de Lhassa bruissent d'agitation. Dans les grands monastères des alentours, l'heure est à la préparation au combat après avoir rendu les vœux (de non-violence et de compassion) aux maîtres et enseignants afin de défendre la foi en danger. Les heures puis les jours s'égrènent dans une attente enfiévrée par l'arrivée de renforts chinois et de préparatifs ostensibles en vue d'intimider la population.

La missive du 16 mars de Ngapo Ngawang Jigmé, ex-gouverneur de Chamdo rallié à l'occupant, demandant de préciser où se trouve le dalaï-lama, « afin que les Chinois fassent tout pour que ce bâtiment ne soit pas endommagé », anéantit tout espoir : le commandement militaire est décidé à réduire la rébellion dans le sang sans faire de quartier. Premier avertissement, dans l'après-midi du 17 mars, deux obus lancés par-dessus l'enceinte du palais d'été plongent dans un étang intérieur. Des haut-parleurs déversent menaces, sarcasmes et insultes. La nuit suivante s'abat un déluge de bruit et de feu sur le palais d'été : dans le silence d'une aube sanglante, c'est la désolation pour les Tibétains, et des chercheurs fébriles retournent les cadavres dans la crainte de trouver celui du dalaï-lama.

Le départ pour l'exil

Plusieurs jours durant, l'incertitude plane sur le sort du jeune hiérarque tibétain, comme s'il s'était volatilisé. En fait, cette nuit-là, consulté en catastrophe, l'oracle d'État a ordonné un départ immédiat et indiqué le chemin à suivre. Ironie de l'histoire, c'est en uniforme de soldat, un thangka sur l'épaule à côté d'un fusil et chapeau de fourrure sur la tête que Tenzin Gyatso a quitté le palais d'été avec quelques proches, escorté par un détachement de guerriers khampas assurant la protection et la sécurité des fugitifs. Lancées à leur poursuite dans les jours qui suivent, des unités chinoises ne parviennent pas à les rattraper, ni même à les localiser, et le 5 avril, le groupe exténué mais vivant franchit la frontière indienne en Arunachal Pradesh et se rend au vieux monastère de Tawang. En l'apprenant, Mao Tsé-toung aurait déclaré : « Nous avons perdu la bataille du Tibet. »

C'est le début de l'exil pour le dalaï-lama et son entourage, New Delhi ayant sur-le-champ accordé l'asile aux arrivants, mais se refusant à reconnaître la dimension politique du drame. Entre-temps, les gazettes de l'étranger suivent de très loin ce qui se joue sur le Toit du monde. Le 25 mars, à Paris, on rappelle que l'Inde a reconnu dès 1954 l'annexion du Tibet par la Chine, et donc qu'il n'y aurait pas d'« internationalisation de l'affaire ». Washington s'élève contre la « suppression sans merci des libertés fondamentales », alors que le *Times of India* note : « La victoire militaire des Chinois est en fait une défaite politique, car ils admettent ainsi ouvertement qu'ils n'ont pas réussi à créer une base populaire chez les Tibétains. » À Londres, le *Daily Mail* relève sobrement : « À l'exemple de la révolution hongroise, l'insurrection tibétaine vient du plus profond du peuple. C'est une révolte nationale contre la tyrannie d'une emprise étrangère. »

Pékin s'efforce de se tirer d'embarras par la seule méthode que connaît le régime : la force. Après un flottement initial et dans l'espoir de retrouver au plus vite le dalaï-lama, dès le 23 mars, un Comité militaire de contrôle est créé, qui proclame aussitôt un couvre-feu visant à masquer l'ampleur réelle des troubles. Le gouvernement tibétain est dissous d'autorité cinq jours plus tard. À l'orée de Lhassa, les grands monastères sont en flammes, des révoltes éclatent au Sinkiang et dans le Qinghai, la répression sanglante se durcit, faisant nombre de victimes. Les autorités chinoises affirment cependant en toute candeur : « En collusion avec l'impérialisme étranger, les rebelles se sont emparés du dalaï-lama. » À son arrivée en Inde, le principal intéressé donnera une autre version des faits.

Une fois le dalaï-lama en sécurité et hors d'atteinte, la résistance s'organise au Tibet même avec la formation, le 9 avril, d'un gouvernement provisoire clandestin. Autour d'un petit noyau de maquisards aussi héroïques que démunis se déroule une petite guerre presque sans écho, faite d'escarmouches et de coups d'éclat, dans une stratégie de harcèlement des troupes chinoises : un combat pour l'honneur et la survie d'un peuple désormais asservi, au mépris des règles internationales et dans le silence de dirigeants politiques de tous bords comme médusés par des actions dont ils se refusent à envisager les conséquences.

Les responsables tibétains, clandestins ou non, ne se font pas faute de dénoncer les agissements de Pékin : dépeçage administratif du territoire tibétain et incorporation par enclaves ethniques dans les provinces chinoises avoisinantes ; enlèvements d'enfants et d'adolescents par centaines sinon par milliers, transférés de force pour être « éduqués » en Chine afin d'en faire des collaborateurs d'une politique de colonisation ; exécutions sommaires à titre de représailles et pour imposer la soumission par la terreur ; réquisition de main-d'œuvre vouée aux travaux forcés pour la construction d'infrastructures destinées à faciliter l'implantation étrangère ; transport et stockage d'armes sur le haut plateau sous prétexte de défense nationale, en réalité pour museler l'indépendance tibétaine.

À la mi-avril, Mao Tsé-toung consacre en grande partie un important discours devant le Conseil suprême de l'État à la question tibétaine et confie la « normalisation » des territoires annexés à Deng Xiao-ping. Inutile dès lors de se demander pourquoi les autorités chinoises, du temps du Grand Timonier comme du Petit Timonier, se sont entêtées dans leur refus d'entamer un véritable dialogue avec le dalaï-lama en vue de trouver une solution à l'amiable : pour les deux dirigeants communistes, c'était d'abord non pas une question de justice ou de respect du droit, mais une condition pour ne pas « perdre la face ».

Le drame tibétain se poursuit à huis clos. Pékin ne recule devant aucune mesure pour isoler le Haut Pays : les frontières sont bouclées, les postes de radio confisqués afin de couper court aux nouvelles et aux rumeurs, les affrontements avec les insurgés systématiquement passés sous silence ou dénaturés, l'approvisionnement alimentaire sévèrement restreint, comme si affamer la population pouvait l'amadouer. L'exode pourtant continue vers l'Inde, malgré les menaces, les obstacles et les risques encourus. Retranché du monde contre son gré, le Tibet traverse l'un des chapitres les plus sombres de son histoire : c'est tout juste s'il ne disparaît pas au regard de l'opinion, quand bien même de petits groupes à travers le monde s'activent sans tapage à venir en aide aux réfugiés.

Comme souvent, les responsables politiques se montrent pareils à eux-mêmes : si Chou En-lai se répand en promesses d'une prochaine « autonomie » pour le Tibet, Nehru est trop heureux de cette perche tendue. Il accorde certes de modestes facilités d'installation et de survie aux nouveaux venus, mais tergiverse sur l'essentiel et refuse d'engager son pays aux côtés de son voisin septentrional agressé, sous prétexte que « l'Inde et la Chine doivent rester amies ». Une amitié d'ailleurs bien mal récompensée, puisque trois ans plus tard, en 1962, Pékin déclenche les hostilités et « punit » sa voisine trop complaisante. La mauvaise farce qui se joue ensuite à l'Onu sur le dos des Tibétains donne un avant-goût de ce qui devient vite la norme au sein de l'organisation internationale.

À l'abri derrière sa muraille de silence, Pékin continue méthodiquement sa politique de colonisation. Les réformes imposées – collectivisation des terres, méconnaissance des conditions de culture et d'élevage, interdiction des pratiques religieuses, afflux de populations allogènes, bouleversement des us et coutumes traditionnels – nourrissent la méfiance séculaire et durcissent les rapports, les Tibétains frustrés par l'arrogance des nouveaux venus et les Chinois ulcérés par cette résistance inattendue de « grossiers barbares ». Des troubles sporadiques fusent çà et là. Les autorités ont beau clamer que les Tibétains sont maîtres chez eux, ceux-ci ne sont pas dupes : les postes de responsabilité et de décision sont sous haute surveillance, toujours en mains chinoises.

C'est dans ce climat chargé qu'est annoncée la création de la Région autonome du Tibet (voir carte 2, page 289), proclamée officiellement le 1er septembre 1965. Mais au début de la même année, un bref communiqué a rapporté la destitution du panchen-lama, brutalement rejeté dans l'anonymat par ceux qui espéraient le manipuler aisément. Pour les Tibétains, rien ne change vraiment, si ce n'est que pointent les signes avant-coureurs de la révolution culturelle : à Lhassa, les premiers Gardes rouges saccagent le Jokhang, cœur du bouddhisme tibétain et sanctuaire le plus révéré du pays. Le pire est encore à venir, et les blessures laissées dans son sillage ne sont pas toutes cicatrisées. Après la tourmente de ces années de folie collective, l'heure viendra d'une timide ouverture et d'un espoir ténu, sans toutefois céder à l'illusion.

Trente ans après l'invasion de son pays, vingt ans après le soulèvement de Lhassa et le début de l'exil, le dalaï-lama demande publiquement en 1979 l'organisation d'un référendum au Tibet, sous contrôle international, afin de savoir avec certitude ce que pensent les Tibétains. En vain, personne ne prête attention à la suggestion. L'année suivante pourtant, Hu Yao-bang, alors secrétaire général du Parti communiste chinois, se rend en visite à Lhassa – il est si choqué par ce qu'il découvre qu'il fait amende honorable en rejetant excès et abus sur la bande des Quatre, et assigne « six exigences prioritaires » à ses subalternes : accorder une véritable autonomie ; adapter le développement aux conditions locales ; ranimer (!) la culture tibétaine ; alléger provisoirement la charge fiscale ; accorder une aide accrue de l'État ; corriger la politique antérieure. Le répit sera de courte durée, Hu Yao-bang devenant à son tour victime de règlements de comptes personnels au sein de la direction du Parti communiste tandis que ses tentatives de réforme passent aux oubliettes.

Le silence retombe rapidement sur le Toit du monde, même si les conditions changent lentement : non pas que les autorités de Pékin se soient rendues à la raison, mais parce que les hommes passent, qu'après les tempêtes idéologiques vient l'heure de s'éveiller à d'autres réalités plus terre-à-terre et qu'il faut reprendre haleine. Les velléités d'ouverture contrôlée du pouvoir central desserrent un peu l'étau au Tibet, avec pour revers de la mise en œuvre de grands travaux publics un afflux croissant de population de souche chinoise. Les villes se transforment au nom de la modernisation et au détriment de l'architecture locale. Lhassa devient rapidement méconnaissable, des contacts sporadiques sont renoués avec les responsables en exil, mais les attaques contre le dalaï-lama sont périodiquement relancées : entre chaud et froid, ainsi s'entretient l'ambiguïté par une propagande bien rôdée semée de contrevérités.

L'ouverture touristique du Pays des monts neigeux à

partir des années 1980 s'avère lucrative, alors que s'accumulent des informations contredisant manifestement les déclarations officielles. Récalcitrants et réfractaires sont mis au pas, des témoignages récurrents de tortures, de mauvais traitements et d'emprisonnements arbitraires ternissent une façade qui se veut rassurante. L'opinion internationale s'intéresse soudain davantage à ce qui se passe dans ce pays trop longtemps interdit, une manière de mode se répand, une espèce de mal-être occidental pousse certains à s'interroger sur ce personnage hors du commun que reste pour bien des gens le dalaï-lama. Le voyage à Lhassa remplace en quelque sorte les routes de Katmandou.

Pour les Tibétains cependant, le fardeau, même partagé, demeure : sur place, celui de l'occupation, de la discrimination, de la sinisation accélérée et de la folklorisation de leur culture ; à l'extérieur, celui de l'exil, des difficultés à refaire autant de vies saccagées, des souvenirs qui s'effritent et des espoirs qui s'estompent. Et des coups de colère éclatent en 1987 et l'année suivante à Lhassa, en présence de voyageurs étrangers plus nombreux que jamais, qui, d'abord stupéfaits par la violence de la répression déchaînée sous leurs yeux, s'empressent de filmer, de photographier, de témoigner.

Perdre ainsi la face est un rude coup pour les autorités chinoises : aussi, dans l'espoir de s'épargner toute mauvaise surprise, à la veille de l'anniversaire en 1989 de la révolte de Lhassa de mars 1959, Pékin proclame la loi martiale dans la capitale tibétaine afin d'étouffer dans l'œuf toute tentative de protestation. Les mesures d'exception durent plus d'une année, plus longtemps qu'en Chine continentale où la communauté internationale a tiqué devant la brutalité de la réaction officielle face au mouvement populaire en faveur de la démocratie place Tiananmen, juste devant la Cité interdite. Le personnage le plus puissant de la Région autonome du Tibet, secrétaire du Parti communiste chargé de faire respecter l'ordre et la stabilité, était à l'époque Hu Jintao. Il y a sans doute gagné les galons qui lui ont permis de franchir si rapidement les échelons de la hiérarchie, pour se retrouver aujourd'hui à la tête d'une Chine aux multiples problèmes que la répression tous azimuts ne suffit pas à résoudre. Pas plus d'ailleurs que la question tibétaine.

Entre-temps, le 5 octobre 1989 précisément, Tenzin Gyatso, le XIVᵉ dalaï-lama, s'est vu attribuer le prix Nobel de la paix pour la lutte non violente menée en faveur de la liberté de son peuple.

3.

Le Tibet des Tibétains

*Les Tibétains sont un peuple étrange, qui vit
à part des autres et ne fait rien comme eux.*

Jacques Bacot

À quoi rêvent les Tibétains ? Au départ pour les uns, au retour pour les autres, à l'indépendance pour d'aucuns, à la liberté pour tous. Liberté de se déplacer, liberté de prier, liberté de vivre à leur guise et d'être ce qu'ils sont – arpenteurs d'espace, amateurs de courses et de joutes, joyeux drilles et farouches guerriers, nomades de l'âme ou pèlerins de l'infini, ce qui fait beaucoup pour un seul peuple aux multiples facettes. Est-ce pour cela que leur pays a tant fait rêver ?

Aujourd'hui, sur leur terre ancestrale, beaucoup ont le regard triste, comme embué de rêves évanouis. Ils vivent, ou survivent. Pourtant, nombre d'entre eux gardent comme un soleil au cœur, et leur sourire spontané vire à l'éclat de rire lorsqu'ils vous tirent la langue en guise de salut. Réminiscence d'autrefois, lorsque la politesse commandait de montrer ainsi la pureté de ses intentions, sa franchise, et donc son respect de l'autre... Sur ce vaste plateau si longtemps domaine des vents des cimes où

65

l'homme passait sans vraiment s'enraciner, trop nomade pour se fixer sous un toit, monastères et ermitages constituaient ses repères. Au loin, dans les plaines basses et la moiteur des moussons, les sédentaires le disaient « demeure des dieux ».

Là-haut cependant, pas plus qu'ailleurs, la roue n'a cessé de tourner. Le prix à payer a été lourd, même pour un peuple accoutumé à vivre à la dure. Je me rappelle cette réflexion, rapportée par un ami : au sortir d'années de prison pour avoir contesté la domination étrangère, un moine arrivé à Paris pour recevoir des soins s'est exclamé avec un geste de recul : « Vous vivez dans un monde de fous ! » Et c'est précisément ce monde-là qui fait tache d'huile dans les villes tibétaines, de jour en jour plus enchinoisées sur le haut plateau depuis l'occupation militaire de 1950, aux dépens d'une population autochtone reléguée vers des terres plus austères tout en se voyant privée de ses traditions qui lui permettaient naguère de surmonter les difficultés du quotidien.

Monts et vallées demeurent encore pour un temps préservés de l'ardeur bâtisseuse des conquérants, en dépit de l'arrivée tonitruante du premier train à Lhassa en 2006, mais les planificateurs chinois annoncent déjà qu'en 2010 il sera possible de faire le tour du Tibet en voiture sur un réseau routier de cinquante mille kilomètres flambant neuf. Qu'en sera-t-il alors des bergers et des yacks, des rivières aux eaux claires, des lacs sacrés défigurés par des barrages, et du pavot bleu de l'Himalaya, cette fleur qui stupéfia les premiers botanistes l'ayant aperçu ? Ce n'est pas que le monde moderne fasse peur aux Tibétains ou qu'ils le refusent ; ce qu'ils récusent, c'est d'être exclus de ses avantages et des facilités qu'il apporte, au profit des nouveaux venus – afflux allogène irrespectueux des us et coutumes locaux, pressé d'imposer la loi du plus fort, ou du plus nombreux, en territoire conquis. Ni plus ni moins que d'autres, les Tibétains n'apprécient de subir une présence qu'ils considèrent comme étrangère : autant que d'autres, ils revendiquent le droit à être eux-mêmes et à se gouverner comme ils l'entendent.

Depuis que le gouvernement de Pékin a déclaré, en 1992 déjà, le Tibet « zone spéciale de développement économique », l'apport de capitaux extérieurs – d'abord venus des provinces limitrophes, puis plus éloignées, avant de s'ouvrir aux bailleurs de fonds d'outremer – a permis d'améliorer les conditions d'existence des nouveaux colons. Avec le lancement en 2001 du « programme de développement de l'Ouest » – version chinoise d'une autre conquête de l'Ouest mieux connue –, le flot de migrants en quête d'un nouvel eldorado s'est intensifié, au point de modifier profondément le tissu social et le rapport démographique. Aujourd'hui, selon des statistiques qui se recoupent et quoi qu'en disent les autorités, les Tibétains sont minoritaires chez eux et se retrouvent marginalisés notamment sur le marché du travail, citoyens de seconde zone sur leur propre terre.

La langue, enjeu crucial

Insidieuse, la sinisation commence dès l'école, en vue de « cimenter l'unité nationale ». Ainsi la langue tibétaine est-elle menacée de disparaître en tant que véhicule d'échanges et de compréhension dans la société qui l'a vu naître et l'a façonnée. Un décret de 1987 faisait pourtant du tibétain la langue « officielle » de la Région autonome.

Il a été révoqué en avril 1997, sous prétexte qu'il était « impraticable et non conforme à la réalité du Tibet » – ce qui signifiait implicitement que la mainmise chinoise avait d'ores et déjà atteint une partie de son but, contraignant les autochtones à s'adapter à la modernité en passant par une sinisation accélérée.

C'était sans doute aller vite en besogne. À preuve, une nouvelle recueillie en mars 2006 dans *Beijing Information* en français et en ligne titrait en caractères gras : « Le Tibet jouit d'un décret spécial de protection de sa langue. » Et d'informer que, le 22 mai 2002, la VIIe Assemblée populaire régionale du Tibet avait adopté un « décret de protection de la langue tibétaine », en précisant que c'était la première fois depuis la création de celle-ci il y a mille trois cents ans qu'elle était protégée par une loi spéciale... On pourra toujours s'interroger sur la nécessité de protection légale d'une langue vivante, utilisée – selon l'article mentionné – « par 84 % des 2,7 millions de Tibétains vivant au Tibet comme unique moyen de communication ». L'explication se trouve peut-être dans une autre dépêche, de l'agence Chine nouvelle, affirmant à la même époque que la modernisation du Tibet avait valu à sa langue de s'enrichir de plus d'un million de mots : face à cette invasion langagière, une protection juridique s'imposait.

Ce souci de sauvegarder ce patrimoine linguistique honore sans doute les autorités chinoises. Mais pourquoi donc une attention si sourcilleuse accordée justement au tibétain ? N'est-ce pas une manière de reconnaissance, sinon d'aveu, que depuis plus d'un demi-siècle il existe à tout le moins une gêne à ce propos ? À force de s'entendre répéter que « le Tibet appartient à la Chine » depuis des siècles, de jeunes générations chinoises élevées dans cette croyance peuvent y croire de bonne foi, mais pas forcément les Tibétains, pas plus d'ailleurs que l'étranger. C'est que la tradition de trésors cachés par des lamas visionnaires ne s'applique pas uniquement aux textes philosophiques ou religieux ; d'immémoriales chansons de geste et ballades restent à traduire afin d'ouvrir plus largement un monde d'imaginaire, de poésie et de symboles, servant de cadre aux rêves des hommes.

Pour leur part, les Tibétains n'ont jamais manqué de passer d'une génération l'autre la belle histoire de Thönmi Sambhota, « l'homme de Thön » qui s'en était allé quérir lors de la première diffusion du bouddhisme sur le haut plateau au VIIᵉ siècle, sur ordre de son roi, la sagesse bouddhique au-delà de la grande barrière himalayenne, à sa source en Inde. Il en avait rapporté non seulement des manuscrits et des enseignements, mais également un savoir assez vaste pour lui permettre d'élaborer un alphabet modelé sur le devanagari sanscrit – cette « écriture des dieux » – afin de consigner par écrit ces connaissances. Les Tibétains ont naturellement eu à cœur de préserver cette richesse, accessible d'abord à un petit nombre, puis redécouverte et semée en des terreaux éloignés après la fracture de l'exil du siècle dernier. Au point que des ouvrages ayant irrémédiablement disparu au fil des siècles sur leur terre d'origine, que ce soit en Inde ou en Chine, ont été précieusement conservés dans les vastes bibliothèques monastiques – ce qui a fait dire un jour à l'actuel dalaï-lama que son pays était en un sens « le réfrigérateur où ont été entreposées connaissance et sagesse dans l'attente de jours meilleurs... » Ce n'est pas un hasard si les Tibétains appellent parfois leur pays « terre des livres ».

Enjeu de pouvoir, la langue elle-même est devenue champ clos d'affrontements aussi sourds que persistants entre mémoire des uns et propagande des autres. En s'acharnant à anéantir par tous les moyens la mémoire d'un peuple, le régime chinois prouve d'une part que ce peuple existe et résiste. D'autre part, il nourrit un ressentiment sur place autant que chez les exilés, ceux de la première heure comme les nouveaux réfugiés. Il est vrai aussi que pour nombre d'entre eux, le choix crucial se définit entre le carcan policier et une certaine liberté... Épreuves multiples – elles n'ont jamais été légères – et campagnes de rééducation à rallonge, interdictions de pratique ou de pèlerinage, arrestations, condamnations et tortures, discriminations et mensonges n'y ont pas fait grand-chose : le XIVᵉ dalaï-lama, Tenzin Gyatso, reste envers et contre tout le point de repère ou la référence première du monde tibétain, de l'intérieur comme de l'extérieur.

Pour les uns, il personnifie l'espoir qui permet de durer – cette phrase qui revient dans la bouche de réfugiés de fraîche date : « C'est pour le voir, recevoir sa bénédiction qu'on s'est mis en route ! » Pour les autres, il incarne sur la scène du monde ce qu'il y a de plus précieux dans une civilisation menacée, une sagesse qui ne doit sous aucun prétexte disparaître. Son rayonnement, en particulier après l'octroi du prix Nobel de la paix en 1989, n'a cessé de s'étendre, au point de virer parfois à l'adulation ou à une instrumentalisation d'un goût discutable par des zélateurs trop empressés. Mais pour la grande majorité des Tibétains, même s'il est contesté par quelques-uns parmi les siens, il représente à la fois le pivot d'une unité toujours en train de se cimenter, le symbole d'un peuple opprimé et le porte-flambeau d'une manière différente d'envisager l'existence. Maître spirituel autant que maître de vie, son parcours personnel porte témoignage d'une vie d'homme qui a quelque chose à dire et qui sait de quoi il parle.

Nul doute, le personnage ne laisse guère indifférent. Au-delà cependant de tous ceux qui se prétendent ses disciples, des dévots qui bravent interdits et périls pour l'approcher ne serait-ce qu'une fois dans leur vie, des fidèles ou des flatteurs, de toutes les images qu'on se fait de lui selon l'optique des actuels dirigeants de Pékin ou le prisme d'un scepticisme rassis, se dégagent les contours d'un noyau dur – le dalaï-lama, simplement.

Moines et monastères

« Un simple moine bouddhiste », comme il tient depuis toujours à se définir lui-même quand on l'interroge. Pourtant, certains le considèrent comme un « dieu-roi », les uns l'affirment « bouddha vivant », « dangereux chef séparatiste fauteur de troubles » s'entêtent d'autres, « incarnation sur terre de Chenrezig/Avalokiteshvara et protecteur du Tibet » pour les siens, « *tûlkou*, ou réincarnation de ses prédécesseurs de la lignée ». Peut-être est-ce justement cette notion de réincarnation qui titille davantage les esprits occidentaux dits rationnels – pour les tenants de la voie de l'éveil suivie par le prince Siddharta devenu Shakyamouni, le Bouddha historique, elle s'inscrit dans une logique qui modèle depuis plus de deux millénaires et demi l'existence de générations de populations asiatiques.

La genèse est désormais assez connue du titre octroyé au XVIᵉ siècle par un khan mongol tout-puissant à l'abbé hautement révéré du monastère de Drépung près de Lhassa, Sonam Gyatso, qui l'a ensuite attribué rétroactivement à ses deux prédécesseurs en assumant pour lui le troisième rang. Il convient de préciser que l'apparition de cette nouvelle lignée de maîtres spirituels s'insérait dans une pratique déjà courante dans l'histoire locale. L'imbrication du politique et du religieux reflétait aussi des affaires, souvent des conflits d'intérêts, au sein du système féodal régissant le haut plateau tibétain, où les rivalités familiales, de clans voire de monastères, avaient pour enjeu le pouvoir et la puissance. Les voisins – mongols, népalais, indiens ou chinois – s'en mêlaient parfois, si bien qu'au gré des conditions du moment, les alliances se faisaient et se défaisaient en fonction de la décision des armes. À suivre le détail des péripéties historiques, il n'en demeure pas moins qu'aux yeux des Tibétains, leur pays n'a jamais prêté allégeance à qui que ce soit, khan mongol, fils du Ciel ou roi du voisinage, tout en entretenant épisodiquement des relations d'une subtile complexité avec les uns ou les autres.

C'est à partir de Sonam Gyatso, premier à porter le titre désormais officiel de dalaï-lama, que l'école des Geloug-pa à laquelle il appartient a gardé la haute main sur les affaires du pays. Dernière venue dans la famille des lignées d'enseignement du bouddhisme tibétain, l'école des Geloug-pa – les Vertueux, ou encore les Bonnets jaunes – se réclame du grand réformateur Tsong Khapa, fondateur notamment en 1409 du célèbre monastère de Ganden. Cet érudit fut également un bâtisseur, puisque sous son impulsion ses disciples les plus proches furent à l'origine de Séra et de Drépung, près de Lhassa, ces trois centres d'études monastiques formant au fil des siècles et jusqu'à 1950 les « trois piliers du Tibet ».

Selon une tradition qui perdure, à la tête de l'école des Geloug-pa se trouve le Ganden tripa, héritier du trône de Ganden et de Tsong Khapa : il est élu à cette fonction par ses pairs, un collège d'abbés et de sages parmi les plus estimés de l'école. Traditionnellement aussi, le dalaï-lama fait partie des Geloug-pa, mais n'en est pas le chef : depuis l'époque du Grand Cinquième, il concentre le pouvoir temporel et spirituel, et il est le seul à pouvoir prétendre à cette double dignité.

D'autres dignitaires religieux jouent un rôle important dans la vie tibétaine. Cependant, pas davantage au Tibet qu'ailleurs en terre bouddhiste, la hiérarchie n'est centralisatrice à outrance : pas de Vatican dans cet univers spirituel, mais des maîtres dont l'érudition ou la sagesse rayonne loin à la ronde. Les uns à la tête de puissants monastères et de vastes domaines, les autres en retrait dans des ermitages ou des oratoires à l'abri du brouhaha du monde, quelques-uns solitaires et d'aucuns en pleine clarté : une palette suffisamment ample pour que chaque néophyte trouve éventuellement sa voie. Sans oublier toutefois que la tradition ne cesse de multiplier les mises en garde : le maître, ou gourou, de son appellation sanscrite, enseigne d'abord par l'exemple, plus par ce qu'il est et par son attitude que par ce qu'il dit ou prêche. Et de préciser qu'un cycle entier de vie, soit douze ans, est parfois nécessaire pour observer et tâtonner, avant de trouver le guide ou l'« ami spirituel » qui convient. De surcroît, il faut l'assentiment des deux, de celui qui enseigne et de celui qui est enseigné, pour que la relation fonctionne.

Dans l'aire tibétaine, avant que les Geloug-pa ne s'imposent au premier plan, d'autres écoles ont eu leurs périodes de prééminence et leurs chefs successifs leur heure de gloire. Ces lignées antérieures ont amorcé puis conforté l'institution des tûlkous, ces réincarnations d'érudits et de sages caractéristiques de chacune des branches spécifiques du Mahayana, le Grand Véhicule, et plus encore de la Voie de diamant propre au bouddhisme du Tibet. Paradoxalement, c'est peut-être le monastère le plus ancien du Tibet qui symbolise le mieux à la fois ce temps qui passe et la pérennité de l'idée : Samyé a été le premier centre monastique du Pays des neiges. Il a été bâti dans la seconde moitié du VIIIe siècle sur ordre du roi Trisong Detsen, avec le précieux concours du savant indien Shantarakshita et du maître magicien Padmasambhava, d'après le grand temple d'Otanpûri en Inde. Bien des destructions et des reconstructions successives au fil des temps en ont fait aujourd'hui le lieu de rencontre et d'enseignement des traditions nyingma, sakya et geloug.

La construction du monastère de Sakya au XIe siècle signale de fait le début de la lignée des Kagyu-pa, puis au siècle suivant prend racine à Tsurphu celle des Karma-Kagyu, avec à sa tête un karmapa. Auparavant, un premier monastère avait été édifié à Radeng, siège des Kadampa, dont les Geloug-pa prendront plus tard la relève. Entre-temps, d'autres écoles plus éphémères ou moins puissantes voient le jour dans diverses régions, tandis que sur le haut plateau des provinces centrales, des rivalités attisées par des intérêts autres que spirituels se succèdent entre les différents ordres, même si les hiérarques en titre s'entendent personnellement mieux que leurs entourages ou fidèles entre eux.

Avec l'institution et la consolidation de la lignée des dalaï-lamas, un nouveau chapitre est entamé dans l'histoire tibétaine. Des personnalités d'envergure comme le Ve ou le XIIIe dalaï-lama marquent leur temps et laissent des empreintes durables dans l'évolution du pays. Ainsi, en 1648, Ngawang Lobsang Gyatso, le Ve, institue-t-il notamment le Ganden P'hodrang, considéré comme la première structure gouvernementale pour la gestion de la société tibétaine. C'est aussi lui qui déménage le siège du pouvoir du monastère de Tashilhumpo à Shigatsé au Potala à Lhassa, consacrant de la sorte son statut de capitale. Quant à Thubten Gyatso, le XIIIe, son souvenir et sa prescience de l'avenir consignée dans un testament prémonitoire marquent aujourd'hui encore le présent des Tibétains. Dans cette dynastie d'exception, quelques-uns des titulaires voient néanmoins leurs règnes écourtés dans des circonstances pas toujours très claires. Les divergences dans les coulisses du pouvoir sont souvent attisées de l'extérieur, les intrigues menées au nom du fils du Ciel n'étant pas les moins tortueuses. Celles-ci sont encore perceptibles de nos jours, en particulier à propos du deuxième hiérarque geloug-pa, le panchen-lama, que le pouvoir chinois tente depuis longtemps d'instrumentaliser à son profit en vue d'affaiblir l'autorité du dalaï-lama.

Chez les Geloug-pa, comme dans les autres écoles du bouddhisme tibétain, la transmission des savoirs de maître à disciple s'est cristallisée autour des deux principaux hiérarques, le dalaï-lama et le panchen-lama. C'est le Grand Cinquième qui institue la lignée des panchen-lamas, en octroyant ce titre à l'abbé du Tashilhumpo, Lobsang Cheokyi Gyaltsen, en signe de reconnaissance pour son fidèle et loyal soutien ; cette appellation, qui signifie « grand érudit » ou « précieux lettré », est essentiellement honorifique et religieuse, elle ne comporte aucune connotation politique, quand bien même le voisin chinois a souvent tenté de lui en attribuer pour favoriser ses propres desseins. Il a parfois réussi à créer des dissensions entre les deux dignitaires qui, aux yeux des Tibétains, demeurent liés de vie en vie par des rapports étroits tour à tour de maître à disciple, l'un enseignant l'autre au rythme des réincarnations successives.

L'affaire du panchen-lama

Aujourd'hui, la situation est sans doute plus délicate que jamais pour l'avenir même du Tibet et de ces deux hauts dignitaires, l'enjeu politique imposé par Pékin laissant planer des menaces sur les lignées elles-mêmes. Le sort du panchen-lama projette un éclairage singulier sur la gravité du différend tibéto-chinois. Après le départ du XIVe dalaï-lama pour l'exil dans le sillage du soulèvement populaire antichinois de 1959, les autorités chinoises ont tenté d'imposer à sa place Choekyi Gyaltsen, le Xe panchen-lama. En vain. Tout au plus Pékin a-t-il réussi à donner momentanément le change en le maintenant comme vice-président de la Conférence politique consultative du peuple chinois, un poste largement honorifique mais dénué de pouvoir réel, et comme président en exercice du Comité préparatoire de la Région autonome du Tibet. En 1964 cependant, c'est la disgrâce brutale, sans explication, le purgatoire concentrationnaire pour le maître de Tashilhumpo durant la décennie de la révolution dite culturelle. Lors de sa réapparition publique en 1978, soit deux ans après la mort de Mao, des questions sont posées à son propos : victime, traître, collaborateur ou marionnette[1] ? Les Tibétains, eux, lorsque l'occasion se présente enfin au début des années 1980, le reçoivent avec une dévotion intacte, une foi qui renaît malgré les gardes du corps chinois faisant obstacle et les passages trop brefs en ses terres.

---

1. Son rapport au Comité central sur la situation au Tibet, dit « Pétition des 70 000 caractères », et qualifié par Mao de « flèche empoisonnée contre le régime communiste », est à l'origine de cette disgrâce.

Choekyi Gyaltsen s'attelle aussitôt à un véritable travail d'Hercule pour faire vivre, ou revivre, son peuple et ses traditions. En dépit d'une rhétorique officielle qui sème parfois la confusion à l'étranger, il bataille sans concession avec les autorités chinoises afin d'obtenir des garanties institutionnelles pour les siens : il presse pour l'ouverture de l'université de Lhassa, inaugurée en 1985 ; deux ans plus tard, il obtient une loi qui fait du tibétain la langue officielle de la Région autonome du Tibet, à égalité avec le chinois (dans la pratique, c'est une autre histoire, mais la loi existe...) et met sur pied un Fonds de développement du Tibet, première organisation non gouvernementale établie sur le Toit du monde. C'est encore lui qui ouvre dans son fief de Shigatsé une manufacture de tapis, certes pour soutenir financièrement les travaux de réfection du monastère, mais aussi première entreprise réellement tibétaine destinée à créer des emplois locaux...

Diverses raisons font de 1989 une année marquante pour le Tibet et les Tibétains. Temporairement revenu au début de l'année dans son monastère de Tashilhumpo pour préparer les fêtes du Losar, le Nouvel An tibétain, et conduire le Mönlam, la grande prière, qui le précède, le panchen-lama consacre d'abord le 17 janvier le stûpa reconstruit de son prédécesseur. Dans son allocution, se réclamant de la tradition, il demande à mots à peine voilés à être autorisé à œuvrer en concertation avec le dalaï-lama pour tout ce qui touche au Tibet, glissant au passage qu'il « ne pouvait en décider à lui seul ». L'hommage explicite rendu au leader exilé n'est sans doute pas passé inaperçu à Pékin, mais n'empêche pas l'agence officielle Chine nouvelle de rapporter une semaine après d'autres propos de Choekyi Gyaltsen, d'une rare franchise à propos du Tibet : « Depuis la libération, le Tibet s'est certainement développé, mais le prix payé dépasse de loin les gains. » Pour une fois, la presse internationale fait largement écho à ce constat, mais quelques jours plus tard, on apprend le décès soudain du panchen-lama, « à la suite d'un arrêt cardiaque » selon le communiqué officiel chinois.

Nombre de Tibétains peinent aujourd'hui encore à accepter cette version. Les uns disent que le panchen-lama a été victime de l'altitude dont il n'avait plus l'habitude, d'autres qu'il a été empoisonné, certains préfèrent y voir la décision d'un maître accompli, parfaitement capable de choisir l'heure de sa mort : n'est-il pas parti au milieu des siens, dans son monastère ? Toujours est-il que dans cette ambiance tendue, à l'approche du 10 mars, quand les Tibétains marquent en sourdine l'anniversaire du soulèvement populaire contre l'occupant, sur ordre de Hu Jintao, actuel chef de l'État chinois et alors responsable suprême de la Région autonome, la loi martiale est imposée au Tibet. À peine trois mois plus tard, ce sont les événements de Tiananmen à Pékin puis, en octobre, l'annonce de l'octroi du prix Nobel de la paix au dalaï-lama.

L'histoire néanmoins ne s'arrête pas là. Le Xe panchen-lama disparu, il s'agit de trouver sa réincarnation. S'engage alors une véritable épreuve de force, d'autant plus vitale qu'elle est feutrée, entre l'administration tibétaine en exil et le régime chinois. Ce dernier, invoquant des pratiques impériales fermement récusées par les responsables tibétains, entend bien chapeauter un choix qui ne lui appartient pas, au mépris d'ailleurs d'un athéisme officiel hautement proclamé. Dans les monastères du haut plateau, on s'essaie avec prudence à observer les rites et coutumes ; dans ceux de l'exil, on prie et on s'active pour soutenir sans ostentation les efforts entrepris. Moines et abbés qualifiés espèrent mener à bien cette recherche délicate entre toutes, car chacun est conscient des enjeux à terme pour l'avenir du Tibet. Les premières années, rien ne semble se préciser, la quête se poursuit dans le silence et la réflexion – comme le veut d'ailleurs la tradition. Des contacts se nouent néanmoins des deux côtés de l'Himalaya, par des canaux secrets et des démarches plus ou moins clandestines : de purement religieux, l'enjeu devient avant tout politique, un bras de fer où les loyautés se heurtent dans la solitude des consciences.

L'affaire rebondit à la mi-mai 1995 : au cours d'un office solennel à Dharamsala, le dalaï-lama annonce publiquement le retour du panchen-lama, sa réincarnation ayant été découverte dans le respect des traditions et confirmée par les rituels appropriés. Il s'agit de Gendun Choekyi Nyima, un garçonnet né le 25 avril 1989 dans le hameau de Lhari, près de Nagchu au Tibet. La réaction de Pékin ne se fait pas attendre : l'enfant, ses parents et son frère aîné sont aussitôt kidnappés, emmenés manu militari à Pékin par avion spécial – depuis lors, personne ne les a revus. Rien n'y fait, ni la mobilisation internationale ni les requêtes réitérées par l'intermédiaire de parlementaires étrangers, d'experts internationaux, de personnalités diverses, d'associations de défense des droits de l'enfant : les dirigeants chinois demeurent de marbre. Et se contentent de lâcher parfois : « Gendun Choekyi Nyima est un enfant comme un autre, sous protection comme l'ont demandé ses parents qui ne souhaitent rencontrer personne de l'étranger. » Mais Chadrel Rimpoché, l'abbé du monastère de Tashilhumpo à Shigatsé, qui avait mené les recherches au Tibet, a été emprisonné pour haute trahison et, depuis son élargissement, il demeure en résidence surveillée.

Mieux encore, peu soucieux de ses propres contradictions, le régime chinois, qui se déclare athée et ne cache pas son aversion pour la religion, a monté une mise en scène qui en dit long sur ses procédés : des responsables religieux officiels ont benoîtement affirmé que le dalaï-lama s'était trompé, et que le « vrai » panchen-lama était un autre garçonnet du même âge et du même village, Gyaltsen Norbu, oint à la hâte au cours d'une cérémonie aussi officielle qu'irréelle dans le sanctuaire du Jokhang à Lhassa. Soigneusement encadré et surveillé de près, l'adolescent est éduqué à Pékin, son portrait imposé dans les monastères, ses apparitions publiques minutieusement orchestrées et ses propos visiblement dictés. Aux yeux des Tibétains de l'intérieur, il est le « panchen chinois » et ses rares visites dans la Région dite autonome se déroulent sous strict contrôle, tandis que dans les monastères, les « campagnes de rééducation » se poursuivent de plus belle.

À Pékin, le jeune homme répète bien sagement ce qu'on lui apprend, comme ce fut le cas lors de son véritable « début » public soigneusement minuté à l'occasion d'une conférence internationale consacrée au bouddhisme, rapidement convoquée à grand renfort de publicité à la mi-avril 2006 à Hangzhou, dans l'est de la Chine, comme pour étayer la nouvelle ligne prônée à l'étranger par le président chinois en vue de « promouvoir une société harmonieuse ». Dans la Cité interdite, on espère sans doute qu'il incombera un jour à leur protégé de prendre les rênes d'un bouddhisme tibétain aux ordres et assujetti aux intérêts de la mère patrie chinoise...

Il est vrai que les autocrates de Pékin ont quelque raison de se méfier : la trajectoire inattendue d'Ogyen Trinley Dorje, le XVIIe karmapa, en témoigne à l'envi. Sa fuite aussi audacieuse que rocambolesque à l'orée du XXIe siècle, en plein hiver himalayen, de son monastère de Tsurphu au Tibet jusqu'à Dharamsala, où réside le dalaï-lama, a fait le tour du monde. Les explications officielles emberlificotées selon lesquelles le jeune hiérarque avait laissé une lettre indiquant qu'il était parti « récupérer des instruments de musique et le chapeau noir de son prédécesseur » n'ont trompé personne, pas plus qu'elles ne réussissaient à masquer la déconvenue de Pékin : c'est que le chef de file de l'école kagyu, né dans une famille nomade, avait été le premier tûlkou à être reconnu en 1992, au terme de laborieuses tractations camouflées, à la fois par le dalaï-lama et les autorités chinoises qui s'échinaient à en faire un « karmapa patriote ». Ainsi avait-il été convenu que le jeune lama resterait au Tibet, pourvu qu'il reçoive une éducation conforme à son rang et à ses futures responsabilités. Seulement voilà : le jeune réincarné semble avoir eu très tôt ses propres idées quant à sa formation et ses fonctions, et ne s'en laissait apparemment guère conter. Du moins, c'est l'impression qu'il nous a donnée lors d'une rencontre fortuite en septembre 1999, en son monastère de Tsurphu.

Un concours de circonstances comme il en arrive parfois au Tibet en raison des restrictions imposées à la libre circulation des voyageurs nous avait accolés à un petit groupe de disciples kagyu tibéto-américains rendant visite au chef de leur école. Il nous fallait les suivre, l'occasion de revoir le monastère à une soixantaine de kilomètres de Lhassa d'où le maître des lieux était absent lors d'une première visite quelques années plus tôt. La multiplication des pierres mani et des drapeaux de prières indique l'approche du monastère. À un virage masqué, l'œil rond et surdimensionné d'une antenne satellitaire surprend : haute technologie de simple communication, ou instrument de surveillance renforcée ? Visiblement, nos compagnons sont attendus : accueillis avec déférence, on nous conduit dans une vaste cellule aux murs recouverts de fresques de facture récente et aménagée en salle de réception, le temps d'attendre la fin de l'audience publique : des dizaines et des dizaines de pèlerins font la queue dans la cour. Après, ce sera notre tour, car le lama d'Amérique et sa suite ont droit à un entretien privé avec le jeune maître.

Dans les appartements privés du karmapa, la lumière entre à flots. Des thangkas de prix ornent les murs, fleurs fraîches et offrandes s'ordonnent sur l'autel personnel devant une statue de l'Éveillé. Il reçoit affablement ces disciples venus de si loin s'incliner à ses pieds, écoute attentivement le petit discours du lama voyageur, puis ses assistants lui font passer divers cadeaux apportés par les visiteurs. Achevées civilités et politesses, l'échange ne dure guère avant la bénédiction, l'instant à saisir pour risquer une question : quelles sont ses activités, quels sont ses projets ? Soudain le regard se rétrécit, la voix se durcit en articulant clairement : « Je dois m'instruire auprès de mes maîtres, et donc être auprès d'eux d'une façon ou d'une autre... » Pas un mot de plus. Mini-séance photo, histoire de garder un souvenir de l'entrevue.

Nous regagnons Lhassa en minibus avec des pèlerins tibétains ravis de cette rencontre, tandis que le petit groupe américain prend ses quartiers dans les cellules aménagées à leur intention. Nous nous croiserons encore une fois la semaine suivante, sur le chemin traditionnel de pèlerinage autour du grand sanctuaire du Jokhang. Un mois plus tard, l'occasion se présente à Milan de montrer les clichés de l'escapade au dalaï-lama, dont le regard scrute un long moment le visage du jeune moine de Tsurphu. Le 5 janvier 2000, le monde apprend qu'Ogyen Trinley Dorje, le XVIIᵉ karmapa, a faussé compagnie à ses gardiens et vient d'arriver au terme d'une folle odyssée à Dharamsala, en Inde, auprès du dalaï-lama...

Depuis, la vie a repris son cours. Une fois l'effervescence retombée, le silence est redescendu sur la communauté désormais orpheline de Tsurphu, les mesures de contrôle ont été accrues, tandis que les fidèles de l'extérieur se sont pris à espérer davantage. Le karmapa, qui a trouvé refuge dans un monastère en terre indienne, s'instruit selon ses vœux et chemine sur les sentiers de pèlerinage esquissés par les premiers disciples de l'Éveillé. Légèrement en marge, il observe autant qu'il est observé. Peu à peu, il prend sa place dans les structures de l'exil : il consacre une partie de son temps à l'étude et la méditation, emprunte les parcours rituels de sa foi, tient son rang lors des cérémonies traditionnelles et acquiert cette stature particulière que les disciples contribuent à façonner. Son avenir sera ce qu'il en fera...

Le paradoxe du dalaï-lama

« Simple moine » parmi tous ces moines, le dalaï-lama demeure celui qui personnifie le plus aisément aux yeux du monde son peuple, sa cause et son histoire, une certaine sagesse. Il en est aussi le plus vivant paradoxe – celui qui résume à lui seul le dilemme des Tibétains, ce dilemme difficile à cerner pour l'étranger et qui tient du double rôle que le hiérarque exerce sur la scène à la fois spirituelle et politique du haut plateau depuis un demi-millénaire. C'est également cette spécificité que les autorités chinoises s'appliquent à réduire à néant et à laquelle les Tibétains, au contraire, continuent à s'attacher comme axe central de leur pérennité. En fait, la plus étonnante des réussites de Tenzin Gyatso ne serait-elle pas, justement, de concilier ce qui apparaît dans la société d'aujourd'hui comme inconciliable, à savoir une force morale indéniable reconnue sur la scène internationale et un leadership sur les siens que bien des politiciens peuvent lui envier sans pouvoir l'admettre ouvertement ?

Les siens, les Tibétains du dehors et ceux du dedans : il faut peut-être avoir assisté à l'une de ces audiences avec eux, qui jalonnent l'existence du chef religieux, pour commencer à saisir le lien singulier tissé par le temps et renforcé à chaque rencontre entre eux, et pour en percevoir la profondeur. C'est la dimension spirituelle qui l'emporte sur les autres pour une majorité des Tibétains : le dalaï-lama ne représente pas, il *est* une *continuité* de vie en vie, la continuité de la manifestation sous forme humaine d'Avalokiteshvara (Chenrezig en tibétain), le bodhisattva de la compassion et, de plus, protecteur du Tibet. Ce qui explique sans doute la révérence qui lui est toujours dévolue en terres tibétaines, quand bien même son existence présente se déroule depuis bientôt un demi-siècle loin du Pays des neiges. Faut-il croire que le matérialisme ambiant n'a guère de prise face à une idée abstraite telle que la force intérieure dont l'actuel dalaï-lama est devenu emblématique ? En tout cas, combien de fois n'ai-je entendu cette réponse, murmurée ou lancée comme un défi par nombre de fugitifs, prisonniers relâchés, nomades, nonnes, paysannes, jeunes ou vieux : « Je voulais le voir, recevoir sa bénédiction, après c'est plus facile... » !

Autrement dit, sur le socle de la religion s'est édifié un système dans lequel l'institution du dalaï-lama constitue la pierre de touche de l'altérité tibétaine. Ce qui explique dans le même temps, et ce n'est pas forcément contradictoire au regard tibétain, cette confiance totale manifestée aux choix politiques décidés par le dalaï-lama, en particulier dans la situation de l'exil et de l'occupation militaire actuelle : Tenzin Gyatso est un pôle unificateur pour les siens dans les conditions présentes, ce qui ne l'empêche pas de dire depuis des années que « l'institution des dalaï-lamas est une institution humaine et, comme toutes les institutions humaines, elle est vouée à disparaître ». D'où également ses appels réitérés et souvent pressants aux Tibétains de prendre en main leur avenir et leur propre destin, d'assumer la responsabilité individuelle qui leur incombe dans un siècle de mutations qui a bouleversé leur histoire.

Pour le régime de Pékin, le dilemme n'est pas moins épineux : au vu de ces données, est-il possible de prétendre assurer la liberté religieuse au Tibet et, parallèlement, exercer une contrainte permanente sur les fidèles, notamment dans les monastères, par le biais de « campagnes de rééducation patriotique » afin de les amener à prêter allégeance aux autorités en place en reniant publiquement le dalaï-lama ? Mieux qu'un commentaire, la nouvelle réglementation sur les « bouddhas vivants » (terme chinois pour désigner les tûlkous de la tradition tibétaine[1]) entrée en vigueur le 1er septembre 2007 en dit long sur l'insécurité chinoise en la matière : c'est désormais au gouvernement ou au département des Affaires religieuses de valider ou non ce statut très particulier. Autrement dit, pour se réincarner, un lama devra obligatoirement présenter l'autorisation de revenir, dûment estampillée par les autorités compétentes...

En exil, la situation est à peine moins tortueuse : la

---

1. Dépêche du 4 août 2007 de l'agence officielle Xinhua (Chine nouvelle).

« voie médiane » inlassablement prônée depuis tant d'années par le dignitaire tibétain se heurte à l'intransigeance
des locataires successifs de la Cité interdite. À mesure que
se prolonge l'exil, les jeunes générations se rallient plus
volontiers à l'idée d'indépendance, sans pour autant opter
pour la rupture avec la tradition – rassurante en quelque
sorte – de s'en remettre à la sagesse du chef spirituel et
temporel pour cette décision cruciale.

Des voix dissonantes

Certes, de rares voix dissonantes se font parfois entendre, même si la contestation n'est pas vraiment le trait
saillant de la société tibétaine. Ce qui ne veut pas dire, à
en croire le XIVᵉ dalaï-lama, que « ce n'est pas parce que
nous ne la voyons ni ne la percevons qu'une chose n'existe
pas ». S'étonnerait-on d'ailleurs que le premier contestataire reconnu de l'histoire du Pays des monts neigeux ait
été un dalaï-lama ? Le VIᵉ en l'occurrence, Tsangyang
Gyatso, qui refusa au XVIIᵉ siècle, dans des circonstances
particulières, d'assumer le lourd héritage du Grand Cinquième, mais qui, joyeux drille et fin jongleur de mots,
peut-être ascète accompli et sage à sa façon, finit par s'inscrire dans la mémoire collective comme l'exemple atypique
du rebelle à l'ordre établi.

Plus tard, dans la première moitié du XXᵉ siècle, un
moine de Rebkong, en Amdo, Gendun Choephel, venu
étudier au monastère de Drépung à Lhassa, s'y illustre par
son savoir et ses dons artistiques, mais surtout par le regard
acerbe porté sur la société de l'époque. Quittant le Tibet
pour l'Inde où il séjourna une douzaine d'années, il s'y

frotte aux idées nouvelles et radicales, voire communistes, dans l'air du temps. En contact avec d'autres jeunes Tibétains en quête de renouveau, notamment Rabga Pangdatshang, il songe à créer une République tibétaine, avant de regagner Lhassa en 1946. Il n'y est pas bienvenu : ses écrits critiques – histoire, poésie, philosophie – ne trouvent pas grâce aux yeux des autorités. Condamné à trois ans de prison, il meurt peu après en être sorti. Sa vie aventureuse et son originalité lui valent parmi ses pairs le surnom de « mendiant de l'Amdo », tandis que son héritage commence maintenant à trouver sa vraie place.

Autre figure d'une contestation solitaire et non moins intéressante dans la mesure où elle sourd d'une vision politique, celle de Phuntsog Wangyal, né en 1922 à Bathang, dans le Kham – cette région charnière où les échanges, de marchandises ou d'idées, virent parfois à l'affrontement entre Tibétains et Chinois. Plus ouvertement révolutionnaire, il fonde en 1939 un embryon de Parti communiste tibétain, sans référence aucune aux idées chinoises. Vers 1944, il suggère aux autorités de Lhassa des réformes sociales et la création d'un grand Tibet unifié, sans être entendu. Cinq ans plus tard, il adhère au Parti communiste chinois, d'abord choyé et hiérarchiquement bien placé (il joue les intermédiaires avec le jeune dalaï-lama), mais brutalement déchu en 1957 en raison d'un texte de Lénine sur les nationalités trouvé en sa possession. Il passe dix-huit ans en prison, puis se voit réhabilité avec, en guise de récompense, un mandat de député à l'Assemblée nationale chinoise – qu'il utilise pour œuvrer de conserve avec le Xe panchen-lama, rentré lui aussi en grâce, dans l'espoir d'améliorer le lot des Tibétains. À la retraite depuis quelque temps, on devait apprendre en juin 2007 qu'il avait écrit à plusieurs reprises à Hu Jintao, l'actuel président chinois, afin que le dalaï-lama puisse revenir à Lhassa et reprochant aux faucons du régime de s'entêter à s'y opposer.

En exil même, la contestation peine à trouver sa voie. La fondation du Tibetan Youth Congress (Congrès de la jeunesse tibétaine) en 1970 marque en quelque sorte le début d'un éveil politique... sous le patronage du dalaï-lama. Ses membres fondateurs ont certes depuis lors passé la main, mais demeurent de proches collaborateurs du leader tibétain et continuent à leur manière de représenter la diaspora tibétaine. Au fil du temps, le mouvement visant à maintenir l'unité et la liberté des Tibétains s'est adapté à l'évolution des exigences politiques, gardant vive l'idée de l'indépendance. Ses porte-flambeaux actuels les plus engagés sont l'écrivain Jamyang Norbû, qui vit en partie aux États-Unis, et Lhasang Tsering, le libraire le plus célèbre de Dharamsala qui a fait le coup de feu avec les résistants khampas, dont il a ébauché l'épopée dans *Aten, un cavalier dans la neige*. Ils ont été rejoints par un jeune intellectuel prometteur, né en exil, Tenzin Tsundue, aux idées arrêtées et poète à ses heures, qui n'hésite pas à payer de sa personne lorsqu'il s'agit de manifester spectaculairement – mais sans violence – son désaccord avec la politique officielle des dirigeants exilés, même si la contestation s'arrête devant le dalaï-lama. Encore que...

Ce jeune homme en colère, mais à la manière tibétaine, est peut-être plus proche dans sa pensée du guide spirituel qu'il ne veut bien l'admettre, ne serait-ce que par la réflexion qu'il développe à propos de l'évolution de la communauté hors du Tibet. En 2004, à l'occasion des élections pour le Parlement en exil, il s'interrogeait sur la vision démocratique de ses coreligionnaires : « Aucun peuple dans le monde n'a notre chance d'avoir un Bouddha pour le guider et veiller sur lui. Mais sommes-nous dignes de cette gouverne ? Non. Nous nous handicapons nous-mêmes en devenant dépendants de Sa Sainteté. Bien qu'ayant reçu [de lui] notre démocratie comme une bénédiction, c'est à nous de la faire fonctionner. Et c'est précisément ce à quoi nous nous sommes montrés le plus réfractaires – à assumer nos responsabilités démocratiques. » Et de poursuivre non sans une lucidité certaine : « Notre histoire montre qu'au cours des six derniers siècles, sous l'égide du dalaï-lama, il y a eu crise politique à chaque fois qu'il s'en allait : le chaos s'installait dans le pays, une anarchie marquée par des querelles intestines, voire des guerres civiles. Sommes-nous incapables d'entendre les leçons de l'histoire et de consolider notre communauté, alors qu'il fait encore jour ? Combien nous sentons-nous si peu sûrs ne serait-ce que de penser à un temps sans l'actuel dalaï-lama ? Impossible pour nous d'en parler, c'est considéré comme de mauvais augure.

« La démocratie, c'est une responsabilité partagée, et pour nous tous, il s'agit de reprendre notre responsabilité des épaules d'un homme qui en a assez fait pour nous, dont nous prenons la présence comme garantie alors que nous nous affairons à bâtir une maison ou à entretenir notre foyer. Imaginez pourtant la force de cent cinquante mille Tibétains exilés, chacun prenant une initiative personnelle pour notre cause, faisant chacun de son mieux, épaulés par tous ceux qui dans le monde aiment le Tibet ! Voilà qui conforterait les individus, les organisations et peut-être même les gouvernements en faveur de cette cause. Pareille campagne coordonnée à travers le monde pourrait libérer le Tibet. »

Vision de poète peut-être, mais n'en faut-il pas pour

maintenir l'espoir à une époque où les relais se font rares tandis que se multiplient les obstacles ?

Devenu par le jeu des circonstances un observateur privilégié des rapports de force régissant les relations entre pays et gouvernements, sa position un peu en retrait de la comédie humaine donne au dalaï-lama actuel non seulement une lucidité dépourvue de cynisme, mais l'autorise à ne pas se leurrer tout en cultivant l'espoir. Et il faut bien davantage que l'indifférence internationale ou les rebuffades de Pékin pour venir à bout de sa patience. Conscient que les autorités chinoises attendent sa disparition, il admet avec le sourire : « Ceux de ma génération s'en sont presque tous allés. Lorsque la vieille génération ne sera plus là, les choses seront peut-être plus faciles, mais elles peuvent également devenir plus difficiles. Je ne sais pas... Pour aborder les problèmes actuels, mieux vaut ne pas se souvenir : il faut songer à l'avenir et voir les choses à plus longue échéance. Pourtant, on ne peut pas vivre totalement coupé du passé, l'être humain a besoin de savoir d'où il vient et ce qu'il cherche. Tant qu'il y aura des armes et des soldats sur la tête des Tibétains, rien ne sera stable. » Et de préciser : « La meilleure façon de résoudre n'importe quel problème dans ce monde humain consiste pour toutes les parties en cause à s'asseoir ensemble et à se parler. » D'où sans doute sa persévérance à propos de la voie médiane, avec peut-être une vision qui va bien au-delà des limites d'une existence humaine...

Un dilemme tibétain

Autre aspect de ce dilemme tibétain, le principal moteur du changement au sein de la communauté exilée, c'est encore le dalaï-lama. Il s'y est déjà essayé sur place, à Lhassa, quand, sous la pression des événements, les rênes du pouvoir temporel lui ont été confiées plus tôt que ne le prévoyait la tradition, dans l'espoir de faire barrage à l'invasion. Le dignitaire encore adolescent avait surpris ses interlocuteurs chinois en avançant des propositions concrètes dès son retour de Yatung, notamment en vue d'alléger les conditions d'endettement paysan et de favoriser l'ouverture du Tibet au monde. Prises de court, les autorités chinoises ont écarté sur-le-champ ces suggestions, paradoxalement soutenues par les propriétaires fonciers locaux inquiets des options « révolutionnaires » de leur jeune souverain. Pourtant, rappelons-le, le XIVᵉ dalaï-lama ne faisait que suivre la voie de son prédécesseur, le Grand Treizième, dont les tentatives réformatrices avaient été contrecarrées par les milieux conservateurs et monastiques. Fort de ses convictions, il n'en décidait pas moins de supprimer la corvée de transport gratuit pour les fonctionnaires et d'annuler toutes les dettes paysannes, sans renoncer non plus à envisager la modernisation du pays en favorisant la diffusion de la technique et de la médecine occidentales, ainsi que l'implantation d'écoles, en particulier dans les zones rurales.

L'exil ne fait que renforcer sa détermination et, dès son arrivée en Inde, le dalaï-lama s'attelle immédiatement à cette nouvelle tâche, rendue d'autant plus contraignante par l'urgence. Dans la perspective d'affronter une modernité imposée, il fait preuve d'une remarquable capacité d'adaptation et d'une persévérance sans faille. À peine installé dans des conditions plutôt sommaires à Dharamsala, loin de Delhi et des grands centres de décision politique du monde, il se préoccupe du sort de tous ceux qui ont suivi dans son sillage afin de préserver ce qu'il considère comme l'essentiel, l'altérité tibétaine. De temps à autre, il n'hésite pas à rappeler dans un demi-sourire : « D'être un réfugié m'a beaucoup appris et m'a aidé à mieux comprendre le monde. » Et de décider très rapidement, parallèlement à la mise sur pied de centres d'hébergement et de soins pour le plus grand nombre – religieux ou laïcs –, d'établir une administration responsable chargée de parer au plus pressé : l'embryon d'un futur gouvernement démocratique d'un Tibet libre ? Mais s'il en est lui-même convaincu, il reste au dalaï-lama à en convaincre les siens, et ceux-ci sont plutôt rétifs à l'idée de renoncer à la protection du Maître omniscient...

Le dalaï-lama n'aura pas trop de son pouvoir de persuasion pour amener la communauté exilée à l'écouter et à accepter que des hommes, d'abord nommés par lui, puis élus, assument la direction et les responsabilités liées à l'existence quotidienne des réfugiés et à leur avenir. Ce qui explique également la difficulté, insurmontable pour certains, de choisir : soit de se ranger derrière le Kashag (Cabinet) dans l'appui inconditionnel à la voie médiane tracée par le dalaï-lama en espérant parvenir à un accord à l'amiable avec Pékin ; soit de revendiquer le droit reconnu des peuples à l'autodétermination, c'est-à-dire, pour nombre de Tibétains, à l'indépendance.

Il aura fallu des années au chef spirituel tibétain pour faire admettre par les siens le principe que le dalaï-lama puisse un jour n'être plus en mesure d'exercer le pouvoir et, donc, qu'il soit – temporairement ou non – privé de ses prérogatives de décision. Rien n'y fait, pas même son engagement de longue date de renoncer à tout rôle politique en cas de retour au Tibet, pas plus que sa décision personnelle, annoncée en 2002, d'amorcer une semi-retraite et de remettre le pouvoir politique au Premier ministre élu : il reste l'ultime recours, celui vers qui l'on se tourne toujours. D'ailleurs, comment accepter que le dalaï-lama puisse faillir sans se renier, sans renier le principe même qui fonde ce qui fait la différence – l'exception ? – tibétaine ? Tant que cette contradiction essentielle n'aura pas été résolue par les Tibétains eux-mêmes, tant qu'ils n'auront pas réellement entendu ce que le dalaï-lama leur répète inlassablement – qu'ils sont responsables de leur propre avenir –, il leur sera malaisé de choisir entre dévotion et démocratie. L'une relève de la foi ancestrale, l'autre de l'aspiration à la modernité : sont-elles compatibles ? Quoi qu'il en soit, l'une comme l'autre peuvent prêter le flanc aux manipulations les plus diverses, qu'elles soient d'ordre politique ou religieux, en fonction de critères qui ne sont pas forcément toujours dans l'intérêt du Tibet ou des Tibétains.

Si la controverse concernant le panchen-lama vise à longue échéance la réincarnation du dalaï-lama, dans la mesure où les deux grands lamas de l'école des Bonnets jaunes ont partie liée et que Pékin entend bien jouer les arbitres, les antagonismes internes relèvent aussi parfois d'intérêts plus immédiats. Ainsi, le conflit autour des deux jeunes candidats à la succession du XVIᵉ karmapa a-t-il fini par virer à de véritables règlements de comptes entre deux clans rivaux au sein de l'école karma-kagyu, tandis que la querelle n'est toujours pas définitivement vidée à propos de la propriété légitime du grand monastère de

Rumtek au Sikkim. Les soutiens extérieurs à l'ordre de l'un ou l'autre n'ont souvent pas grand-chose à voir avec des disputes théologiques et semblent s'enraciner dans des préoccupations plus terre-à-terre, les « trésors de guerre » parfois considérables provoquant des convoitises très humaines. Des influences occidentales ou chinoises aidant, la controverse pourrit lentement entre partisans de Thaye Dorje et adeptes d'Ogyen Trinley, sur fond d'éléments si discordants qu'il est malaisé de se faire une opinion.

Il est vrai que ces petites guerres aux coups parfois tordus alimentent de solides rancœurs dont les échos se répercutent sur les deux versants de la frontière. Elles en deviennent d'autant plus politisées, sans que les acteurs en aient réellement conscience. Au bout du compte, c'est presque toujours du contrôle du Tibet qu'il s'agit – mainmise chinoise ou pouvoir tibétain, suprématie d'une école religieuse ou contrôle d'un territoire, ces divers aspects composent une sorte de puzzle auquel paraît souvent manquer une pièce pour fixer l'ensemble – mais peut-on fixer une vie, qui par définition est d'abord mouvement ? D'où une certaine réserve à garder, un léger recul à observer pour un meilleur discernement, en évitant le jugement hâtif ou le défaut de perspective, car la démesure himalayenne confère peut-être aussi une autre dimension au temps.

Entre la pérennité d'une tradition qui s'incarne dans une lignée d'êtres qu'ils divinisent et la continuité d'une énergie primordiale aux traits féminins sans laquelle rien ni personne – pas même le Bouddha – ne peut se mouvoir, afin de préserver l'équilibre nécessaire à la vie des hommes, les Tibétains ont filé serré les liens d'une quête ininterrompue ancrée dans une certitude, celle de la responsabilité à la fois de soi et des autres. Ce qu'ils appellent l'« interdépendance » – ou le karma. Cette manière différente d'être au monde permet de mieux saisir en quoi le dalaï-lama joue un rôle si primordial pour les siens. Il n'est d'ailleurs que d'assister à une « audience » pour en appréhender sur-le-champ l'expression physique – et il ne s'agit pas seulement de protocole : c'est à peine si les Tibétains lèvent les yeux sur lui, et l'on voit souvent des larmes couler.

D'où également la considération qui rejaillit sur les membres de la famille : ses frères et sœurs, neveux et nièces, tous sont entourés d'une déférence particulière due autant aux liens de parenté qu'à leurs qualités propres. La plupart d'entre eux ont conscience de cette responsabilité inhérente et en font un usage utile à la communauté. Quant à l'administration tibétaine en exil, qui joue le rôle d'un gouvernement représentatif du peuple tibétain, elle aussi se trouve en porte-à-faux entre sa loyauté envers le dalaï-lama et les réticences croissantes des Tibétains au sujet de la voie médiane. Confrontés aux interrogations pressantes d'une jeunesse elle-même aux prises avec de multiples contradictions, les Tibétains chargés de par leurs fonctions de piloter les exilés et de prendre les décisions peinent à faire preuve d'autorité, prisonniers d'une retenue atavique : en quelque sorte, la fêlure entre la génération d'avant et celle d'aujourd'hui.

Dharamsala, capitale de l'exil

Le lien étroit qui cependant perdure entre les Tibétains de l'intérieur et la communauté exilée n'est pas moins surprenant. Sans doute la proximité géographique, en dépit de la barrière himalayenne, y est-elle pour quelque chose, mais la relation est bien plus profonde : l'attachement à une tradition, l'instinct de survie, la volonté de durer, la certitude d'une altérité, ou bien ce fil ténu noué depuis tant de temps entre un peuple, sa terre et quelqu'un qui les représente si naturellement ? Alors, en dépit des doutes, des incertitudes, parfois de l'incompréhension, et faute d'autre possibilité immédiate, c'est autour d'une administration en exil certes critiquée et non sans raison critiquable que se rassemble une communauté dispersée à l'étranger, qu'un demi-siècle hors du pays d'origine amène forcément à s'interroger.

Dharamsala, capitale de l'exil d'abord indien, en porte témoignage. De station de montagne reculée, quasiment inconnue sinon oubliée, lors de l'arrivée des premiers réfugiés à la bourgade bourdonnante d'aujourd'hui, escale obligée de VIP en tous genres venus saluer son résident le plus connu lorsqu'il est chez lui, les conditions ont sensiblement changé. Le provisoire a duré, le temporaire de bric et de broc a fait place à des constructions en dur, sans pour autant perdre totalement son allure transitoire : souvent, on ne fait qu'y passer. C'est là qu'aboutissent pratiquement tous les réfugiés – entre deux mille et trois mille l'an – qui mois après mois et depuis des années continuent de fuir par les sentiers himalayens l'occupation de leur pays. Accueillis, réconfortés, soignés, ils sont reçus par le dalaï-lama, puis dirigés vers d'autres centres du réseau des communautés tibétaines en Inde.

C'est l'une des tâches de l'administration de s'occuper d'eux : elle fonctionne comme un gouvernement, avec des départements faisant office de ministères – Religion et Culture ; Intérieur ; Finances ; Éducation ; Sécurité ; Recherches et Analyses ; Information et Relations internationales ; Santé ; Logement, et un Conseil de planification, tous installés à McLeod Ganj. À ce noyau administratif s'ajoutent d'autres institutions, comme le Kashag ou Cabinet ; l'Assemblée des députés, démocratiquement élus par les exilés de partout à travers le monde ; les sièges d'organisations diverses – des Femmes tibétaines ; des Anciens Résistants et prisonniers politiques ; de la Jeunesse ; du Mouvement pour la liberté. L'hôpital et ses dépendances d'élaboration des remèdes traditionnels ou d'enseignement assurent la transmission de ce savoir ancestral.

L'institut Amnye Machen de recherches et d'études laïques complète la Bibliothèque des archives tibétaines, tandis que l'institut du Norbulingka veille à la sauvegarde des us, costumes et coutumes précieusement recueillis et préservés pour les générations à venir. Le TIPA [1] s'est mué au fil des ans en conservatoire par excellence des arts du théâtre, de la danse et de la musique. Sans oublier naturellement monastères, couvents et ermitages sans lesquels Dharamsala ne serait pas devenu le « petit Lhassa » de l'Inde. Un beau sentier forestier mène à quelques kilomètres de là, une fois passée la chapelle de Saint-Jean-du-Désert, au Village d'enfants, où des centaines de jeunes Tibétains – orphelins, coupés de familles restées au pays ou de milieux défavorisés – sont nourris, logés et scolarisés afin de ne pas devenir des déracinés. Ils sont formés à être des relais pour demain, des passeurs entre la tradition qu'ils n'ont pas directement connue et un monde en mutation avec lequel il leur faudra être en prise directe. Rude défi, qui n'est pas seulement une bataille entre l'ancien et le moderne, mais peut-être bien davantage un combat de tous les instants pour préserver un héritage en péril.

Si Dharamsala demeure le centre nerveux de la diaspora exilée dans son ensemble, les communautés disséminées en

---

1. TIPA : Tibetan Institute of Performing Arts.

territoire indien sont chacune dirigées par des responsables locaux qui rendent des comptes aux départements centraux respectifs. La vie monastique s'est réorganisée en exil selon des schémas traditionnels, tout en s'ouvrant précautionneusement aux conditions nouvelles. Des soutiens extérieurs, d'abord relativement modestes, puis de plus en plus solides à mesure de l'intérêt croissant pour le bouddhisme version tibétaine des années 80 en Occident, ont permis de rebâtir en partie ce qui a été irrémédiablement détruit au Tibet. Et, juste retour des choses, on remarque maintenant en Inde comme une renaissance du bouddhisme en son berceau sous l'influence de la présence tibétaine.

Parallèlement, le Tibet d'au-delà la montagne persiste à sa manière, avec une obstination qui ressemble à la vie elle-même. Démembré d'autorité, ses provinces orientales du Kham et de l'Amdo morcelées pour être rattachées par enclaves aux grandes provinces chinoises voisines – pour mieux les noyer dans la masse ? –, il en est aujourd'hui réduit à la moitié environ de son territoire historique qui forme la Région dite autonome. Il est vrai qu'avant l'invasion chinoise de 1950, tout n'allait pas pour le mieux dans le meilleur des Tibet possibles. Des rivalités parfois profondes marquaient les rapports entre le gouvernement de Lhassa et les caciques régionaux : chaque province avait son quant-à-soi, et ses habitants, khampas ou amdoans, ne se privaient pas de rechigner face à l'autorité centrale.

La contestation cependant n'allait pas jusqu'à mettre en cause la puissance des monastères ni leur rôle dans la société, pas plus qu'à douter du pouvoir des grands lamas. Il a suffi aux envahisseurs chinois de s'en prendre au clergé et à ceux qui personnifiaient le bouddhisme pour alerter la population et mettre le feu aux poudres. Active ou passive, la résistance tibétaine a toujours pris appui sur la foi, et seul un message du dalaï-lama a été à même de faire déposer les armes au dernier carré de maquisards assiégés au Mustang népalais dans les années 1970.

Les dirigeants communistes chinois l'ont rapidement compris à leurs dépens et se sont toujours employés à garder deux fers au feu – l'un pour convaincre l'étranger de leur respect de la religion des Tibétains, l'autre pour étouffer toute velléité de rébellion à l'intérieur. Une politique analogue est à l'œuvre aujourd'hui : montrer patte blanche à l'extérieur pour mieux désarmer les méfiances, en particulier dans la perspective des Jeux olympiques de 2008, quand Pékin entend plastronner devant le monde entier, et redoubler de mesures répressives sur place afin de réduire au silence toute tentative d'expression de désaccord. Et comme pour mieux se faire comprendre, une statue de Mao, « la plus grande avec ses 7,1 mètres de haut », a été installée au printemps 2006 sur une place du district de Gonggar – près de l'aéroport, pour accueillir les visiteurs. Même si la dépêche d'agence explique que ce « don du village natal du Grand Timonier » répond à « la demande d'un grand nombre de Tibétains », difficile de ne pas y déceler l'insulte ajoutée à la souffrance.

Dans le somptueux panorama du Kham et de l'Amdo, où désormais les Tibétains sont nettement minoritaires et comme assiégés par des populations déplacées, la cohabitation n'est pas forcément plus aisée. Certes, quelques grands monastères ont été partiellement rebâtis et ont retrouvé un semblant de vie religieuse à peu près normale – sous le regard d'indicateurs ou de collaborateurs patentés. Les touristes et autres visiteurs apprécient les ersatz de danses rituelles organisées à leur passage, et lors des offices dans les vastes oratoires réhabilités, des dob-dob semblent sortir de vieilles photos. Il arrive aussi que des équipes de « rééducation patriotique » débarquent à l'improviste, perturbant une routine religieuse encore bien fragile.

À l'occasion des fêtes rituelles, revêtus de leurs plus beaux atours sortis des coffres, clans et familles dispersés dans les prairies viennent au rendez-vous de coutumes estompées. Ambre, turquoise et corail posent des guirlandes de couleurs sur les vêtements des femmes, et les farandoles au crépuscule ont des accents nostalgiques. Ces grands rassemblements sont des retrouvailles où s'échangent les nouvelles et se nouent des idylles, même s'il y a toujours, à proximité, des regards étrangers qui surveillent sans prendre part aux réjouissances. Les pèlerinages proches ou lointains ont aussi repris, mais organisés et encadrés, dans les montagnes sacrées. Les gestes de la dévotion se sont transmis subrepticement et s'affichent dans le moindre interstice de liberté. Parfois, à l'improviste, comme à Lithang en août 2007, ces fêtes sont l'occasion de protestations spontanées durement réprimées, qui témoignent à leur façon des sentiments populaires.

Les derniers feux de la vie nomade : car dans ces régions naguère reculées aujourd'hui ouvertes à la modernité par les routes, les motocyclettes et les véhicules tout-terrain, l'heure est à la sédentarisation obligatoire des nomades – naturellement pour leur bien, afin que les enfants aillent à l'école, chinoise bien entendu, et qu'ils s'insèrent dans la vie que leur préparent les autorités. Un jour, sous une tente noire au bord d'une rivière, un jeune gardien de yacks nous a confié qu'il n'avait jamais dormi sous un toit... Les hameaux ne sont plus si éloignés les uns des autres, on se rend plus facilement visite entre amis, des antennes paraboliques distillent des nouvelles soigneusement filtrées et laissent entrevoir des perspectives de mondes inconnus ; le bouleversement des habitudes est certain, mais les principaux intéressés restent souvent dubitatifs, car ce n'est pas leur choix et personne ne s'est enquis de leur avis.

Un train à Lhassa

Au moment de l'inauguration en grande pompe et à grand renfort de publicité de la première liaison ferroviaire début juillet 2006 reliant Pékin à Lhassa, tous les médias chinois confondus n'ont cessé de chanter la beauté sauvage des hauts plateaux tibétains « dans le sud-ouest de la Chine », d'énumérer les initiatives de protection de la faune sur le parcours, illustrées de détails à tirer des larmes à une pierre, et de célébrer « l'indéfectible amitié liant la population han à la minorité nationale tibétaine »... Ce fut aussi l'occasion de vanter l'exploit tout en flattant la corde nationaliste : le chemin de fer le plus haut du monde, l'héroïsme des constructeurs, les dizaines de ponts, les passerelles bâties tout exprès à l'intention des animaux sauvages, les perspectives réjouissantes pour le commerce – bref, un modèle de développement durable sous l'égide du Parti communiste dans le plus grand respect de l'environnement et des intérêts locaux. Ce jour-là pourtant, le 1er juillet, les Tibétains disséminés à travers le monde ont décidé de porter un brassard noir pour rappeler le drame de leur peuple colonisé.

Il n'en demeure pas moins que les Tibétains ont payé très cher cette manière assez particulière de voir les choses. Pied à pied, ils n'en finissent pas, non pas de refuser une modernité à laquelle ils savent désormais ne plus pouvoir échapper, mais d'être considérés comme quantité négligeable, incapables de discerner leur propre intérêt. Sur place, cette débauche de publicité a laissé bon nombre de Tibétains sceptiques. Bien sûr, d'aucuns y trouveront leur compte, notamment les nouveaux venus en quête d'eldorado rapide, ces colons chinois lancés à la « conquête de l'Ouest » dans le cadre du grand plan officiel de développement industriel. Certes, Lhassa est dorénavant reliée à la Chine continentale, mais ses habitants ont été délogés de leurs vieux quartiers et transférés d'autorité vers des périphéries éloignées pour laisser la place aux nouveaux bâtiments de verre et de béton sous des palmiers en plastique. Dans le même temps, Xinhuanet.com informe sans sourciller le lecteur qu'« à 3 763 mètres d'altitude, le palais Potala représente la quintessence de l'architecture, des tableaux, des religions et de l'art des nationalités tibétaine, han et mandchoue. Ce palais, au style architectural et à la culture religieuse spécifiques, est non seulement un lieu saint pour les Tibétains croyants, mais aussi un site touristique pour les touristes chinois et étrangers ». Un guide dûment formé expliquera sans doute à ces derniers ce que font Hans et Mandchous au Potala, tout en les promenant dans la réplique miniature érigée au bas de la colline afin de « protéger » l'original.

Pur hasard sans doute aussi, le 1er juillet 2006 a marqué le quatre-vingt-cinquième anniversaire de la fondation du Parti communiste chinois. Et au détour d'un long article de Beijinginformation.com du 30 juin détaillant les avantages de la prouesse technique, comment ne pas s'interroger sur le sens de cette remarque : « La mentalité arriérée est un autre facteur du retard du développement. Plus de 85 % des Tibétains vivent en région rurale et beaucoup d'entre eux sont peu instruits. Un nombre considérable vit encore une vie indépendante et isolée. » Cinq décennies et demie après la « libération pacifique » ? Au bout de plus d'un demi-siècle d'« aide fraternelle du grand frère chinois »... Face à ce battage bien orchestré, seuls des esprits mal intentionnés peuvent s'obstiner à dénoncer une nouvelle étape – la dernière ? – d'une sinisation accélérée visant à l'assimilation forcée du Toit du monde.

Sur les vastes étendues qui les ont façonnés, les Tibétains de l'intérieur subissent certes, mais refusent de plier. Et pas toujours en silence, comme l'indiquent les bouffées sporadiques de protestation qui éclatent à Lhassa. Pour ne plus être pris au dépourvu, le régime a même été jusqu'à organiser en 2005 dans la capitale tibétaine des « exercices antiterroristes » exécutés par une force spéciale créée tout exprès afin de maintenir l'ordre dans cette région. De fait, chaque année, une bonne centaine de véhicules militaires feraient les frais, sur la longue route reliant Lhassa au Sichuan « voisin », de coups de main...

Présentée comme un service longtemps attendu pour favoriser l'industrie touristique, la mise en service de cette liaison ferroviaire ultramoderne n'en a pas moins vivement intéressé divers autres milieux. Des journalistes indiens ont relevé la concomitance de la réouverture du commerce frontalier par le col de Nathu, dans la vallée de la Chumbi, obstinément fermé depuis 1962 dans le sillage d'échauffourées meurtrières entre Inde et Chine. Avec le lent dégel amorcé au tournant du siècle, les échanges ont repris en ce point névralgique, d'abord illégaux, puis légalisés conformément aux accords convenus entre les deux pays. Mais des voix encore ténues s'élèvent, en particulier au Sikkim où Bhotias et Lepchas d'origine, déjà minoritaires chez eux, craignent de voir arriver Bengalis et Biharis en nombre, attirés par le renouveau marchand.

En outre, la dispute autour du monastère de Rumtek,

au Sikkim justement, reste un dossier délicat entre New Delhi et Pékin, la première soupçonnant des manœuvres de coulisses de la seconde pour s'approprier l'héritage à la fois spirituel et matériel du XVIe karmapa : le régime chinois s'arrogerait ainsi une influence déterminante dans l'ancien petit royaume himalayen dont la Chine n'a admis que du bout des lèvres, très récemment, le rattachement à l'Inde en 1975. Le réchauffement récent des relations entre les deux capitales n'exclut pas pour autant de persistantes suspicions et, en dépit des efforts officiels, la question tibétaine trop longtemps occultée revient peser avec d'autant plus d'acuité sur le différend frontalier.

Sans doute les autorités chinoises manifestent-elles un intérêt appuyé pour le commerce bilatéral en évoquant notamment la faste époque de la Route de la soie, mais des commentateurs indiens s'inquiètent de la construction frénétique de routes, de voies d'accès, d'aéroports et autres infrastructures imposantes. Analystes et stratèges mettent en garde à mots à peine couverts face à ces activités bâtisseuses qui permettront de rapides déploiements de troupes équipées de missiles et autres gadgets militaires ultrasophistiqués. Aujourd'hui peut-être encore davantage qu'hier, le Toit du monde se révèle un enjeu géopolitique non négligeable. Les Tibétains réfugiés en Inde se demandent, eux, s'ils ne vont pas une nouvelle fois faire les frais des intérêts immédiats des deux géants asiatiques, comme du temps de Nehru qui n'avait pas su voir venir les ambitions du nouveau régime installé à Pékin.

Dans cette attente où les rapports de force transparaissent derrière les sourires de circonstance, le dalaï-lama et les Tibétains auront mis à profit ce trop long exil pour rendre vie en son berceau à la bimillénaire tradition bouddhique. Certes, l'Inde n'a jamais tout à fait oublié ce fils prodigue, mais elle l'a récupéré à sa manière, sans guère se soucier de sa dimension universelle acquise au loin. En réinvestissant les sites d'origine, en reprenant l'antique coutume des pèlerinages, en actualisant les grandes céré-monies rituelles, en renouant le fil de l'enseignement et en relevant des ruines éparses, les Tibétains ont rendu une partie de sa mémoire au pays qui les a accueillis.

Si Dharamsala dans l'Himalaya reste le cœur battant de la communauté réfugiée, dans le sud du pays où le gouvernement indien a mis des terres à la disposition des fugitifs, de grands monastères se sont d'abord reconstitués, visant à préserver les structures du sangha afin d'assurer la transmission de l'enseignement. Les camps de transit alen-tour se sont mués en un provisoire qui dure, dans des conditions qui continuent d'être difficiles pour les laïcs. Pour les moines, la vie communautaire est une garantie sociale, d'autant que la tradition demeure de leur assurer un minimum de confort au quotidien. Des soutiens exté-rieurs sont venus s'y ajouter, multipliés à mesure que crois-sait la réputation du bouddhisme version tibétaine dans les pays occidentaux.

Une tradition revivifiée

En mettant leurs pas dans ceux de générations de pèle-rins qui les ont précédés, les Tibétains ont revivifié la tradi-tion. Car si l'Inde a su garder vivante la foi qui pousse les êtres sur les multiples chemins du sacré, elle s'est moins souciée des vieilles pierres usées par le temps. En décou-vrant des lieux qui, à leurs yeux, étaient mythiques et aux-quels bien peu parmi eux avaient naguère eu directement accès, ces réfugiés nouveaux venus ont eu à cœur de les faire renaître sinon dans leur splendeur d'antan, du moins afin de les réinsérer dans le flux quotidien. Peut-être avaient-ils simplement une conscience plus aiguë de ce qu'ils avaient perdu...

Si bien qu'une fois assurées les bases fragiles d'un recommencement dans un environnement étranger, ils se sont attelés presque d'instinct à redonner leur lustre aux sites les plus marquants de leur foi. C'est ainsi qu'au fil des ans et des cérémonies, des grands rassemblements initiatiques et des enseignements de maîtres de sagesse, Bodh Gaya, Sarnath, Rajgîr, Nalanda, Srasvati, Vaishali, Kushinagar et Amaravathi se sont réinscrits en toutes lettres dans les guides de pèlerinages qui ont fait leur réapparition. Jusqu'au Népal qui a fait consigner Lumbini, lieu de naissance de l'Éveillé, sur les listes du patrimoine mondial, sous l'égide de l'Unesco, et en faisant bâtir en bon ordre des monastères de toutes les obédiences bouddhiques.

Néanmoins, c'est probablement Bodh Gaya qui pour l'instant détient la palme : en une vingtaine d'années, la petite bourgade poussiéreuse du Bihar, assoupie à l'ombre de l'arbre de la Bodhi et du grand temple dont l'origine remonte à l'époque du grand roi Ashoka, a repris belle mine et peut se targuer d'être redevenue un lieu privilégié de rencontres. Shih Fa-hian, Sung Yun et Hwei Sang, Hiuen Tsang et I Tsing, ces pèlerins chinois qui avaient fait le voyage entre les IVe et VIIe siècles, s'y retrouveraient-ils ? Certes, monastères et moines de divers horizons ont toujours veillé par intermittence sur les lieux, mais aujourd'hui, c'est pratiquement toute l'histoire du bouddhisme qui se lit sur place à ciel ouvert, dans la diversité des bâtiments religieux – de l'exubérance bhoutanaise ou tibétaine à la rigueur zen très nippone, en passant par les nuances cinghalaise, bengalie, siamoise, birmane, sikkimaise ou coréenne – soutenus par des fonds de dévots recrutés loin à la ronde.

Aux tentes et humbles gîtes à pèlerins d'il y a un quart de siècle se sont ajoutés auberges, pensions, logis et même hôtels, sans oublier les pavillons d'hôtes de certains monastères n'ayant rien à envier aux enseignes plus huppées en matière d'hospitalité. Lors des grands pèlerinages rituels, les fidèles par milliers sont de retour et la cité tout entière se met au rythme des cérémonies, bruissante de prières et de litanies auxquelles se mêlent les appels des marchands, les supplications des mendiants, les rires et les cris des enfants, les vitupérations d'usagers en manque de courant, l'entêtant grincement des rickshaws et des charrettes à chevaux. Bodh Gaya s'installe alors pour quelques jours dans une dimension légèrement décalée, comme pour s'offrir le luxe d'une réflexion sans cesse reprise et qui n'a pas de fin.

Loin de la terre ancestrale, il se passe dans la communauté tibétaine réfugiée et éparpillée ce qui semble être un trait commun à tous les exils, des plus anciens aux plus récents – un schéma dont la répétition laisse songeur quant à l'obscur cheminement de la mémoire. La première génération, en l'occurrence celle qui a accompagné le dalaï-lama en 1959 – environ cent mille fugitifs –, a dû faire face à l'urgence de l'adaptation immédiate, avec de surcroît pour les Tibétains le changement brutal d'altitude et de climat. Principalement en Inde et au Népal, les difficultés majeures ont été surmontées grâce à l'accueil sourcilleux d'un gouvernement démocratique certes, mais davantage porté sur l'humanitaire, voire le spirituel, que sur l'aspect politique, oblitéré par la quasi-obsession d'une fraternité désespérément recherchée avec la Chine. Pour ceux – une

107

petite minorité à l'époque – que les circonstances ont poussés plus loin, au-delà du continent asiatique, ce fut une confrontation plus directe avec un mode de vie inconnu dit occidental, l'épreuve étant parfois facilitée lorsqu'il s'agissait d'érudits ou de moines invités et pris individuellement en charge par des centres d'étude ou des fondations charitables privées.

La deuxième génération, arrivée très jeune ou née en exil, s'active ensuite à affirmer ses assises pour exister dans un monde en voie d'apprivoisement, tout en s'efforçant de préserver la tradition à mesure que la connaissance directe du passé se mue en souvenirs racontés. Dans l'ensemble, la troisième génération se sent à l'aise dans un environnement normalisé, devenu familier, mais les liens avec le passé s'estompent, la langue d'origine n'est plus tout à fait maternelle : désormais, c'est un héritage qui se transmet. Et généralement, c'est la quatrième génération qui commence à poser des questions et part en quête de ses racines, à l'affût de la découverte et souvent avec l'exigence de reconquérir la partie perdue de soi-même. C'est d'ailleurs le témoignage que semble porter le tout jeune cinéma tibétain, lancé dans la compétition comme pour répondre à l'image très stéréotypée que donne le cinéma chinois de cette « minorité ethnique » à la fois exotique et remuante.

D'un continent l'autre, des films s'interrogent et se répondent sur le devenir alarmant du Tibet. En 2004, avec la complicité de deux amis cinéastes, une jeune Tibétaine québécoise résumait dans *Ce qu'il reste de nous* les timides espoirs des Tibétains de l'intérieur exprimés après avoir vu et entendu un bref message du dalaï-lama enregistré à leur intention. Bien plus qu'un documentaire de belle facture, à travers des réponses parfois poignantes, la réalisation fait le point sur une situation politique mise en images fortes et dont trop peu de dirigeants dans le monde acceptent de prendre la mesure. Avec lucidité, les auteurs posent ainsi la question de l'indifférence devant l'injustice flagrante faite à un peuple qui souhaite simplement vivre à sa manière.

D'une tonalité différente – mais le thème demeure le même –, un couple tibéto-indien a bâti une fiction attachante à partir d'éléments puisés dans des vies croisées apparemment au hasard, même si le hasard chez les Tibétains prend des allures de karma. Sorti en 2005, le film ressemble à une recherche qui s'épure jusqu'à l'essentiel, parsemée d'indices historiques éclairant le parcours de personnages de chair et de sang. Deux Tibet, celui du dedans et celui du dehors, s'y réfléchissent et se complètent pour n'en faire qu'un seul, celui des Tibétains, responsables de leur vie et de leurs choix. Le titre du film, *Dreaming Lhasa* (Rêver Lhassa), est une façon d'annoncer clairement la couleur...

Un jour pourtant, le dalaï-lama m'a dit : « Une réelle "tibétanité" est née de ces temps difficiles de la longue histoire du Tibet. Des siècles et des siècles d'enracinement peuvent faire oublier ce sentiment, le lien avec la terre semble sûr, intangible. Puis survient l'inattendu, qui remet ce lien en question. On découvre alors une brutalité cynique, l'utilisation dévastatrice de la force, sa propre faiblesse. Et on part, on ne voit plus son pays que de loin : il est occupé, ravagé, et l'on réalise qu'il n'a pas disparu, qu'il subsiste en soi, que l'on se sent toujours tibétain... »

4.

Le Tibet des Chinois

*Les mensonges écrits à l'encre ne pourront
jamais déguiser les faits écrits dans le sang.*

Lu Xun

Si ce n'était qu'une question de mots, voire d'interprétation – à la rigueur, et encore... *China's Tibet* ou « Tibet de
la Chine » ou, dans une version plus récente, « Tibet de
Chine » pour *Tibet of China*, qu'est-ce que cela veut dire ?
Quelle signification accorder à ce possessif affiché par les
dirigeants chinois avec une telle constance depuis 1949,
depuis l'avènement du nouveau régime à Pékin ? Au point
de faire traduire en 2001 *Tintin au Tibet* en affublant la
couverture de l'outrageante mention. Indignée, la Fondation Hergé demande aussitôt le retrait du tirage du marché, exigeant le rétablissement du titre original, et l'obtient
après un mémorable bras de fer.
   Chinois, ou « propriété » de la Chine, le Tibet ? Le
régime communiste a en tout cas tout fait pour le faire
croire et l'imposer – pour s'en autopersuader ? –, et souvent si maladroitement que même certains de ses plus
chauds partisans devaient convenir du ridicule des arguments avancés. Mais, comme pas plus qu'ailleurs, en

Chine le ridicule ne tue, il n'est pas dépourvu d'intérêt d'y accorder quelques instants d'attention. À l'appui de leur affirmation, les dirigeants chinois d'après la Seconde Guerre mondiale alignent des faits mineurs qu'ils considèrent comme critères historiques. À les en croire, cela suffirait à prouver le « titre de propriété » de la Chine sur le Tibet. D'emblée, une question fondamentale se pose : comment un pays peut-il appartenir à un autre, ou en être la possession ? Curieux relent de colonialisme...

Appeler l'histoire à la rescousse de pareille affirmation n'y change rien, ou pas grand-chose : un mariage princier – pratique courante à diverses époques ici ou ailleurs – comme par exemple, cité à satiété, celui de la princesse Wen Cheng des Tang, donnée en mariage au roi Songtsen Gampo, dont elle fut la cinquième épouse aux côtés de trois Tibétaines et d'une Népalaise au VIIᵉ siècle, en échange de la levée du siège de la capitale impériale – ne vaut pas titre de propriété. Sinon, qu'en serait-il des souverainetés nationales respectives du temps des alliances matrimoniales entre les grandes familles d'Angleterre, d'Autriche, d'Espagne, de Florence ou de Savoie, de France et de Navarre ? Et si l'argument paraît « romantique », le commentaire d'accompagnement qui souligne « l'apport civilisateur de la princesse étrangère à un peuple barbare » l'est infiniment moins...

Afin d'étoffer le poids d'une revendication plutôt aléatoire, le régime maoïste invoque l'influence culturelle que la Chine aurait exercée depuis la nuit des temps sur son voisin occidental. À quoi bon dès lors la fameuse Grande Muraille, visant à se prémunir des incursions barbares ? Et de quelle influence s'agit-il compte tenu de la réalité historique telle que consignée, si l'on se souvient qu'au terme du débat théologique du concile de Samyé (fin du

VIIIe siècle), les adeptes de la voie indienne l'ont emporté haut la main, tandis que leurs concurrents, tenants de la voie chinoise, ont été cérémonieusement remerciés et priés de bien vouloir rentrer chez eux ? Si besoin est de rappeler un sentiment populaire toujours aussi tenace en la matière, un vieil adage tibétain vaut par sa clarté : « La grande porte d'entrée est toujours ouverte pour l'hôte bienvenu du Sud, tandis qu'il convient de tenir close la porte arrière de service par laquelle l'intrus d'Orient tente d'ordinaire de s'introduire. » De surcroît, l'influence intellectuelle autrement durable, voire spirituelle, venue d'au-delà l'Himalaya s'amalgamant au génie des lieux a sans conteste davantage marqué les esprits et les arts dans l'interprétation et l'expression des réalités, ou des visions, du monde tibétain.

Se réclamer de l'héritage impérial pour tenter d'asseoir une revendication coloniale n'est pas banal pour un régime qui s'est longtemps posé en champion du droit des peuples à disposer d'eux-mêmes. La Chine ne se prive pas d'utiliser cette manœuvre de diversion lorsque l'occasion se présente, notamment dans les instances internationales, mais toujours à propos de questions ne la concernant pas directement. S'il s'agit du Tibet, elle brandit l'étendard glorieux des khans mongols, qui ont joué un rôle non négligeable dans l'histoire tibétaine au XIIIe siècle, oubliant opportunément que ces redoutables guerriers avaient étendu leur emprise non seulement jusqu'aux portes de l'Europe, mais également sur le trône du fils du Ciel avec la dynastie des Yuan. Est-ce à dire que tous les territoires qui ont vu passer les cavaliers des steppes « appartiennent » à l'empire du dragon ?

D'aucuns, voyageurs ou historiens, ont beau cautionner la thèse de l'irrésistible expansion chinoise vers l'Ouest, c'est en quelque sorte accréditer le système « ce qui est à moi est à moi, ce qui est à toi est négociable ». Et c'est une relation très particulière, dite de prêtre/protecteur, qui préside à l'époque aux rapports entre les têtes dirigeantes du Tibet et de la Mongolie. Elle se poursuivra avec les dynastes mandchoues, jusqu'à la chute des Qing en 1911. Dans ce cadre, il s'agissait davantage d'un échange équilibré entre pouvoir spirituel et pouvoir tout court, le premier offrant garantie d'une conduite éthique ou morale pour la gestion des affaires temporelles, le second assurant la protection matérielle contre d'éventuels adversaires – ce qui ne manqua pas d'advenir à quelques reprises.

Pour autant, le Tibet n'a jamais renoncé au principe de sa souveraineté ni à sa qualité d'État en acceptant une protection étrangère : d'autres que le Pays des neiges ont connu ou subi des protectorats, ce qui ne leur a pas valu de perdre leur indépendance en tant qu'État. Et à chaque fois que ces liens particuliers se sont distendus, que ce soit avec les Mongols ou les Mandchous, les hiérarques tibétains ont pris soin de réitérer officiellement et publiquement la fin de cette relation, réaffirmant dans la foulée comme une évidence l'indépendance du pays. À noter au passage que ces rapports étroits entre Tibet et Chine n'ont été manifestes que lorsque des dynasties étrangères tenaient les rênes du pouvoir dans la cité impériale.

Sans remonter aussi loin dans le temps ni dans les annales, le XXᵉ siècle apporte son content d'exemples pour illustrer la complexité des rapports au cœur de la haute Asie, où durant les premières décennies du siècle passé se sont concentrées les luttes d'influence entre toutes les grandes puissances du moment. La Chine en a subi les assauts certes, mais le Tibet lui aussi en a été victime, ce qui indique en revanche que les Européens à l'affût de la Chine ne savaient pas eux-mêmes très bien sur quel pied danser au gré de leurs intérêts immédiats. Si la position de la Couronne britannique est relativement claire compte tenu de son emprise sur l'Inde et des traités commerciaux signés avec le Tibet à la suite de l'expédition de 1904 du colonel Younghusband, et si l'on a quelques idées à propos des velléités de la Russie tsariste par le biais des missions du Bouriate Djordjev, on peut noter aussi que la France n'a pas été totalement absente de ce Grand Jeu.

Aux tentatives d'ouverture du XIIIe dalaï-lama alors en exil, les autorités françaises ont préféré tergiverser et finalement ne pas compromettre des relations déjà malaisées avec une Chine instable, en raison notamment de la présence française dans la péninsule indochinoise et de l'épineuse question de la sécurité sur place des missionnaires français. À l'époque déjà, les seigneurs de guerre chinois partis se tailler des fiefs aux dépens des populations autochtones des marches du Kham et de l'Amdo affrontaient une résistance tibétaine pugnace. La France y a trouvé quelque intérêt momentané, puisque ce sont des ingénieurs français qui ont construit en 1910 un pont sur le Yalong, facilitant ainsi la mainmise de Zhao Ehr-feng sur des terres contestées, tandis que d'aventureux négociants français s'établissaient à Tatsienlou pour faire commerce d'or, de musc et de platine.

Cet essor n'a toutefois qu'un temps, la fortune des armes changeant trop souvent de camp et la France préférant s'en tenir à des alliances moins aléatoires avec ses voisins européens dans un contexte qui s'emballe rapidement. De fait, toute cette période de guerres successives à travers le monde jusqu'au mitan du siècle détourne en partie l'attention de l'Occident des troubles récurrents sur le continent asiatique où se vident des querelles traditionnelles qui vont façonner une nouvelle donne politique dont le piège se refermera sur le Tibet. Encore question d'interprétation peut-être, alors que nationalistes et communistes se livrent une lutte sans merci, attisée par les appétits japonais, pour le contrôle de la Chine, Tchang Kaï-chek, cité en avril 1943 dans la revue parisienne *7 jours*, déclare sans sourciller qu'il ira « jusqu'au bout et que, s'il le fallait, il se réfugierait au Tibet d'où il reviendrait cinq ans plus tard pour reconquérir la Chine ». N'est-ce pas là affirmer implicitement qu'à ses yeux le Tibet n'est pas la Chine ? Pour sa part, lors de la Longue Marche, Mao Tsé-toung n'évoque-t-il pas au fidèle journaliste américain Edgar Snow qui l'accompagne « la dette que ses troupes dépenaillées ont envers les Tibétains qu'il faudra un jour payer » ?...

Question de légitimité

À supposer qu'au gré des circonstances et des siècles le Tibet ait pu, à un moment ou un autre, être considéré comme « protégé », l'argument chinois n'est pas plus recevable pour autant. Protectorat ou satellite, un État sous contrôle peut provisoirement en perdre l'exercice, sans pour autant renoncer à son indépendance – qu'il s'empresse généralement de récupérer à la première occasion. L'exemple des pays baltes et d'Europe orientale ou encore d'Asie ex-soviétique en témoigne à l'envi. Plus récemment encore, le cas de la Yougoslavie rappelle la fragilité, sinon l'inanité, de frontières jugées un moment intangibles. Au nom de quoi le sort du Tibet devrait-il être différent ? En fait, au-delà de ses multiples aspects, le fond même du problème réside en la légitimité de la présence chinoise au Tibet.

Si une ingérence étrangère, militaire de surcroît et par conséquent contraire au souhait de la majeure partie de la population autochtone, équivalait à renoncer à la souveraineté nationale ou à l'indépendance, la question se poserait sans doute pour bon nombre des cent quatre-vingt-douze membres actuels des Nations unies. Et comment un Tibet, province ou « possession » de la Chine, aurait-il pu préserver sa neutralité durant la Seconde Guerre mondiale dès lors que les États-Unis, la Grande-Bretagne et les nationalistes chinois souhaitaient vivement, pressions à l'appui, pouvoir emprunter son territoire afin d'y faire passer des convois militaires ? Même la signature en 1951 de l'accord en dix-sept points ne signifie pas transfert de souveraineté, dans la mesure où ce genre de traité n'est valable que conclu entre États libres et égaux. Outre que ledit accord a été dénoncé comme nul et non avenu dès son arrivée en exil en Inde par le dalaï-lama en 1959, faute de respect de ses engagements par Pékin, il est d'emblée entaché de nullité, ayant été signé sous coercition.

D'où la conclusion qui s'impose au regard des normes internationales en cours : l'invasion du Tibet en 1949-1950 et la mainmise par la force des troupes de la République populaire de Chine en font un pays illégalement occupé, qui se trouve aujourd'hui en situation de colonisation, ou de sinisation, accélérée – une anomalie flagrante à une époque où la communauté humaine se targue d'avoir mis un terme à ces pratiques d'un autre temps. Que pour essayer de sortir de l'impasse face à l'inertie des puissances qui dominent la scène internationale, le dalaï-lama et les autorités tibétaines en exil explorent inlassablement toutes les voies possibles et imaginables en poussant les concessions à l'extrême ne change rien à l'affaire : comme le répètent à satiété les porte-parole de la Cité interdite, « il faut chercher la vérité dans les faits ». Et en l'occurrence, les faits ne témoignent pas en faveur de l'intransigeance chinoise.

Dans ces conditions et face à un hypothétique interlocuteur qui ne cesse de se dérober tout en s'activant sur place à consolider le fait accompli, amorcer le dialogue relève de la gageure. En février 1979, soit après les soubresauts meurtriers qui ont secoué la Chine et vingt ans après le début de l'exil, Deng Xiao-ping, de retour au pouvoir une fois Mao disparu trois ans auparavant, reçoit Gyalo Thondup, frère puîné du dalaï-lama, et fait savoir qu'il est désireux d'entrer en discussion – sur tous les sujets, hormis l'indépendance. Il invite même les exilés à venir au Tibet voir sur place ce qui s'y passe. Août 1979, mai et juillet 1980, trois délégations officieuses se succèdent et sillonnent le pays occupé. À la suite de quoi, en septembre, le dalaï-lama propose d'envoyer une cinquantaine d'enseignants comme aide à l'éducation et suggère d'ouvrir un bureau de liaison à Lhassa en vue d'établir une relation de confiance entre le gouvernement chinois et les Tibétains. Pékin biaise et demande d'ajourner ces initiatives.

Mai 1981 : dans une lettre à Deng Xiao-ping, le hiérarque tibétain l'informe que les trois missions ont constaté sur place des conditions effarantes et que des efforts tangibles devaient être accomplis pour résoudre le problème du Tibet. S'il acquiesce pour remettre à plus tard l'idée d'un bureau de liaison, il insiste en revanche sur l'envoi d'enseignants, tant l'apprentissage de la langue paraît être ignoré. Deux mois plus tard arrive la réponse de Hu Yao-bang, invitant le dalaï-lama et ceux qui l'ont suivi à rentrer, allant jusqu'à l'assurer qu'il retrouverait le même statut et les mêmes conditions de vie qu'avant 1959 – avec toutefois un bémol : il lui est suggéré de s'installer non pas à Lhassa mais ailleurs, tout en ayant la possibilité de se rendre au Tibet de temps à autre. L'année suivante, puis celle d'après, une mission restreinte – trois émissaires – retourne à Pékin pour des entretiens toujours exploratoires. En 1985, une quatrième délégation de l'exil se rend dans le nord-est du Tibet. Rien ne bouge.

En septembre 1987, devant la commission des droits de l'homme du Congrès américain, le dalaï-lama ébauche son « plan en cinq points », visant à faire du Tibet une zone de paix démilitarisée et dénucléarisée, ouverte à tous. Il réitère ces propositions en juin 1988 au Parlement européen à Strasbourg, envisageant une entité politique démocratiquement élue pour gérer les affaires des trois provinces tibétaines en association avec la Chine, qui se chargerait de la politique étrangère et de la défense. Du coup, Pékin réagit et annonce en septembre être d'accord pour négocier, laissant au dalaï-lama le choix de la date et du lieu.

Un mois plus tard, en octobre, vient la réponse de Dharamsala, qui propose janvier 1989 à Genève, terrain réputé neutre, et présente son équipe de négociateurs. Le mois suivant, Pékin se ravise, arguant que les propositions de Strasbourg ne sauraient servir de base à des entretiens, que Pékin, Hong Kong ou tout autre mission officielle chinoise n'importe où conviendrait mieux, et récuse de surcroît les membres de la mission sous prétexte qu'ils sont « engagés dans des activités séparatistes », pis encore : l'un d'eux est un étranger ! Et de réclamer dans la foulée la présence parmi les émissaires de Gyalo Thondup, qui a déjà effectué quelques visites officieuses depuis 1979 et a eu l'occasion de faire connaissance avec un jeune apparatchik promis aux honneurs les plus hauts, Hu Jintao. Dharamsala accepte cette suggestion et propose en avril 1989 de discuter des conditions de Pékin à Hong Kong. Mais déjà la loi martiale est imposée à Lhassa par Hu Jintao justement ; viennent ensuite les événements de Tiananmen, puis l'annonce du prix Nobel de la paix octroyé au dalaï-lama. Aux oubliettes, les velléités de pourparlers !

Deux ans passent, le temps d'apaiser l'effervescence ou, pour Pékin, sinon de se refaire une virginité, du moins d'avaler la couleuvre et de se recomposer un visage. En octobre 1991, le dalaï-lama déclare à l'université de Yale qu'il souhaiterait visiter le Tibet en compagnie de responsables chinois pour faire ensemble le point sur place. En décembre de la même année, il suggère une rencontre avec le Premier ministre chinois Li Peng lors d'une visite de celui-ci en Inde. Pékin boude toujours. En avril 1992 cependant, l'ambassade chinoise à Delhi fait savoir aux responsables tibétains en exil que dans le passé, la politique de la Chine à l'égard des Tibétains a été « conservatrice », mais que si les exilés adoptent une attitude « réaliste », le gouvernement chinois pourrait se montrer « souple ». Gyalo Thondup se rend alors à Pékin, mais cette fois encore, ce déplacement sert de prétexte aux autorités chinoises pour réitérer leur position et réaffirmer une ligne dure, agrémentée de conditions préalables à toute discussion. En juin, le Parlement tibétain en exil décide qu'il n'y aura pas de nouveau geste, à moins d'un réel changement d'attitude des dirigeants chinois.

Juin 1993 : deux émissaires tibétains se rendent à Pékin, avec pour but de dissiper les malentendus provoqués par les propos tenus à Gyalo Thondup. Ils sont porteurs d'une missive du dalaï-lama, accompagnée d'un long récapitulatif de ses rapports avec les dirigeants chinois de Mao en 1954 jusqu'au moment de la rédaction du message, daté du 11 septembre 1992. Outre un rappel de plusieurs rencontres lors de son voyage de 1954 à Pékin, il passe en revue ouvertures et initiatives diverses en direction des responsables chinois successifs et ignorées ou délibérément mal interprétées par ceux-ci. En conclusion, après avoir indiqué : « Si nous obtenons pleine satisfaction pour nos droits fondamentaux, nous ne serions pas insensibles à d'éventuels avantages de vivre avec les Chinois », le dalaï-lama exprime sa « confiance en la sagesse et la vision à long terme des dirigeants chinois [...] dans l'espoir de résoudre le problème tibétain de manière pacifique ». Une confiance bien mal récompensée, puisque la même année Pékin bloque tous les canaux de communication formelle avec Dharamsala, même si quelques contacts informels ou officieux se poursuivent par intermittence.

Tergiversations

Cinq ans plus tard – sous quelles pressions ? –, en juin 1998, lors d'une conférence de presse conjointe avec le président Clinton à Pékin, Jiang Zemin, alors à la tête de la Chine, se déclare prêt à des négociations avec les Tibétains... pourvu que le dalaï-lama annonce publiquement que « le Tibet est une partie inaliénable de la Chine » et reconnaisse que « Taiwan est une province chinoise ». Faut-il que les locataires de la Cité interdite soient eux-mêmes si peu sûrs de leur fait pour poser pareils préalables ! Depuis lors, le même jeu a recommencé, le dalaï-lama ne se lassant pas de répéter à chaque occasion qu'il ne souhaitait pas l'indépendance, mais un statut d'autonomie authentique pour le Tibet, tandis qu'à propos de Taiwan, c'est aux Taiwanais de se prononcer.

À Pékin, personne ne semble l'entendre, si bien que le

même refrain ne cesse d'être repris et répercuté par les porte-parole du régime. Néanmoins, une nouvelle mission de quatre personnes a été reconstituée en 2002, et ces émissaires sont retournés à quatre reprises à Pékin et dans les régions tibétaines pour discuter, observer et garder le contact. À en croire les communiqués laconiques publiés après chaque voyage – régulièrement qualifié par Pékin de « visite de compatriotes d'outre-mer à leurs familles » – au retour à Dharamsala, ces entretiens ne seraient pas vains... C'est en tout cas ce que veulent ou feignent de croire nombre de sympathisants institutionnels, parlementaires et chercheurs étrangers, ainsi dédouanés face à leur conscience ou leurs intérêts concernant l'avenir du Tibet. Pour les Tibétains, c'est une autre histoire, et quelques rares accès de franchise chinoise jettent soudain une lumière plus crue sur la réalité du double jeu en cours.

Ainsi, dans un entretien publié à la mi-août 2006 dans le magazine allemand *Der Spiegel*, Zhang Qingli, un proche de Hu Jintao nommé depuis peu à la tête du Parti communiste au Tibet à la suite d'un long passage remarqué pour son intransigeance au Turkestan chinois, ne s'embarrasse guère de fioritures. Les discussions avec les émissaires du dalaï-lama ? « Son gouvernement en exil est illégal. Notre gouvernement central ne l'a jamais reconnu, aucun pays dans le monde ne le reconnaît diplomatiquement. Il n'y a pas de discussions entre la Chine et le prétendu gouvernement en exil. Les contacts actuels impliquent juste quelques individus de son entourage immédiat. Les discussions portent sur son avenir personnel. »

Et comme pour enfoncer le clou : « Je n'ai jamais compris pourquoi quelqu'un comme le dalaï-lama a été honoré par ce prix [le Nobel de la paix]. Qu'a-t-il fait pour la paix ? Quelle culpabilité porte-t-il envers le peuple tibétain ! Combien préjudiciable est-il pour le Tibet et la Chine ! Je ne peux pas comprendre pourquoi tant de pays s'intéressent à lui... » Dans son élan de sincérité, le proconsul de Pékin à Lhassa a pourtant lâché un mot de trop. À la question « Des rumeurs disent que la Chine a des armes nucléaires positionnées au Tibet. Pouvez-vous le confirmer ? », Zhang a répondu lapidairement : « Je peux vous assurer en toute responsabilité qu'il s'agit d'une pure fiction. Il n'y a pas de fabrique d'armes nucléaires au Tibet[1]. » Commentateurs et analystes apprécieront sans doute la nuance.

Pendant que Pékin ne ménage aucun effort pour donner le change sur la scène internationale au gré des circonstances et des impératifs du moment – rencontres au sommet ici ou ailleurs, réunions sur les droits de l'homme, importants contrats économiques, visites officielles, Jeux olympiques ou quelque anniversaire –, les autorités chinoises accélèrent leur mainmise sur le territoire et les richesses du Tibet aux dépens des Tibétains, de leurs conditions de vie,

---

1. Plusieurs sites de déploiement de missiles ont été repérés près de Gormo, ainsi qu'entre le Qinghai et le Sichuan (anciennes marches orientales tibétaines). Dès la fin des années 1980, des informations fiables faisaient état d'un centre de recherches nucléaires, la 9e Académie, situé non loin de Ziling, à l'est du lac Koukounor ; les nomades et habitants des alentours ne tardèrent pas à se plaindre de maladies nouvelles et de naissances d'animaux difformes. Une partie du territoire devait ensuite leur être interdit d'accès (cf. coll., *Tibet, l'envers du décor*, Olizane, 1993 ; ICT, *Nuclear Tibet*, 1993). Passée quasiment inaperçue, une dépêche de Pékin de l'agence UPI du 3 mai 2007 rapportait que « la Chine venait de "déclasser" la base nucléaire surnommée "Cité atomique" bâtie en 1958 près de Ziling et officiellement fermée en 1987, pour la transformer en "attraction touristique", ceci afin de "maintenir et stimuler l'esprit patriotique de la nation chinoise" ».

de leurs aspirations, de leur environnement. À partir des années 1990, c'est bel et bien une course contre la montre qui est engagée : la décision est d'abord politique, « une lutte à la vie à la mort », martèle-t-on officiellement. Dans l'esprit des dirigeants chinois, le fait accompli doit devenir irréversible quel qu'en soit le coût. Pendant que la machine de propagande s'active, le bulldozer du développement et de la modernisation se met en marche à grands frais.

En 1992, la Région autonome est officiellement déclarée « zone économique spéciale », avec en point de mire prioritaire Lhassa – tout un symbole. Les plans attendaient leur heure dans les tiroirs depuis une dizaine d'années, prévoyant de « répondre à la demande de construction d'une ville socialiste moderne, avec des caractéristiques nationales locales. Lhassa doit être graduellement reconstruite afin de s'insérer dans les critères suivants : bénéfice pour la production, la vie quotidienne, enrichissement de la culture et de la civilisation de façon pacifique, propre et belle », selon les directives du bureau de planification gouvernementale de la Région autonome du Tibet. Seuls bâtiments épargnés par ces projets bureaucratiques, le Potala et le Norbulingka, respectivement palais d'hiver et résidence d'été des dalaï-lamas, ainsi que quelques temples ou monastères : il faut bien laisser quelques « reliques » destinées à assouvir la soif d'exotisme du tourisme de masse escompté.

C'est donc d'abord et avant tout l'intérêt matériel qui a sauvé en partie le Jokhang, principal sanctuaire de la dévotion tibétaine, et son chemin de pérégrination naguère cœur de la ville, mais l'antique hameau de Shöl au pied du Potala, de même que le vieux pont de Turquoise séparant autrefois les deux quartiers originels de la cité sacrée, ont fini sous la pioche des démolisseurs en 1993. Certes, le pont a été reconstruit, évidemment pas à l'identique, et il fait désormais office de passerelle perdue entre de grands immeubles de béton totalement inadaptés au climat et d'une laideur affligeante. Et pour faire joli ou dégager la perspective – mais les mauvais esprits y voient plutôt l'ouverture d'un champ libre pour permettre aux forces de l'ordre de se déployer plus vite en cas d'incident –, un vaste parvis a été aménagé devant le Jokhang, histoire d'offrir aux pèlerins davantage de place pour se prosterner...

De la poignée de demeures patriciennes souvent vieilles de trois ou quatre siècles qu'une fondation étrangère a tenté des années durant de sauvegarder comme témoins d'une architecture vouée à disparaître, il ne reste qu'un nom, un souvenir. Comme si les nouveaux patrons de la ville n'avaient qu'une idée en tête : oblitérer la mémoire de tout un peuple. Quant aux habitants, ils n'ont que le droit de subir et surtout de se taire. Un professeur d'architecture de l'université Qinghua de Pékin, Guan Zhaoyie, a pourtant jugé bon d'avertir à l'époque : « La construction de nouvelles rues et de nouveaux bâtiments est inévitable lors de l'extension d'une ville. Même satisfaits des nouveautés, nous avons aussi le sentiment que la planification des nouveaux quartiers urbains laisse beaucoup à désirer. À l'exception d'une vision fugitive du Potala çà et là au loin, on se sent comme dans n'importe quelle autre petite ville moyenne du Nord. Durant la construction de la nouvelle ville de Lhassa, les planificateurs devraient toujours avoir à l'esprit son passé culturel unique. Il n'y a qu'un seul Lhassa dans le monde. C'est un devoir impérieux pour les architectes d'en préserver la saveur et de la faire durer pour toujours. » Autant en ont emporté les grands vents d'altitude...

Livres blancs & Cie

C'est dans ces mêmes années que Pékin commence à publier régulièrement des « livres blancs » sur des sujets réputés sensibles. Le bureau d'information du Conseil d'État de la République populaire de Chine inaugure la série en 1991 par un état des lieux concernant les droits de l'homme : après Tiananmen, le thème s'imposait. En septembre 1992 paraît *Tibet, Its ownership and human rights*, justification officielle du « droit de propriété chinois » sur le Tibet et faisant le point sur la situation des droits de l'homme version gouvernementale sur le Toit du monde. En 1998, il s'agit des *Nouveaux Progrès des droits de l'homme dans la Région autonome du Tibet*, puis en 2000, de *La Culture tibétaine* – minutieuse énumération de tous les bienfaits de la politique officielle concernant la langue, la protection des « reliques » et manuscrits, les us et coutumes, les arts et les fêtes, les études tibétaines « florissantes », la renaissance de la médecine et de la pharmacopée, l'éducation, l'information et les publications. En 2001, c'est *Le Tibet en marche vers la modernisation* ; en 2004, une trentaine de pages sur *L'Autonomie ethnico-régionale au Tibet*, dont il est également question l'année suivante dans *Autonomie régionale des minorités ethniques en Chine* : autant d'efforts renouvelés pour la seule Région autonome du Tibet, peut-être un signe que la Chine continue d'avoir mal au Tibet...

C'est sans doute que la vision officielle chinoise concernant le Tibet peine à convaincre, d'abord les Tibétains réduits chez eux au silence, mais aussi nombre d'étrangers sceptiques quant à cette interprétation des faits, ou de l'histoire. Force est d'avouer que la lecture de ces textes est quelque peu fastidieuse, des affirmations répétitives sentencieusement assénées ne suffisant guère à étayer l'argument. L'opuscule mouture 2004 en témoigne.

L'objectif annoncé est de rappeler « les quatre glorieuses décennies de l'autonomie ethnique régionale du Tibet afin d'accroître la compréhension de la politique ethnique de la Chine et la vérité sur le Tibet dans la communauté internationale ». On remonte au XIIIᵉ siècle, quand « le Tibet est devenu partie du territoire chinois » et que « le gouvernement central des dynasties Yuan, Ming et Qing, et de la République populaire de Chine [...] ont donné au gouvernement local tibétain un pouvoir de décision étendu ». Belle générosité : ainsi donc, l'actuel régime chinois se réclame sans vergogne de l'héritage impérial et de sa politique d'expansion coloniale. Malheureusement, « la classe dirigeante locale tibétaine n'a pas résolu, ou n'a peut-être pas pu le faire, la question de l'égalité ethnique afin de permettre au peuple de devenir maître de ses propres affaires ». Il est de notoriété publique et historique que les fils du Ciel successifs avaient, eux, réalisé cette prouesse. Suit la stance obligée sur « l'arriération de la société féodale de servage, encore plus sombre que l'Europe médiévale », puis sur « l'agression des pays impérialistes ayant soumis le Tibet au contrôle colonial et à l'exploitation jusqu'à la libération pacifique de 1950 ».

Au fil des pages, on apprend que « le peuple tibétain jouit, selon la loi, d'un droit égal à participer à l'administration des affaires de l'État, ainsi que du droit de se gouverner lui-même pour les affaires de sa propre région et de son groupe ethnique ». Ainsi, depuis la création en 1965 de la Région autonome, « deux cent-vingt règlements séparés ou locaux » ont été édictés par le bureau exécutif de l'Assemblée populaire de la Région, portant notamment sur « la protection et l'entretien des reliques culturelles, la protection de l'environnement, l'administration des expéditions de montagne organisées par les étrangers » ou encore « la sauvegarde de l'unification de la patrie, le renforcement de l'unité ethnique et la lutte contre les activités séparatistes ». Rien de moins, et tant pis si l'on passe sur le « privilège » de la semaine de 35 heures « en raison de l'altitude »...

Toujours selon le document, « l'effort de modernisation s'est développé en harmonie avec l'environnement », ce qui n'est pas vraiment l'avis des Tibétains qui déplorent la déforestation massive, les constructions urbaines anarchiques, la démolition des bâtiments traditionnels, la mise en exploitation des eaux des lacs sacrés ou encore la pêche à la dynamite. La dernière partie est peut-être la plus révélatrice – à la fois de la langue de bois et des desseins réels qu'elle ne parvient pas à occulter. Après avoir reconnu que « l'autonomie ethnique régionale n'est appliquée que depuis peu au Tibet et qu'elle doit être améliorée au cours de son application », le constat a le mérite d'une certaine candeur : « Le Tibet reste jusqu'à présent la Région la moins développée de Chine [...] même si à partir d'une société de servage féodal extrêmement arriérée, il est devenu une démocratie populaire socialiste moderne. » Et de poursuivre : « Sans la prospérité et le développement du Tibet, la modernisation complète de la Chine et la grande régénération de la nation chinoise ne sauraient être atteintes. » Voilà qui est dit – mais à qui donc profitent les ressources du Tibet ?

La démonstration officielle laisse probablement à désirer, puisque dans un article d'avril 2006, *Beijing Information* revient à la charge avec un titre explicite, « Ténèbres

128

sous le ciel de l'ancien Tibet », apparemment dans le cadre d'une campagne de grande envergure à la veille du premier voyage du « train céleste » le 1er juillet 2006 reliant Pékin à Lhassa. Trop minutieusement orchestrée pour être franchement honnête, l'arrivée de ce train « le plus haut du monde » scelle-t-elle définitivement le sort du Toit du monde ? Les uns le disent, d'autres s'en fichent, les Tibétains subissent, mais résistent. Nul doute que le symbole est fort, et les autorités chinoises n'ont fait l'économie d'aucun moyen pour le souligner.

Un survol rapide des articles du moment à destination de l'extérieur est révélateur. Dès son accession au pouvoir, Mao le Grand Timonier en a rêvé, de ce train, mais n'en a pas eu les moyens. À l'époque commissaire politique de l'une des cinq colonnes lancées à l'assaut de la « Maison des trésors de l'Ouest », Deng Xiao-ping, devenu plus tard le Petit Timonier, a jeté les bases du projet sans faire mystère de son importance primordiale, autant politique que stratégique. Hu Jintao l'ingénieur a achevé la réalisation entamée par son prédécesseur Jiang Zemin grâce au boom économique des dernières années, à l'obligeante assistance de spécialistes russes et à la collaboration active de quelques entreprises occidentales, canadiennes en particulier, expertes à flairer les bonnes affaires. Mais au fait, pourquoi, lors des cérémonies officielles de mise en service de la « merveille », le président Hu Jintao a-t-il préféré s'arrêter en chemin à la gare de Gormo (Golmud en chinois) ? Craignait-il de se rappeler aux mauvais souvenirs de ceux qui avaient subi sa main de fer lors des bouffées de révolte antichinoise de 1988 à 1990, qui lui avait valu le surnom de « boucher de Lhassa » alors qu'il était chargé de faire régner l'ordre dans cette région ?

Donc, selon le régime chinois, il s'agit toujours et encore d'aider le Tibet à faire son entrée dans le monde en le désenclavant et en le civilisant : des routes, il en avait certes besoin, mais pas forcément pour les convois militaires dans le sens Est-Ouest et pour le transfert des richesses naturelles en sens inverse. Un chemin de fer, à la rigueur, mais pas pour accélérer les transferts de population han et réduire les Tibétains à une « minorité nationale » sur leur propre territoire ancestral. L'information émane de Radio Chine Internationale : le 10 août, un train de marchandises comportant un wagon de produits commandés par des commerçants de Shanghai, tels que de l'huile de noix du Tibet, a pris le départ pour la première fois sur la nouvelle voie ferrée. Quatre jours plus tard, une précision de même source : 24 300 tonnes de marchandises ont été déjà transportées vers le Tibet, des céréales, des articles d'usage courant, du charbon et des matériaux de construction ; du Tibet vers la Chine, des minerais... Plus modeste, *Le Quotidien du Peuple* en ligne avance à la même date 2 430 tonnes. Sans oublier que, officiellement, la voie ferrée offre aux Tibétains davantage de possibilités de pèlerinage.

De son côté, Ma Lihua, la « grande tibétologue chinoise » citée à la mi-août 2006 par *Le Nouvel Observateur* sans doute de bonne foi, estime que « le train facilite le transport des marchandises comme le charbon pour remplacer la bouse de vache [de vache, pas de yack ?] séchée dont se servent encore les Tibétains pour se chauffer et cuisiner. Dans l'autre sens, il exportera l'eau minérale du Tibet ou la bière brassée à Lhassa. Il facilitera le déplacement des Tibétains lorsqu'ils se rendent en pèlerinage ». D'après elle, le gouvernement a l'intention de bâtir des villages le long du train pour procurer aux Tibétains des emplois de cuisiniers, de chauffeurs ou de guides pour les touristes – ce qui est à n'en pas douter un bel avenir pour des nomades sédentarisés de force dans des espèces de réserves, comme il existe ailleurs des réserves d'Indiens constituées dans le sillage d'une autre conquête de l'Ouest, car – insiste la dame – « il y a trop d'éleveurs au Tibet, et leur bétail nuit à l'environnement ». Décidément, l'incompréhension semble avoir des racines profondes entre ces peuples voisins certes, mais dont les grilles de lecture du monde n'ont pas grand-chose en commun.

Que la question tibétaine n'en finisse pas d'agacer les dents des dirigeants chinois, on s'en aperçoit aussi parfois à de menus faits insolites – par exemple, lorsque des préposés à cette besogne ardue comptabilisent scrupuleusement les déplacements du dalaï-lama à travers le monde : trois cent douze visites à l'étranger de 1959 à 2006, ont-ils compté ; ou encore lorsque le Potala réduit à l'état de musée ou la célèbre geste de Guésar de Ling deviennent des « trésors du patrimoine chinois » inscrits de surcroît au prestigieux registre de l'Unesco. Simples escarmouches de propagande, diront certains, qui ajouteront peut-être qu'ainsi, au moins, ces chefs-d'œuvre sont protégés. Peut-être, mais on peut aussi y voir les symptômes de cette perspective esquissée par le sociologue Louis-Vincent Thomas [1] : « Il n'y a pas de mort plus horrible que celle qui consiste à priver un peuple de sa culture, de ses racines et de ses valeurs, donc à lui retirer son identité. »

---

1. Louis-Vincent Thomas, *La Mort*, PUF, « Que sais-je ? », 1988.

Voix discordantes

Après les arguments du régime, la vision des Chinois, ou de certains d'entre eux, autorise à nuancer l'éclairage en étoffant la réflexion. Seuls quelques rares esprits, libres à leur manière et parfois réfractaires, s'y étaient risqués après la révolution culturelle – intellectuels, musiciens, artistes –, en quête d'horizons nouveaux découverts avec autant de curiosité que de stupeur : un vrai choc de civilisations... Les premiers récits de Ma Jian, au début des années 1980, ont fait scandale par la description, à la fois crue et médusée, de certaines coutumes tibétaines – au point de valoir à l'auteur les honneurs de la censure, lui assurant dès 1987 un laissez-passer pour quitter la Chine.

Dans le livre relatant ses expériences de jeune homme en colère[1], sans être ouvertement contestataire ou rebelle, des bribes de conversations avec des cadres chinois en service commandé au Tibet sont éclairantes à plus d'un titre. Ainsi, l'un de ses interlocuteurs constate : « Pour nous autres, Hans tibétophiles, le Tibet est une évasion de Chine, mais nous y sommes attirés pour des raisons davantage esthétiques que religieuses. [...] Le communisme peut balayer les droits individuels, mais ne peut détruire la tradition d'une nation. Ce pays est pris aujourd'hui entre deux croyances : je vois des écoliers avec au cou la cravate rouge des pionniers laisser tomber leur sac devant le temple du Jokhang et faire cinq grandes prosternations... »

Et l'auteur précise : « Je ne suis pas venu comme tou-

---

1. Ma Jian, *Red Dust*, Chatto & Windus, 2001 (*Chemins de poussière rouge*, Éd. de l'Aube, 2006).

riste, ni comme écrivain en quête d'histoires exotiques. Je suis venu en pèlerin. J'espérais une révélation, au moins une confirmation, mais je suis maintenant plus désorienté que jamais. J'ai le sentiment que l'homme et Bouddha existent, mais pas dans le même monde. Je me sens comme si j'étais monté sur une scène. Les gens autour de moi vaquent à leurs affaires, montant cette grande pièce, mais rien ne semble réel. Chaque chose ressemble à un décor. Et comme je n'ai rien à faire, j'en suis réduit au rôle de spectateur, mais il n'y a aucune place pour s'asseoir, si bien que je dois me mêler aux acteurs sur scène. Terrible, ce sentiment... » Serait-ce simplement qu'un Chinois est *déplacé* au Tibet ?

À en croire cependant sa réponse ambiguë à une question du *Nouvel Observateur* en septembre 2006 à l'occasion de la sortie d'un ouvrage plus récent, Ma Jian a posé sur le Tibet un regard très convenu : « Je suis allé au Tibet – reconnaît-il – comme un pèlerin bouddhiste et pour échapper au système totalitaire. Mais le Tibet est si corrompu et les sanctuaires à ce point profanés par l'idéologie communiste que j'ai perdu la foi. J'étais désespéré. Je me sentais complètement vidé. » On peut le comprendre, mais se demandera-t-il un jour qui a ainsi saccagé un pays, une culture, la mémoire d'un peuple ? Il ne semble guère s'en être préoccupé depuis lors, d'autant que les années écoulées ont accentué la mainmise de Pékin et que les Tibétains chez eux sont encore plus mal lotis qu'à l'époque.

C'est alors une brève période dite « de libéralisation », avec le retour de Deng Xiao-ping aux affaires, qui voit l'apparition d'une première revue littéraire en tibétain en 1980, puis d'une autre l'année suivante. La tradition des strophes ironiques – et souvent critiques – qui faisait autrefois la joie du petit peuple à Lhassa renaît : ces quolibets anonymes courant les rues avaient si fortement déplu dans les premières années de l'invasion chinoise que l'état-major avait enjoint le dalaï-lama de les interdire, ce que le jeune hiérarque avait d'ailleurs refusé. La répression ultérieure avait fait taire un temps ces mauvais esprits, mais dès la bride quelque peu relâchée, la gouaille populaire reprenait en douce ses droits. Un historien d'une trentaine d'années, Thondup Gyal, donne le signal du renouveau en publiant en 1983 un poème affranchi des règles strictes de la métrique traditionnelle. Il est vite suivi par de jeunes émules, mais se suicide en 1985 – un geste que les manifestants de 1987 n'auront pas oublié.

C'est aussi l'année de l'ouverture de la première université et de l'Académie tibétaine des sciences sociales. Ironie de l'histoire, ce n'est qu'en août 2006 qu'est officiellement ouverte l'Académie de médecine et de pharmacologie tibétaines, alors que leur origine remonte à plus de deux millénaires et qu'elles ont donné naissance à de nombreuses recherches scientifiques dans le monde : réparation d'un oubli cavalier, mais révélateur, qu'un Collège de médecine à la réputation brillante loin alentour, bâti au XVIIe siècle après le décès du Ve dalaï-lama par le régent sur la colline de Fer, le Chagpori, face au Potala, a été détruit par l'armée chinoise en 1959. Les études tibétaines profitent de la relative embellie et sont intégrées dans quelques universités chinoises, des chercheurs chinois dressent fébrilement des inventaires des « reliques » de toutes sortes – cartographiques, des espèces menacées de la flore et de la faune, des richesses naturelles, mais aussi archéologiques. Visiblement, il est soudain urgent de connaître avec précision les ressources de la « Maison des trésors de l'Ouest ».

Il en résulte subsidiairement des monographies savantes sur un pactole à inventorier d'œuvres d'art jusque-là sous-estimées, dont pourtant l'étranger se montre friand. Ce qui était autrefois passion ou passe-temps de cercles restreints ou d'amateurs éclairés pour finir dans des musées devient chasse au trésor, et le Tibet s'en révèle prodigue. D'authentiques chefs-d'œuvre apparaissent et disparaissent aussitôt dans les ventes aux enchères et les foires artistiques hors de Chine, les expositions d'art sacré tibétain font recette, et les pavillons chinois lors de salons du livre sont de mieux en mieux fournis en ouvrages touchant au Tibet, les brochures de propagande officielle côtoyant sans complexe beaux livres et reproductions de découvertes inédites ou méconnues.

Cet essor inattendu permet aussi de favoriser les rapports avec des institutions étrangères sous prétexte d'échanges culturels. Une tactique qui a fait ses preuves depuis des lustres, sous d'autres cieux aussi, trop souvent sous l'égide de dictatures ou d'autocrates désireux de projeter à l'extérieur une image de tolérance. Quitte à ravaler au rang de folklore des expressions artistiques, littéraires ou spirituelles, pas forcément conformes aux normes rigides en vigueur. Sur le terrain de la langue et du langage, pareille confrontation n'est jamais dépourvue d'arrière-pensées.

Comme en miroir, des Tibétains formés à l'école chinoise se lancent dans l'exercice inverse, décrivant sous l'œil bienveillant des censeurs les calamités du temps du servage féodal : Yixidanzeng (Yeshe Tenzin, nom tibétain dans sa transcription sinisée ?), alors président de l'Union des écrivains tibétains, signe en 1980 *Les Survivants*, « une intrigue émouvante avec beaucoup de suspense en même temps qu'il dépeint les mœurs et les paysages du Tibet, des scènes exotiques, un chef-d'œuvre de la littérature tibétaine », selon la quatrième de couverture de la traduction française.

Ma Lihua, normalienne han diplômée ès lettres chinoises établie à Lhassa en 1986, note pour sa part dans *Pérégrinations dans le Tibet du Nord* : « Les Tibétains se distinguent par une pensée très concrète et un sens élevé de l'imaginaire. Ils ont, beaucoup plus que les Hans, développé une philosophie intuitive, fondée sur une mystérieuse télépathie, une logique esthétique et des raisonnements en images. L'imaginaire et le rêve font partie intégrante de leur vie. »

Au cours de la dernière décennie du siècle passé, cependant, le Tibet s'ouvre un créneau en Chine proprement dite – peut-être lointain écho de la tibétomania occidentale –, par la musique d'abord, les paysages ensuite qui servent d'écrin ou d'arrière-plan à des clips télévisuels, voire de décor majestueux à souhait pour des premiers films. Même le mythe de Shangri-la se répercute soudain sur la scène chinoise, d'abord avec timidité autour de la ville de Gyalthang/Zhongdian, au nord de Kunming – à la mémoire si bien préservée grâce à Auguste François, consul à Yunnanfou –, dans le Yunnan où, sur la foi de « recherches scientifiques », d'astucieux marchands de rêves décident que se trouve le berceau historique de la légende de la vallée heureuse.

Le tourisme local accapare officiellement en 2002 l'appellation désormais contrôlée pour son plus grand bénéfice, tandis qu'un breuvage baptisé « élixir de Shangri-la » affiche sur son étiquette une accorte Tibétaine avec turquoise et corail proclamant : « Shangri-la pour le monde entier ». Plus souvent qu'à leur tour, des troupes folkloriques tibétaines ouvrent les grand-messes officielles strictement ordonnées, et même les khatas, ces écharpes blanches traditionnelles, sont couramment intégrées dans les échanges de civilités ou de bienvenue.

Au-delà de ces signes extérieurs de captation, il est « tendance » pour les Chinois qui en ont désormais les moyens d'aller faire un voyage au Tibet – et la nouvelle liaison ferroviaire ne fait qu'amplifier le mouvement. Et pas uniquement de Chine dite continentale ; avant eux, des centaines de Chinois dits d'outre-mer, de Malaisie, d'Indonésie, de Singapour, voire d'Amérique ou d'ailleurs, ont joué les précurseurs. L'occasion de découvrir un autre horizon, de s'extasier sur l'exotisme ou le pittoresque, mais aussi de se rendre parfois compte qu'entre Tibétains et Chinois, au-delà de la langue qui les sépare, de multiples pierres d'achoppement demeurent, qui ne sont pas seulement affaire de développement économique ou de modernité. La différence entre le yack et le buffle, en quelque sorte.

D'autres – sans doute une toute petite minorité – se posent des questions. Paradoxe, dans de fragiles campements monastiques redéfinis renaît l'enseignement, moyennant certains accommodements et au prix de quelques silences. Aux aspirants locaux heureux de renouer avec la tradition viennent désormais s'agréger des postulants naguère improbables, venus des régions avoisinantes, mais aussi de cités aussi lointaines que Shanghai ou Canton. En quête de quoi ? Wang Chao y répond à sa façon, en 2000, dans un mince roman au titre inattendu, *Tibet sans retour*. Ses héros, deux jeunes artistes copains d'enfance dans le Sud, montent à Pékin se frayer une place au soleil, puis s'en vont chercher paix de l'âme et rédemption sur le Toit du monde... Et ils ne sont pas les seuls. Autant pour les rêves d'une poignée de Chinois !

Que le Tibet intrigue en Chine, l'ouvrage *Funérailles célestes*[1] en témoigne à l'envi. À travers la recherche déses-

---

1. Éditions Philippe Picquier, 2005.

pérée d'une jeune et candide Chinoise lancée sur les traces d'un jeune mari médecin idéaliste parti dans les fourgons de l'armée soigner les Tibétains et brusquement évaporé, son auteur, Xinran, laisse – à son insu ? – transparaître cette arrogance presque inconsciente des Hans à l'égard des « minorités », en fait envers tout ce qui est autre par rapport au monde chinois. Pas facile de sortir d'une ornière multiséculaire... Détail qui ne manque pas de sel, l'ouvrage est sorti à l'étranger et, lors de sa traduction en 2005 en français, il n'était pas encore question de sa publication en Chine.

Politiquement incorrect

De tous les regards lucides en faveur de la cause tibétaine, sans doute le coup de gueule le plus connu proféré par un Chinois reste-t-il le message de Wei Jingsheng[1] daté du 5 octobre 1992, rédigé du fond de sa cellule à l'intention de Deng Xiao-ping pour répondre au livre blanc sur *Le Tibet, sa souveraineté et les droits de l'homme*. À sa manière directe et d'une plume sans rature, Wei l'inflexible, comme d'aucuns le surnomment, n'y va pas par quatre chemins et démonte méthodiquement, point par point, l'argumentation officielle. Après avoir fait un sort à l'histoire version chinoise de la princesse civilisatrice Wen Cheng des Tang et dénoncé le comportement des cadres hans envoyés au Tibet où ils « s'expriment et se conduisent en colonialistes », le prisonnier conseille entre autres au Petit Timonier : « Le gouvernement chinois doit abandon-

---

1. Wei Jingsheng, *Lettres de prison, 1981-1993*, Plon, 1998.

ner son attitude favorable au prétendu "grand Empire han" et s'asseoir à la table de négociations avec le dalaï-lama. »

S'il n'a pas été entendu par le destinataire de sa lettre, Wei s'est néanmoins montré à la hauteur de sa réputation de droiture, faisant preuve d'une capacité d'analyse politique peu courante parmi les siens. Sorti de prison et aussitôt expulsé vers les États-Unis en 1997, il continue son combat en faveur de la démocratie en Chine sur un chemin très personnel, assez solitaire, un œil sur l'évolution de son pays et l'autre sur les petites ou grandes lâchetés occidentales. Lorsque nous nous sommes recroisés un jour de 2005, il m'a lancé sur un ton complice : « Et le Tibet ? On finira par y arriver... » À quoi, il ne me l'a pas dit.

Au sein de la dissidence chinoise en exil, le problème du Tibet n'a commencé à se préciser plus nettement qu'à l'extérieur : pour la plupart d'entre eux, comme pour la grande majorité des Chinois éduqués selon l'idéologie en vigueur, il ne se posait même pas, puisque... « le Tibet appartient », etc. Pourtant, des dissidents de renom – l'astrophysicien Fang Lizhi ou l'écrivain Wang Ruowang – n'ont pas hésité à se prononcer en faveur du droit des Tibétains à l'autodétermination. Si le premier dit « préférer respecter le choix des Tibétains », le second considère que « l'indépendance est le droit du peuple tibétain ». Quant à Harry Wu, qui a « découvert » au cours de son enquête sur le laogaï (goulag chinois) la stèle de pierre portant mention du mariage de la princesse Wen Cheng avec le roi tibétain Songtsen Gampo, il estime que c'est la preuve d'un « mariage politique entre deux États souverains », ce qui contredit tout ce qu'il a appris à l'école sur le Tibet version chinoise. D'où sa conviction que c'est aux Tibétains de décider s'ils souhaitent faire partie de la Chine ou non...

Aujourd'hui encore, la question demeure épineuse, dans

la mesure où il y a tiraillement entre démocratisation de la Chine dans son ensemble, donc respect entre autres du droit des « minorités » à l'autodétermination, et complexité des relations historiques entre deux peuples voisins aux traditions fortement différenciées. Certains des exilés chinois peuvent appeler de leurs vœux un système démocratique et y œuvrer en toute sincérité, d'autres s'interroger sur le capitalisme sauvage et ses effets ravageurs, d'aucuns vouloir passer par pertes et profits le maoïsme, d'autres encore au contraire réévaluer l'héritage – la question tibétaine touche la corde toujours éminemment sensible du nationalisme, et là... difficile de tenir le cap.

Peut-être est-ce Chen Lichuan, journaliste un temps responsable des relations internationales de la Fédération pour la démocratie en Chine, qui résume le plus clairement en 1993 un dilemme toujours irrésolu, en dégageant quatre possibilités : la première pose qu'il n'est pas question de remettre en cause la « souveraineté » chinoise sur le Tibet, les deux peuples devant d'abord se libérer de la dictature commune, puis discuter ; la deuxième prône une solution fédéraliste et la troisième prévoit l'autodétermination conformément aux dispositions de la Charte des Nations unies ; la quatrième considère que le problème est tellement complexe, sinon contradictoire, que seul un retour du dalaï-lama à Lhassa permettrait peut-être d'éviter le pire... C'est dire que même parmi les nouvelles générations, d'un côté comme de l'autre, il reste encore un bout de chemin à parcourir.

De frêles passerelles s'accrochent parfois aux attentes des uns et des autres. À la recherche réfléchie d'un tout petit nombre correspondent des contacts épisodiques et épistolaires, comme de timides gages de bonne volonté. Ainsi, en 2002, ce dialogue par revue anglaise interposée entre l'essayiste contestataire Wang Lixiong et l'historien exilé à Londres Tsering Shakya. Dans la *New Left Review*, le premier résume abruptement la position chinoise : « Alors que les Hans forment 93 % de la population chinoise, les régions de minorités ethniques représentent 60 % du territoire ; 89,6 % des terres de pâturage ; 37 % des forêts ; 49,7 % des ressources forestières et plus de 50 % des ressources hydrauliques... L'explosion démographique, l'espace surchargé et le manque de ressources sont des facteurs limitatifs fondamentaux qui expliquent pourquoi la Chine ne peut résoudre notre problème de groupes ethniques minoritaires à la manière de l'éclatement de l'Union soviétique. » La netteté du propos a la mérite de la franchise, même s'il réveille des échos désagréables. À ces « Réflexions sur le Tibet », le second répond avec « Du sang dans la neige », rappelant que « colonialisme et injustice ne sont jamais consensuels ». Quelques individus suffisent-ils à combler le gouffre – mais si personne ne tente l'aventure, qui frayera la voie ?

En 1999 déjà, Wang Lixiong notait que « lorsque le Tibet échappe au contrôle de la souveraineté chinoise, l'instabilité prévaut en Chine ». Quelques années et quelques rencontres avec le dalaï-lama aux États-Unis plus tard, il écrivait, en 2005 : « Un leader est l'un des éléments qui manquent le plus dans la politique de transformation de la Chine. La source des leaders des Hans eux-mêmes est presque complètement tarie. Des années durant, je les ai observés l'un après l'autre, à mesure de leur apparition sur la scène politique, dans l'espoir d'en voir un qui puisse éventuellement sortir la Chine de la crise. J'y ai finalement renoncé. Mes compatriotes hans ne sont pas dépourvus d'excellents talents dans nombre de domaines, mais la personne possédant toutes les qualifications n'est jamais apparue. Ce genre de personne n'est pas un seigneur de guerre dirigeant en despote un territoire, ni un fonctionnaire à l'aise dans les schémas et les astuces, pas plus qu'un rebelle qui se lance dans la révolte. Ce doit être un leader qui équilibre tous les facteurs, unit tous les camps, doté de charisme personnel et d'autorité spirituelle, accepté et admiré dans le monde entier, capable de mener la Chine vers l'achèvement de la mutation vers la liberté et la démocratie afin de créer une société nouvelle, et qui, en même temps, n'utilise pas le pouvoir comme sa propriété personnelle. Bref, ce doit être un leader comme le dalaï-lama [1]. » S'étonnerait-on qu'à la suite de propos aussi politiquement incorrects, Wang Lixiong et sa compagne Woeser, elle aussi écrivain mais tibétaine d'expression chinoise revendiquant ses racines, s'attirent les foudres du régime ?

Fille d'un couple mixte – mère tibétaine, père mi-tibétain, mi-chinois – née à Lhassa, élevée au Sichuan et éduquée à l'Institut des minorités de Chengdu, Woeser est emblématique d'une génération perdue pour le Parti communiste chinois. Ses études supérieures terminées, elle retourne à Lhassa au début des années 1990. Des lectures, des recherches et des rencontres lui font découvrir bribe par bribe une réalité très différente de celle qui lui a été enseignée : des photos des années terribles, cachées par son père, transforment son regard. La voilà qui se met à réfléchir par elle-même, puis à écrire ce qu'elle pense. Cette audace lui vaut en 2004 l'exclusion de son poste de travail, qu'elle doit quitter avec suppression des avantages sociaux. Deux ans plus tard, ses deux blogs pékinois sont suspendus d'autorité, parce que leur succès parmi les intellectuels et le public chinois dérange. Elle continue d'écrire en exil

---

1. Wang Lixiong, Woeser, *Unlocking Tibet*, Zurich, 2006.

chez des amis à Pékin, loin du Pays des monts neigeux, tandis que passeport et visa de sortie lui sont refusés, l'empêchant de répondre à des invitations de l'étranger.

Un débat, sinon le dialogue, peut s'engager une fois ouverte la brèche, tout en sachant que les locataires de la Cité interdite, trop occupés à leur quête effrénée de pétrole et d'énergie, préfèrent courtiser les puissants des pays d'Occident et d'ailleurs en faisant tinter des espèces sonnantes et trébuchantes pour mieux les endormir. Ces regards décapants offrent une vision contrastant avec le but avoué et réitéré de la direction suprême du Parti communiste, qui proclame le caractère prioritairement politique du développement économique du Tibet, visant « à assurer la stabilité et la sécurité par un contrôle central accru en vue d'une plus grande assimilation du Tibet dans un État chinois unifié ». Ce qui n'empêche pas Woeser de répéter aux Tibétains : « Nous devrions avoir pleinement confiance en nous, car notre culture traditionnelle continue de briller après tant de difficultés et de combats tumultueux. Comme le disait un de mes amis chinois : "Le remède qui peut guérir les maux du monde demeure caché au Tibet." Et ce remède, c'est précisément notre culture, nos traditions. »

D'autres voix discrètes, discordantes sans être forcément dissidentes, s'élèvent de secteurs inattendus : c'est le cas de Ge Jianxiong, qui note fin 2006 dans un article du *China Review Magazine* : « Dire que le Tibet a toujours fait partie de la Chine serait défier l'histoire. » Ce professeur d'université de Shanghai est également directeur du Centre de recherches et d'études de géographie historique de la Chine et vient de mener une étude sur les dimensions territoriales de la Chine à l'époque des Tang (VIIe-Xe siècles). Selon ce spécialiste, « le plateau tibétain était alors un État indépendant gouverné par la dynastie Tubo/Tufan. Sinon – s'interroge-t-il –, quelle nécessité pour l'empereur Tang du moment d'offrir la princesse Wen Cheng en "mariage d'État" au roi tibétain Songtsen Gampo ? » L'historien insiste sur le flou de la définition même du nom « Chine » jusqu'à la révolution de 1912, en précisant que le dernier empire chinois (des Qing) se définissait par ses dix-huit provinces, à l'exclusion de la Mandchourie, de la Mongolie-Intérieure, du Tibet et du Xinjiang (Turkestan oriental). Et Ge Jianxiong de conclure : « Si la Chine souhaite réellement une montée pacifique et une assise solide pour affronter son avenir, nous devons comprendre la somme de notre histoire et tirer les enseignements de nos expériences. »

Des Chinois libres dans le monde, il y en a tout de même – à Taiwan en particulier, ce qui agace d'ailleurs fortement Pékin. Dans cette île de l'autre côté du détroit de Formose, jalousement tenue à l'œil par la Cité interdite – qui donc s'ingère dans les affaires d'autrui ? –, une évolution se poursuit sans bruit concernant le Tibet. Seul l'avenir permettra de dire dans quelle mesure l'ouverture démocratique peut servir de fil providentiel pour dévider enfin la pelote des imbroglios historiques.

Est-ce de devoir, aujourd'hui encore, rudement batailler pour être admis sur la scène du monde que Taiwan a fini par prêter attention au sort du Tibet ? Du temps de la dictature du Kuomintang, il ne fallait pas y songer : la libération de la Chine du communisme englobait automatiquement le Pays des neiges. La longue marche, qui a débouché sur la démocratisation et des élections libres – une première dans l'histoire chinoise – avec à la clé l'alternance pacifique au pouvoir, a entraîné aussi un changement par rapport au Tibet. Désormais, Taiwan reconnaît officiellement le droit des Tibétains à l'autodétermination, et le dalaï-lama a fait deux séjours remarqués sur place, en 1997 et 2001, en dépit des mises en garde rageuses de Pékin.

Les bouddhistes locaux ont accueilli le hiérarque tibétain avec toute la déférence et les honneurs dus à son rang, et la présence régulière de groupes de fidèles de Taiwan ou d'autres communautés chinoises d'outre-mer à ses enseignements à Dharamsala ou ailleurs n'étonne plus guère. Serait-ce parce que Tibet et Taiwan sont deux noms proscrits, avec bien sûr celui du dalaï-lama, sur la Toile accessible aux internautes chinois, que les deux se retrouvent sur une voie étroite pour la défense pied à pied de leur altérité ?

De fait, aujourd'hui, quand la Chine donne l'impression d'avoir le vent en poupe et adopte une attitude de plus en plus affirmée au point de chercher à imposer à la fois ses vues et sa présence sur tous les tableaux à son seul profit, rien ne permet d'entrevoir le bout du tunnel pour les Tibétains. L'entrée en gare de Lhassa le 1er juillet 2006 du « train céleste » représente la dernière tentative en date d'amarrer solidement le Pays des neiges à son envahissante voisine. Pour nombre de motifs meilleurs les uns que les autres – espace vital, domination stratégique du Toit du monde sur l'ensemble du continent asiatique, ressources naturelles de l'eau à l'uranium, richesses minérales de l'or au pétrole, attraits touristiques –, dans sa phase aiguë de croissance, la Chine a besoin du Tibet.

Autre signe révélateur, dans la rhétorique officielle, on observe un véritable changement de paradigme : de « barbare et incivilisé », le Tibet est désormais devenu « paradis touristique, un Shangri-la à la beauté mythique »... Et si Pékin s'évertue à donner le change en assurant que c'est pour le bonheur des Tibétains, jusque parmi la masse chinoise d'aucuns commencent à en douter, quand bien même des colons chinois par millions y trouvent chichement leur compte. Est-ce une raison suffisante pour s'en faire une raison ?

La roue tourne, disent les Tibétains, et toutes les sagesses du monde s'accordent à enseigner qu'il faut donner du temps au temps. Le temps de résister, de ne pas baisser les bras, le temps d'attendre et de durer. Car s'acharner à détruire quelque chose, y compris un pays et son peuple, n'est-ce pas prouver au-delà du moindre doute qu'ils existent ?

5.

Le Tibet des autres

La compréhension des autres est un idéal contradictoire : elle nous demande de changer sans changer, de devenir autre sans cesser d'être nous-même.

Octavio Paz

Après la Chine envahisseuse déboulant d'Orient, au pied du Tibet, l'Inde. Celle d'autrefois avait situé dans le Haut Pays la demeure des dieux et des rishis, ces voyants à qui il arrivait de servir de messagers. La tradition s'est ainsi perpétuée au long des siècles pour un petit nombre de chercheurs d'absolu, de faux ermites et de vrais charlatans d'y résider en solitude à l'altitude des pics et des vents, à l'écart des bruits du monde et des passions des hommes.

Faut-il y voir un signe inconscient que Jawaharlal Nehru, alors Premier ministre, ait offert en guise de refuge aux Tibétains, en particulier à celui qui allait devenir le plus connu d'entre eux, le XIVe dalaï-lama, de s'installer dans une petite station de montagne au nom prédestiné, Dharamsala – « auberge des pèlerins » – dans la vallée himalayenne de Kangra, dite aussi vallée des dieux ? Toujours est-il que, coïncidence ou non, l'endroit perdu, loin des capitales où se prennent les décisions et à peine mentionné sur les cartes, n'a pas tardé à attirer des curieux : dès le début des années 1970, de jeunes Occidentaux, notamment américains, avaient trouvé le sentier à l'orée de forêts encore sauvages – pas pour longtemps il est vrai, la politique s'invitant comme pour brouiller les cartes d'une délicate insertion dans une vie d'exil.

Avec une rare clairvoyance, Sardar Patel[1] ne s'était pas trompé, qui écrivait dans sa dernière lettre à Nehru le 7 novembre 1950 : « L'action finale des Chinois, à mon sens, relève de la perfidie. La tragédie, c'est que les Tibétains nous faisaient confiance, ils nous avaient choisis pour guide, et nous avons été incapables de les tirer des pinces de la diplomatie chinoise, ou de la malfaisance chinoise. » Nehru n'eut pas le temps de répondre à ce compagnon de route disparu trop tôt, mais semble avoir gardé jusqu'à sa propre fin un sourd remords, lui qui répliquait en 1964 à des reproches exprimés par Gopal Singh : « Nous ne sommes pas indifférents à ce qui s'est passé au Tibet. Mais nous sommes incapables de faire quelque chose d'efficace à ce propos. » Et la rumeur court qu'au seuil de la mort, la même année, l'homme qui a tant incarné l'Inde souveraine sur la grand-route de la modernité ait murmuré : « Jamais je ne verrai le Kailash... » Ainsi donc, le Joyau des neiges tibétain, que les hindous vénèrent comme le « trône de Shiva », a fait rêver jusqu'à Nehru, alors que les cendres de Gandhi ont été en partie disséminées dans le Manasarovar, près du Kailash, lac sacré entre tous que les Tibétains nomment le Mapam Yumtso.

---

1. Sardar Vallabhbhai Patel (1875-1950), leader nationaliste du parti du Congrès, proche de Gandhi, à l'époque vice-Premier ministre de Nehru et ministre de l'Intérieur de 1947 à 1950.

Car le mont Kailash demeure un pèlerinage des plus prisés pour les dévots hindous – peut-être aussi parce que le chemin traditionnel a été brutalement coupé des années durant après la mainmise chinoise sur le Toit du monde, et que la chance joue un rôle pour y accéder depuis la réouverture, il y a quelques années, du sentier des pèlerins. Le tirage au sort est très officiellement confié à des fonctionnaires du ministère indien des Affaires étrangères, et seuls quelques petits groupes dûment chaperonnés peuvent accomplir leur vœu, voir de près la montagne magique et en faire le tour dévotionnel, ainsi que celui du grand lac. Une ou deux centaines d'élus par an, pas davantage, alors que les demandes se comptent par milliers.

Depuis que le Tibet s'est trouvé sous la coupe directe de Pékin, l'Inde en a subi les contrecoups, tout en s'évertuant à se donner des alibis acceptables – pas plus que les Chinois, ni d'autres d'ailleurs, les Indiens n'aiment perdre la face. Il n'empêche que ceux d'entre eux soucieux de l'intégrité du territoire national ont dû avaler des couleuvres et supporter le poids de l'incurie des politiciens, y compris des mieux connus et des plus adulés. En mai 1949 déjà, un jeune élu, Atal Behari Vajpayee, déclarait devant ses collègues députés : « Si les leaders chinois ne peuvent être ramenés dans le droit chemin, l'Inde n'aura pas d'autre choix que de permettre au dalaï-lama de lutter pour la liberté de son pays. » À son retour d'un voyage à Pékin en août 2003 où il venait de signer en tant que Premier ministre une nouvelle déclaration sino-indienne, était-ce bien le même qui avouait un rien penaud : « En ce qui concerne la question du Tibet, nous avons tenté de trouver la meilleure solution possible à ce problème. [...] Mais entrer dans le détail provoquerait un nouveau débat » ?

Selon un ancien proverbe des hauts plateaux, l'Inde se perdrait par de faux scrupules, et le Tibet par de faux espoirs... Au nom d'une amitié chimérique, que d'impairs, voire de faux pas, quand ce ne sont pas des erreurs, ont été commis ! Tous les acteurs engagés sur les terrains des affrontements n'étaient pas dupes ni fiers du rôle qui leur était imposé, l'honneur militaire n'étant lettre morte pas plus en Inde naguère britannique que sous d'autres cieux. Inutile de s'étonner que certains parmi eux n'aient pas avalé la pilule, et se retrouvent aujourd'hui aux côtés des Tibétains pour mieux faire entendre la voix des exilés. Pas surprenant non plus que parmi eux, officiers supérieurs et stratèges à la retraite se laissent aller à exprimer tout haut ce que depuis longtemps ils pensaient tout bas. Quoi qu'en disent les dirigeants politiques, que la Chine se soit arrogé une frontière, voire une vaste base militaire, juste au-dessus de l'Inde n'est pas forcément pour plaire à ces hommes de terrain ou de réflexion, en prise directe avec les défis de cette nouvelle donne. À leurs yeux, en tout cas tant que le dalaï-lama est en exil sur le sol indien, l'Inde ne peut se permettre d'ignorer ce qui se passe là-haut, ni se contenter d'acquiescer aux avances chinoises.

L'Inde au pied du mur

Déjà échaudés par quelques expériences cuisantes dans les années 1960, ces experts suivent avec attention la progression chinoise à leur entour, Pékin plaçant ses pions au Népal, au Bhoutan, en Birmanie, au Pakistan et au Bangladesh : ils y lisent un dessein de prise en tenailles de la péninsule indienne, la pièce maîtresse de cette poussée vers les mers chaudes se situant précisément sur les hauts plateaux tibétains. Aucun géopoliticien sensé n'ira les contredire, d'autant que certains gardent en mémoire les cartes publiées au lendemain de l'accession de Mao au pouvoir et qui englobaient des territoires indiens (et autres) bien au-delà des frontières reconnues. Le tollé fut tel que les cartes litigieuses furent retirées de la circulation, sans toutefois qu'il y ait eu reconnaissance publique de l'erreur ni de leur caducité. Aujourd'hui encore, le différend n'est pas officiellement résolu, quand bien même, dans le sillage du rapprochement récemment amorcé entre les deux voisins, Pékin ait admis que le Sikkim fait légitimement partie de l'Union indienne. Un dossier demeure ouvert, qui éveille d'étranges échos, autour du monastère bouddhiste de Tawang, dans l'Arunachal Pradesh, à distance minime de la frontière avec la Chine.

Sur le chemin tortueux de l'exil, c'est précisément à Tawang que le XIVᵉ dalaï-lama s'est arrêté lors de sa première halte en toute sécurité, après des jours et des nuits sous tension, à la merci d'un repérage de soldats aux trousses de la petite troupe escortée par des guerriers khampas. Les Tibétains assurent que ces pèlerins étaient sous la protection des dieux, petits et grands, de l'Himalaya. Il est vrai aussi qu'à Tawang, où était né en 1683 le VIᵉ dalaï-lama, la tradition contait que le jour où trois branches d'un arbrisseau d'époque arriveraient ensemble à une certaine hauteur, le Précieux Maître repasserait par là. Or, en ce mois de mars 1959, les vieux lamas du monastère de Tawang s'avisèrent soudain que, sur l'arbre sacré devenu grand, trois branches maîtresses se dressaient fièrement à même hauteur...

Quoi qu'il en soit, ce n'est vraisemblablement pas le romantisme de la légende qui attise les convoitises chinoises, ni les antiques thangkas et précieux manuscrits, quand bien même leur valeur marchande n'est sans doute pas négligeable, encore qu'ils ne soient pas à vendre pour l'instant. Plus prosaïquement, selon le principe que « le Tibet appartient à la Chine », tout ce qui touche de près ou de loin au Tibet lui revient de droit, a fortiori s'il s'agit du lieu de naissance d'un dalaï-lama. L'idée n'est pas partagée par New Delhi, pour qui d'ailleurs la question ne se pose même pas, dans la mesure où les habitants de cette région, le Monyul, avaient choisi à la fin de l'Empire britannique de se joindre à l'Inde.

Pékin a néanmoins ressorti la carte de sa manche au cours des discussions fin 2006 sur le différend frontalier entre les deux pays, laissant entendre que la Chine pourrait renoncer à cette revendication moyennant une reconnaissance indienne officielle de la souveraineté chinoise sur l'Aksaï Chin, à la pointe occidentale de l'Himalaya indien, territoire que l'armée chinoise a fait sien en douce mais manu militari du temps de Nehru. Le Premier ministre n'en avait rien voulu savoir, de crainte de porter ombrage à l'« amitié » chinoise... Et c'est ainsi que Tawang et son monastère demeurent une pierre de discorde, minime peut-être aux yeux de certains, à l'heure d'une amorce de rapprochement indo-chinois – mais ne dit-on pas que le diable se niche dans les détails ? Pour l'heure, New Delhi ne semble guère vouloir s'engager dans cette voie où rien n'est joué d'avance.

D'aucuns en Inde, pourtant, rechignent à se bercer d'illusions. Instruits d'expérience, ils suivent de près la piste des mandarins et ne s'en laissent guère conter. Ainsi de C.A. Kallianpur, ce stratège féru de simulations d'exercices militaires, qui offre une vision personnelle du Grand Jeu actuel dont le Tibet est devenu l'enjeu. Il n'hésite pas à mettre en parallèle les histoires de la Chine et de l'Inde du temps des Mandchous et des Britanniques : « La Chine mandchoue, soit la Chine bâtie par les Mandchous, incluait au-delà de la Chine proprement dite la Mand-chourie (aujourd'hui appelée Chine du Nord-Est), la Mongolie, le Turkestan oriental (le prétendu Sinkiang d'aujourd'hui), le Tibet, le Yunnan et le Guangxi-Zhuang, qui sont tous à présent des aires minoritaires représentant 60 % du territoire de la Chine. Les Mandchous étaient le pouvoir régnant suprême sur une majorité han. L'Inde britannique, c'est-à-dire l'Inde bâtie par les Britanniques, n'avait que la Birmanie comme province, le Pakistan et le Bangladesh n'existant pas à l'époque ; les Britanniques étaient alors la puissance régnante suprême sur l'Inde. »

Rappelant la suite de l'histoire selon sa vision des choses, cet expert considère que la seule différence entre l'évolution des deux pays, c'est la révolution chinoise de 1911-1912, avec à la clé la chute de la domination mandchoue, sous le slogan « À bas les étrangers ». Et de souligner que, tout comme la Birmanie avait des relations particulières avec l'Inde du temps où elle était britannique, le Tibet en avait eu avec la Chine au temps des Mandchous – ce qui ne saurait justifier en rien le régime actuel de s'en réclamer pour faire main basse sur son voisin. D'après lui, « ce sont les Mandchous qui ont fait un protectorat du Tibet, et les rapports du Tibet étaient avec les Mandchous, non pas avec la Chine moderne ni les Hans qui leur ont succédé. Sur quelle base la Chine moderne revendique-t-elle le Tibet ? Le Népal et le Bhoutan étaient eux aussi des pro-tectorats britanniques, ils sont indépendants aujourd'hui. Pourquoi pas le Tibet ? »

D'ailleurs, insiste C.A. Kallianpur, « la langue, la reli-gion, la philosophie – tout les sépare ». Même « la race : les

Tibétains sont de souche mongoloïde, ils ont des affinités marquées avec les Mongols. Yongten Gyatso, le IVᵉ dalaï-lama, était mongol. Dans la lignée des dalaï-lamas, il y en a eu un né en Mongolie, et un autre à Tawang, en Arunachal Pradesh. Mais jamais il n'y a eu de dalaï-lama de Chine proprement dite... » Il n'est pas sans intérêt de relever à ce propos qu'aujourd'hui encore, le dalaï-lama est toujours hautement révéré en Mongolie, au vif déplaisir de Pékin qui proteste à chacun de ses déplacements à Oulan-Bator où il est considéré comme le chef spirituel du pays et reçu à ce titre avec tous les honneurs dus à son rang.

Dans les groupes de réflexion, de recherches et d'études officieux, mais proches des coulisses du pouvoir, on suit d'un regard attentif l'évolution des rapports entre New Delhi et Pékin, commentaires et analyses reflétant parfois l'ambiguïté de la relation de l'Inde au Tibet. À l'évidence, la présence de la communauté réfugiée, notamment du dalaï-lama, sur le sol indien reste un facteur que les dirigeants, quel que soit le parti dont ils se réclament, ne peuvent décemment ignorer, même si, à l'instar des responsables politiques des autres pays, ils ne veulent en aucun cas affronter ouvertement ce voisin aux ambitions croissantes et aux appétits à la hauteur de ses visées. Ce qui ne veut pas dire que la question des arrière-pensées chinoises dans ce jeu à trois ne se pose plus.

À considérer comme gage mutuel de confiance la réouverture à l'été 2006 aux échanges commerciaux du col de Nathu, le réchauffement amorcé récemment avec l'affirmation sur la scène asiatique d'une volonté chinoise déclarée de « montée en puissance pacifique », reformulée par la suite « développement pacifique », incite certains chercheurs indiens à penser que le Tibet n'est plus un « problème bilatéral » – ce qui ne décharge pas pour autant les autorités indiennes de leur responsabilité envers les réfugiés ni envers le dalaï-lama : un véritable casse-tête chinois pour New Delhi. Car, malgré les ouvertures indiennes concilia-trices, Pékin garde le cap : en 2006 également, elle refuse la réouverture du consulat indien à Lhassa, fermé avec l'as-sentiment de Nehru en guise de geste de bonne volonté envers Mao Tsé-toung. La Chine propose Chengdu en lot de consolation, comme si elle craignait toujours d'avoir sur place des témoins pouvant soudain se révéler gênants.

Près d'une soixantaine d'années plus tard, les actuels dirigeants de l'Inde se retrouvent confrontés à la même responsabilité que Jawaharlal Nehru n'avait pas pu, voulu ou su assumer : le spectre de l'accord dit de Panch Sheel, soit des « cinq principes » (de coexistence pacifique) entre Inde et Chine plane toujours, et le remords de n'avoir rien fait pour porter secours au Tibet agressé taraude encore quelques consciences. D'où la question de savoir s'il est éventuellement possible de jouer les médiateurs entre la communauté exilée, ou plutôt le dalaï-lama, et un régime désormais sûr de lui et arc-bouté sur une position de force. Les autorités chinoises le proclament suffisamment fort à la moindre occasion pour que l'on sache qu'elles considè-rent la question tibétaine comme une « affaire intérieure », avec pour corollaire le rejet déclaré de toute « immixtion » ou « ingérence » extérieures dans ce domaine.

D'aucuns estiment cependant à New Delhi que l'Inde est « naturellement » partie à la discussion, « du moins tant que le dalaï-lama et les siens vivant en Inde ne sont pas rentrés chez eux en tout bien tout honneur ». Et d'insister : « Même après leur retour, la stabilité au Tibet, en tant que région voisine, demeure un point crucial pour les intérêts stratégiques de l'Inde. » Ce dossier litigieux semble voué à brûler encore un certain temps les doigts des négociateurs tant indiens que chinois en quête d'un arrangement[1]. Il est vrai que l'intérêt porté au-delà des frontières au dalaï-lama et l'audience qu'il s'est acquise dans le monde rejaillissent par ricochet sur son pays d'accueil où la tradition du respect, voire de la dévotion accordée à un maître spirituel, demeure vive.

Les cousins mongol et bhoutanais

L'expérience est peut-être plus surprenante encore en Mongolie, car elle bouscule l'image bien ancrée de ces cavaliers lancés en nuées à travers steppes et déserts à la conquête de l'Ouest. Depuis qu'ils ont recouvré une certaine liberté en se dégageant de l'influence du « grand frère » soviétique au lendemain de l'implosion de l'URSS, les Mongols s'essaient avec des fortunes diverses aux jeux des règles démocratiques et du libéralisme économique. Faute de résultats immédiats et probants, les nomades sont les premiers à en payer le prix, tandis que l'urbanisation accélérée autour de la capitale Oulan-Bator ouvre des lézardes béantes au sein d'une population confrontée à des défis qui la désarçonnent.

Dans ce contexte incertain, renouer avec la tradition bouddhiste représente un point de repère reconquis, inscrivant dans une continuité historique un retour à soi-même.

---

1. Alors que l'agence Xinhua annonçait fin novembre 2007 que pour la première fois des troupes avaient été envoyées par train au Tibet, à New Delhi on admettait la destruction par un commando militaire chinois de trois bunkers frontaliers en territoire indien entre Sikkim et Bhoutan.

Outre la figure tutélaire de Gengis Khan réhabilitée et fièrement revendiquée, les Mongols se redécouvrent soudain des filiations occultées plutôt qu'oubliées à travers la personnalité originale de son descendant Zanabazar, qui fut au XVIIᵉ siècle tout à la fois peintre, architecte, écrivain et sculpteur de talent, et dont les créations témoignent d'une force d'expression peu commune. Remises à leur place dans l'histoire locale et à l'honneur au musée des Beaux-Arts de la capitale, ses sculptures d'inspiration bouddhiste attestent sans équivoque des liens étroits unissant grands lamas tibétains et princes mongols.

Est-ce parce que les temps sont particulièrement durs pour ce pays pris en étau entre une Russie qui se cherche et une Chine qui « en veut », pour ce peuple foncièrement nomade acculé à la sédentarisation et ballotté entre autosuffisance et mondialisation, que les Mongols se raccrochent à leur passé à peine recouvré ? Toujours est-il que chaque visite du dalaï-lama à Oulan-Bator est prétexte à de grands rassemblements où les participants communient dans la ferveur autour du hiérarque bouddhiste, alors que les monastères renaissent de leurs ruines aux lieux de passage ancestraux sur la longue route des caravanes.

Les voyages du dalaï-lama en Mongolie suscitent toujours la même antienne de Pékin, ressortie pour l'occasion à l'été 2006 quand, dans une discrétion officielle exemplaire, il a conduit une cérémonie déjà reportée au grand dam des fidèles qui l'attendaient. En septembre 2002, le Kremlin lui avait refusé un visa de transit sous prétexte d'un accord passé avec la Cité interdite, et la compagnie aérienne sud-coréenne pressentie pour assurer le déplacement s'était récusée au dernier moment « pour le bien des autres passagers ». À l'époque cependant, le cours du cuivre avait brièvement flambé sur les marchés internationaux :

pour marquer sa mauvaise humeur, Pékin avait bloqué le trafic ferroviaire avec le voisin mongol dont le métal rouge représente la moitié des exportations et dont la Chine est la principale bénéficiaire... Où l'interdépendance va-t-elle se nicher !

Bien que géographiquement situé en son cœur, le Tibet intrigue autant sur le continent asiatique au-delà de ses voisins immédiats que sous des latitudes plus éloignées. Unique royaume officiellement bouddhiste au monde, le Bhoutan garde des liens solides avec l'école kagyu tibétaine dont la branche drukpa est issue et s'est développée sur sol bhoutanais où elle est toujours prépondérante depuis le XVIIᵉ siècle. À la suite de l'invasion chinoise de 1959, des centaines de Tibétains ont trouvé refuge chez ces cousins à peine lointains et toujours sourcilleux de leur indépendance, confirmée par une adhésion aux Nations unies en 1971. Mais pas plus que d'autres, le Bhoutan ne monte au créneau pour venir en aide à ce parent à qui il doit beaucoup : la pression permanente du géant chinois à l'affût sur les sommets lui dicte réserve et vigilance, d'autant que les soldats hans n'hésitent pas à s'inviter quand bon leur semble sur son territoire. C'est du moins ce qu'a fermement dénoncé en juin 2006 le secrétaire d'État aux frontières nationales devant la quatre-vingt-troisième session de l'Assemblée nationale à Thimphu, tout en regrettant que les discussions sur la démarcation de la frontière septentrionale avec la Chine traînent en longueur.

Relations asiatiques

Les autres pays où l'influence bouddhiste est pourtant tissée dans l'histoire ne sont guère plus téméraires. Outre que les États n'ont pas toujours entre eux des rapports de bon voisinage, parmi diverses raisons invoquées en guise d'explication à cette timidité généralisée, il y a les différences théologiques ou doctrinales entre les grandes écoles du bouddhisme du Nord et du Sud, mais aussi la volonté – ou la prétention – du clergé officiel de ne pas se mêler de politique, même si la réalité quotidienne témoigne du contraire. Des rivalités de personnes ne sont pas à exclure dans une mouvance suffisamment large pour permettre à chacun de se cantonner à son pré carré, là où les échanges de vues se limitent souvent aux confins nationaux.

À cela il convient d'ajouter l'implantation de communautés chinoises ayant essaimé pour cause d'extrême misère dans l'ensemble de la région, et bien au-delà, particulièrement actives dans le domaine économique, tenues à l'écart des cercles dirigeants et peu enclines à mettre en jeu leurs intérêts immédiats à l'heure de l'ascension spectaculaire de la Chine contemporaine. Sans oublier bien entendu les leviers de pression dont disposent à leur gré les autorités chinoises pour dissuader toute velléité de questionnement dans ce que Pékin considère comme sa zone d'influence naturelle auprès des institutions, agences et autres gouvernements locaux : le Céleste Empire a d'ordinaire su utiliser les bons moyens pour s'assurer une loyauté ne serait-ce que de façade de ses supposés vassaux.

Ainsi, au cours des dernières années, les autocrates pékinois sont parvenus sans trop insister à faire capoter des

159

invitations au dalaï-lama à des rencontres internationales à caractère nettement religieux en Birmanie, au Cambodge, au Sri Lanka, en Thaïlande et en Corée du Sud où le hiérarque tibétain était convié à participer en juin 2006 à une réunion de lauréats du prix Nobel de la paix à laquelle il n'a pas pu se rendre faute de visa de Séoul. Ce qui ne signifie pas pour autant que, dans l'opinion publique, tout le monde soit d'accord avec ces décisions éminemment politiques pour lesquelles on ne demande pas son avis : en Asie aussi, le dalaï-lama est un symbole reconnu, à tout le moins une « icône », et les livres où sa photo figure en couverture trouvent place dans les librairies de Singapour, de Bangkok ou de Taipei, et même à Hong Kong... Lors de visites à Taiwan, les foules rassemblées pour l'écouter expriment assez clairement un sentiment populaire largement répandu, tandis que des groupes de fidèles font le déplacement de Dharamsala pour entendre ses enseignements.

À peu de choses près, le regard japonais sur le Tibet n'est guère différent, avec peut-être une nuance de surprise : la rigueur dépouillée de la tradition zen a de quoi s'étonner devant l'exubérance d'expression coutumière des écoles tibétaines, quand bien même le fonds commun ne tarde pas à affleurer une fois passée la première approche. Et comme tant d'autres sous d'autres latitudes, des Japonais se sont laissés prendre sinon au mythe de Shangri-la, du moins à la souveraine beauté des hauts plateaux, au silence habité qui leur confère une présence sans pareille. Jusqu'à en pousser certains, avec parfois des arrière-pensées ou des desseins moins avouables, à se glisser dans les failles montagneuses grimés en moines ou en pèlerins pour circuler plus à l'aise en terre interdite.

Moins célèbres que leurs concurrents partis de l'Ouest,

une poignée de Japonais ont eux aussi joué les pionniers dans l'aventure tibétaine. Les uns et les autres se sont royalement ignorés, mais tous témoignent d'une passion analogue et singulière. À vrai dire, les émissaires du pays du Soleil levant semblent avoir été des personnalités quelque peu excentriques au regard des normes de la société japonaise. À l'époque où le plus connu d'entre eux, le moine Kawaguchi, partait incognito du Népal à la recherche d'une voie d'accès au pays fermé, un autre moine bouddhiste, Nomi Kan, entreprenait de gagner le Toit du monde par les chemins de la Chine. Aucune de ses trois tentatives successives n'aboutit, et même ses compatriotes n'ont guère cherché à connaître son sort. Le premier aura mieux réussi, puisqu'il passa trois ans en territoire tibétain, à la recherche de textes anciens et à étudier auprès d'érudits locaux, sans que sa véritable identité soit percée à jour. Mais les autorités tibétaines ont-elles réellement tenté de savoir ?

Les deux compagnons de Nomi au départ avaient d'autres buts, nettement moins studieux. L'un d'eux, Narita Yasuteru, qui d'ailleurs abandonna rapidement la partie, émargeait au budget du ministère des Affaires étrangères de Tokyo, tandis que le second, Teramoto Enga, se prévalait de liens aussi bien avec les cercles militaires qu'avec les milieux diplomatiques de son pays. Ce qui ne l'empêchait pas d'être proche de sectes zen réputées pour un nationalisme sourcilleux, notamment celle dite Nishi Honganji dont le supérieur n'était autre que le fameux comte Otani Kozui. Ce dernier fut apparemment le seul à avoir flairé le potentiel politico-stratégique du Haut Pays, et ses deux représentants, Aoki Bunkyo et surtout Tada Tokan, firent des séjours prolongés auprès du XIII\e dalaï-lama, qui les écouta tout en évitant de donner suite à leurs visées. La disgrâce soudaine en 1914 du trop puissant comte donna un coup d'arrêt à ces velléités de rapprochement.

D'après Scott Berry[1], qui s'est longuement penché sur les tribulations de ces voyageurs quelque peu oubliés chez eux et mal connus au-delà de l'archipel, ils étaient néanmoins quatre Japonais plus ou moins clandestins, plus ou moins excentriques, à marquer ensemble le Nouvel An de 1915 à Lhassa – mais aucun n'a laissé de relation directe de l'événement. L'aventure devait tout de même reprendre des années plus tard, quand, au début de la Seconde Guerre mondiale, Kimura Isao et Nishikawa Kazumi, faux pèlerins et espions bon teint, se frayèrent un chemin jusqu'à la cité des dieux, où ils arrivèrent à la fin des hostilités : ils se retrouvèrent ainsi parmi les rares témoins des dernières années d'indépendance du Pays des neiges. À l'origine de leur soif de Tibet, on retrouve tout naturellement à l'orée du XXᵉ siècle l'équipée tibétaine d'Ekai Kawaguchi qui continue de nourrir les rêves d'autres Japonais, comme celui que nous croisâmes un demi-siècle plus tard sur la route du Joyau des neiges, le mont Kailash.

Ce promeneur-là, en élégante saharienne, était d'un temps moderne, pressé et bardé des derniers gadgets de la civilisation technologique. Les poches bien garnies et l'œil fixé sur son but unique – repérer avec certitude le chemin emprunté par son prédécesseur pour se faufiler en territoire défendu –, faisant allègrement fi des usages locaux et des permis obligatoires, ce drôle de pèlerin disposait d'une petite semaine pour mener son projet à bien. Une bonne liasse de billets étrangers avait décidé un policier goguenard à l'accompagner dans son véhicule de service, mais,

---

1. Scott Berry, *The Rising Sun in the Land of the Snows*, Adarsh Books, 2005.

malchance ou mauvais calculs, la réserve d'essence s'était épuisée plus vite que prévu sur des sentiers capricieux tenant lieu de routes. Les passages à gué de ruisseaux en crue n'avaient rien arrangé, pas plus que les détours obligés afin d'éviter des sites étiquetés névralgiques. Si bien que l'improbable duo s'invita à l'improviste à notre bivouac du soir, sirène hurlante vrillant le silence, l'un imperturbable et l'autre hilare, tout juste le temps d'emprunter à notre chauffeur à peine surpris de quoi poursuivre la course.

À l'automne 1967, le premier voyage à l'étranger du jeune dalaï-lama exilé amorce au Japon des liens patiemment renoués une fois surmontées quelques préventions d'ordre théologique. Les visites suivantes — une douzaine depuis lors — sont soumises aux aléas des rapports sino-japonais, qui fluctuent selon l'humeur du moment, la plus récente en novembre 2007 ayant été acceptée à la condition expresse que le hiérarque tibétain « s'abstienne de toute activité politique ». Ce à quoi le principal intéressé a acquiescé d'autant plus volontiers qu'il était convié à une rencontre bouddhiste à Yokohama, qu'il devait se rendre au sanctuaire shinto d'Ise et donner une conférence publique sur « Science moderne et spiritualité ». Pas de quoi s'émouvoir de l'indifférence officielle étudiée, afin de ne pas attiser l'ire de Pékin, ce qui n'a évidemment pas empêché la Cité interdite de protester comme à l'accoutumée, ni les Japonais d'accourir en nombre à l'écoute du maître tibétain.

Approches russe et soviétique

La fascination pour l'horizon éloigné, de surcroît réputé fermé ou inatteignable, en vogue au début du XXᵉ siècle s'exerce dans les deux sens. À preuve, le XIIIᵉ dalaï-lama envoie une poignée de jeunes gens de bonnes familles en éclaireurs s'initier aux merveilles d'Occident dans la lointaine Angleterre. À l'époque déjà, le Tibet était à son insu devenu l'enjeu de la rivalité entre la reine et le tsar : le maître de toutes les Russies avait l'avantage de communautés bouddhistes bouriate et kalmouk en ses terres, la souveraine de l'empire sur lequel jamais le soleil ne se couchait disposait de l'atout d'un pouvoir encore incontesté sur le sous-continent indien.

Un fil ténu court dans les relations intermittentes entre la Russie et le Tibet. Si les étendues sibériennes avaient autrefois de quoi alimenter les appétits de découverte des explorateurs, les supposés mystères nichés au cœur de la forteresse himalayenne exerçaient une fascination tout aussi puissante. Elle ne s'est guère dissipée, du moins dans l'attention portée aux coutumes et traditions, aux études philosophiques ou religieuses. Du temps des amours éphémères soviéto-chinoises, Staline aurait donné son assentiment, voire encouragé Mao à s'emparer par la force du Tibet. Entre les deux autocrates, c'était sans doute à qui roulerait l'autre, avec d'autant moins de souci des conséquences à long terme qu'aucun des deux n'en avait cure : à l'histoire de les départager.

Les chercheurs soviétiques qui se consacrent à l'époque aux études tibétaines sur les brisées des défricheurs Scherbatsky, Vostrikov, Kozlov ou Roerich ont une manière particulière d'exposer leurs vues. Si aujourd'hui leur langage prête à sourire, il n'en est pas moins révélateur de l'air du temps et d'une liberté d'expression strictement surveillée. Dans un ouvrage de Vladimir A. Bogoslovskij[1], sous-titré « La naissance d'une société de classes », le ton est donné d'emblée : « Après la libération pacifique de son pays, le peuple tibétain, en même temps que tous les peuples de la République populaire chinoise, entreprit la réalisation d'une vie nouvelle et heureuse. L'amitié séculaire entre les peuples de la Chine et du Tibet fut dès lors consolidée par la poursuite d'un idéal commun : l'édification du socialisme. À l'heure actuelle, la tâche essentielle des historiens est évidemment l'étude du lointain passé du Tibet et des liens ancestraux, économiques, politiques, culturels unissant les deux peuples. »

Quelque cent quarante pages plus loin, la conclusion principale est claire : « La société tibétaine du VIIᵉ au IXᵉ siècle n'est plus une simple fédération de clans, mais un État présentant toutes les caractéristiques propres. » Il en découle en parfaite logique la remarque suivante : « L'époque que nous avons étudiée a vu naître le premier État tibétain de l'histoire, dont l'influence fut prépondérante en Asie centrale, époque marquée en particulier par l'apparition du bouddhisme et les premiers succès de cette religion. » Mais « c'est seulement après la libération pacifique de ce pays par le peuple chinois [en 1950] que les Tibétains purent briser les anciens rapports de production féodaux et construire une société nouvelle, excluant l'exploitation de l'homme par son semblable et l'oppression entre classes. » CQFD...

---

1. V.A. Bogoslovskij, *Essai sur l'histoire du peuple tibétain*, Klincksieck, 1972.

Heureusement qu'Alexander W. Macdonald, du laboratoire d'ethnologie et sociologie comparative associé au CNRS, prend la peine de rappeler en préambule que l'ouvrage original a été publié en russe en 1964 et traduit en 1972, tout en avertissant le lecteur de « ne pas se laisser affoler par les premières phrases du livre qu'il va lire. En poursuivant sa lecture, il se rendra vite compte qu'il est en présence d'une pensée scientifique qui ne manque ni d'originalité ni de rigueur. Aujourd'hui, d'autres mots viendraient certes sous la plume [de l'auteur] ». On ne peut que l'espérer pour lui et, pourquoi pas, pour la pensée scientifique...

Les explorateurs russes avaient naguère rapporté de leurs expéditions de véritables trésors – statues, objets rituels, thangkas, manuscrits, textes liturgiques – que les aléas de l'histoire avaient condamnés aux enfers des bibliothèques de Saint-Pétersbourg, ou à dormir dans les recoins de sanctuaires à demi abandonnés. Nombre d'entre eux ont survécu, parfois comme par miracle. À la recherche de leur passé, des fidèles ont su les tirer de l'oubli, posant ainsi les pierres d'une renaissance en terres kalmouke et bouriate, tandis que dans l'ancienne capitale des tsars, le monastère édifié à l'initiative d'Agvan Djordjeev au début du XXᵉ siècle, avec le soutien du XIIIᵉ dalaï-lama, a été rendu à ses fonctions premières... cette fois en collaboration notamment avec le monastère de Karmaling en Savoie.

Ce n'est qu'au cours des dernières années, après l'implosion de l'URSS, qu'il a été possible d'évaluer réellement la richesse de l'héritage des explorateurs et chercheurs russes concernant la civilisation tibétaine, et ce malgré les destructions des premiers temps soviétiques. De Moscou à Saint-Pétersbourg en passant par la Bouriatie, la Kalmoukie ou le territoire touva, des universités aux musées en passant par les instituts d'études et les bibliothèques où reposent des archives encore en attente d'être répertoriées et classées, c'est tout un pan de l'histoire tibétaine qui resurgit. Un jour, dans une conversation à Dharamsala où il me faisait part de ses impressions au retour d'un voyage chez ces lointains fidèles, le dalaï-lama a relevé : « Vous savez, j'ai vu parmi les anciens manuscrits qui m'ont été montrés là-bas des textes que l'on croyait perdus à tout jamais, engloutis par la révolution culturelle. » Ainsi s'entrechoquent les vagues du temps...

Lors de sa première visite en URSS en 1979, le dalaï-lama a reçu un vibrant accueil au monastère d'Ivolginsk, en Bouriatie, où les derniers survivants des tourmentes locales avaient du mal à en croire leurs yeux. Désormais, le renouveau bouddhiste s'exprime dans la formation sur place des religieux, mais également dans les liens et les ponts établis bien au-delà avec les centres éparpillés en territoire russe, en dépit des obstacles qui tendent à se multiplier en raison de l'entente toujours plus étroite entre autocrates moscovites et pékinois. Et le 10 décembre 2006, comme pour marquer à la fois la Journée internationale des droits de l'homme et la remise en 1989 du prix Nobel de la paix, le dalaï-lama a reçu l'insigne de l'ordre du Lotus blanc, la plus haute décoration civile de la République russe de Kalmoukie.

En quête d'aryanité

Il n'y a pas si longtemps, certains en Europe ont tellement fantasmé sur les terres tibétaines que les pires aberrations ont germé. Sachant que les montagnes ont toujours été propices aux légendes, à la magie et aux croyances, force est de rappeler au passage le goût manifesté dans certains milieux, restreints mais déterminés, du monde germanique pour l'occulte, qui a servi de terreau à des dévoiements meurtriers. Le mythe du surhomme aux prises avec des puissances dépassant la simple condition humaine a largement alimenté l'expressionnisme cinématographique allemand, incitant également des individus en mal d'aventures extrêmes à chercher en haute altitude des expériences susceptibles de repousser les limites personnelles. Passer de l'alpinisme audacieux aux défis himalayens n'était qu'une question de temps et de moyens, partir à la découverte d'horizons nouveaux un défi tentant pour qui rêvait de premières que nul n'avait encore imaginées. Quitte à masquer d'alibis scientifiques le dessein caché de mettre au jour le mystère des « origines aryennes ».

En tout cas, dans les années 1930, plusieurs expéditions téméraires se retrouvent au piémont de la barrière himalayenne, du côté du Karakoram, avec pour but affiché de parvenir non seulement à vaincre des sommets inviolés mais également à jeter un coup d'œil au-delà, de l'autre côté de la fabuleuse montagne. Les intempéries leur jouent de mauvais tours, souvent mortels – comme à tous ceux qui ont plus tôt essayé d'approcher pour les franchir ces flancs vertigineux. En 1934, une de ces expéditions malchanceuses a néanmoins pu ramener des images spectaculaires et terrifiantes d'avalanches, insérées dans un film dont le titre donne une idée de l'ambiance, *Le Démon de l'Himalaya*...

Pour d'autres, le tribut a été bien plus lourd : cette année-là, plusieurs équipes allemandes se sont montrées particulièrement tenaces, disposant de solides appuis dans une tentative de planter le drapeau nazi sur le Nanga Parbat – la montagne n'ayant que faire de l'honneur du Reich, elle balaya comme un fétu de paille, dans l'une de ses tempêtes soudaines, une caravane de cinq cents porteurs, emportant quelques-uns des grimpeurs parmi les plus chevronnés du moment. Était-ce le souvenir de cet échec qui devait pousser le régime nazi alors conquérant à poursuivre sa quête folle d'une ascendance aryenne, tandis que faisaient déjà rage les combats de la Seconde Guerre mondiale ? En tout cas, c'est le soupçon d'espionnage pesant sur des alpinistes en vadrouille dans les régions himalayennes qui valut à deux d'entre eux de se retrouver en camp d'internement dans les Indes britanniques. Une évasion réussie devait les pousser à franchir les grands cols, et l'un d'eux, Heinrich Harrer, raconte cette aventure dans *Sept ans au Tibet*.

Est-ce à dire que les deux fuyards savaient où ils mettaient les pieds, ou bien cherchaient-ils avant tout à sauver leur peau ? Nul doute que pour des alpinistes expérimentés, la tentation devait être forte d'escalader le formidable rempart pour découvrir ce qu'il gardait de si secret, et pour échapper à leurs ennemis... Le temps passant, les témoins oculaires se font rares : ainsi naissent des fables qui finissent par prendre consistance et se répandre ; restent des pages qui racontent à leur manière des épisodes relevant désormais de versions personnelles, et que le lecteur interprète à sa façon.

Le récit d'Heinrich Harrer, publié en 1953, a éveillé d'autant plus d'intérêt qu'il est un document de première main sur un pays décidément bien attirant. Raconter (rapidement) ses tentatives d'évasion avortées et sa réussite pour gagner enfin cette terre promise des amoureux de la montagne lui vaut un vrai succès aux multiples traductions. Une nouvelle édition trente ans plus tard provoque le même engouement, avant que le cinéaste Jean-Jacques Annaud ne lui donne le visage d'un acteur américain à la mode dans le rôle-titre. C'est à ce moment-là que resurgissent les questions jamais franchement élucidées des allégeances douteuses de l'alpiniste autrichien dans sa jeunesse. Il les nie, sans toujours parvenir à convaincre, et du coup la rumeur court dans de petits cercles mal informés – ou malveillants ? – de supposées accointances pernicieuses du jeune dalaï-lama.

C'est peut-être aussi qu'entre-temps la notoriété nouvelle du hiérarque tibétain, en particulier après le Nobel de la paix de 1989, agace. Mais c'est également méconnaître une réalité complexe et refuser d'en percevoir les nuances. Libre au lecteur de croire sur parole l'auteur de *Sept ans au Tibet* lorsqu'il se déclare « précepteur et ami du dalaï-lama », en détaillant sa première entrevue avec l'adolescent (Tenzin Gyatso a quatorze ans à l'époque) et les rencontres qui s'ensuivent quand il initie le jeune souverain aux subtilités de l'anglais (que lui-même avoue ne pas vraiment maîtriser) et lui entrouvre une fenêtre sur le monde extérieur. Le dalaï-lama lui en demeurera reconnaissant jusqu'au bout – comme il restera fidèle aux quelques rares amitiés étrangères de cette époque de sa vie.

Alors que tant d'autres ont gardé ou gardent le silence, Harrer aura été l'un des premiers en Occident à prendre ouvertement la défense d'un peuple agressé, envahi et annexé par son voisin militairement trop puissant, et cela, les Tibétains ne l'oublient pas non plus. De son côté, le dalaï-lama rappelle simplement dans sa biographie qu'il a rencontré le fugitif la première fois en 1948 et qu'il le vit « régulièrement, d'ordinaire une fois par semaine, durant l'année et demie qu'il passa encore au Tibet avant de partir ». Pour un précepteur, la tâche ne semble pas éreintante. À la question d'un journaliste américain[1], le dalaï-lama précise encore : « J'ignorais tout des nazis à l'époque, de leurs atrocités et de l'Holocauste. Je n'en avais pas la moindre idée, je n'étais qu'un enfant qui regardait des cartes, et uniquement en raison des dimensions des pays d'un côté et de l'autre, j'avais de la sympathie pour le plus petit, l'Allemagne. Bien sûr, j'ai peu à peu entendu parler de l'Holocauste, de la guerre, et j'ai appris ce que les Allemands avaient fait ; après, j'ai compris. »

Illustration récente de la fascination que continue d'exercer l'espace tibétain, le roman de Christoph Ransmayr, écrivain autrichien, raconte le Kham des nomades et des montagnes nimbées de légendes et de traditions. Il sert de décor à la quête de deux frères irlandais attirés l'un par l'ascension d'un sommet sacré et inviolé, l'autre par une belle veuve khampa. Histoire d'amour et bien sûr de mort, où chacun trouve son rêve de Tibet...

Nul besoin de s'appesantir longuement sur l'hérésie mortelle liée à la manipulation éhontée d'un symbole sacré parmi les plus anciens au monde – le svastika – qui a coûté si cher à l'Europe, tout en reléguant à l'arrière-plan recherches et études de valeur menées par des érudits allemands. Au-delà des divagations occultistes et autres dérives tout aussi perverses, le Tibet n'en a pas moins continué à occuper une place à part dans les préoccupations de petits groupes savants dont les travaux ont permis de mieux cerner la singularité de cette civilisation.

---

1. Thomas Laird, *The Story of Tibet*, Atlantic Books, 2006.

Sur les brisées des défricheurs religieux

Par la ténacité et la passion de quelques-uns de ses savants, doublées d'un esprit aventureux, l'Italie a aussi façonné sa vision propre de ces hautes plaines où l'homme – la femme aussi naturellement – joue chaque jour sa vie à la roulette des vents. Sans doute y a-t-il filiation directe entre le religieux de Pistoia, Ippolito Desideri, qui raconte ses pérégrinations tibétaines au début du XVIIIe siècle, et l'obstination de Giuseppe Tucci, s'échinant à rassembler témoignages et preuves, secondé par l'œil et la caméra de Fosco Maraini, avant que la catastrophe ne s'abatte sur le Toit du monde. D'autres ont ensuite repris le flambeau, pour faire rempart contre l'oubli.

L'Italie, comme d'autres en Europe, s'est montrée accueillante aux religieux tibétains exilés, plusieurs centres d'études bouddhistes ayant pignon sur rue dans quelques-unes de ses cités de prestige. À plusieurs reprises aussi, le XIVe dalaï-lama a été l'hôte du Vatican, ses rencontres en particulier avec Jean-Paul II ayant été appréciées des deux interlocuteurs qui s'estimaient réciproquement. Citoyen d'honneur de lieux divers en Italie, le hiérarque tibétain plaisante parfois, soulignant que s'il devait exercer ses droits et devoirs partout où il est si bien reçu, il n'aurait plus guère de temps à consacrer aux activités qui s'inscrivent à son emploi du temps.

Encore plus éloignée géographiquement du cœur du mandala tibétain, la péninsule ibérique compte elle aussi son contingent de rêveurs amateurs de cette terre. À défaut d'Andalousie heureuse, pourquoi pas Shangri-la ?... Le corps missionnaire jésuite disposa autrefois en ses rangs d'esprits curieux pas seulement inquisiteurs, lancés avec d'autres sur les traces d'hypothétiques « chrétientés extérieures ». Mais d'avoir renoncé au mythique royaume du roi-prêtre Jean n'a pas étanché toutes les soifs de lever le voile sur ce territoire où d'illustres devanciers avaient cru discerner sur les murs des monastères des ressemblances dévoyées de leur propre foi.

Clin d'œil ou juste retour des choses, c'est à Barcelone qu'aujourd'hui s'est installée une Maison du Tibet, comme en écho à la recherche pionnière d'Antoni de Montserrat, jésuite catalan parti au XVIᵉ siècle dans les missions portugaises des Indes. Résidant d'abord à Cochin, il séjourna ensuite longuement à la cour d'Akbar le Grand Moghol, mais surtout pérégrina méthodiquement dans les régions du Nord. D'après ces voyages d'exploration, il dresse une carte qui esquisse, semble-t-il pour la première fois, le contour d'une partie de l'Himalaya et des marches méridionales du Tibet. Ces passions anciennes ont traversé les mers pour susciter aujourd'hui des ferveurs bien ancrées du Mexique au Chili, en passant par la Colombie, le Brésil et l'Argentine : les rencontres avec le dalaï-lama y prennent des dimensions inattendues autour de centres d'études actifs et en expansion.

L'éclairage français

Si les voyageurs français en chambre ou en chemin des débuts du XXᵉ siècle rêvaient d'un Tibet symbole de clarté ou de sagesse, léguant à la postérité des visions propices à stimuler des vocations, quelques-uns y sont résolument réfractaires. Peut-être la grande tourmente des années 1940 a-t-elle laissé des séquelles imprévues ? Toujours est-il qu'à un demi-siècle de distance, la lecture de textes issus de plumes connues, si elle ne manque pas de piquant, laisse néanmoins songeur. Ainsi la préface de Paul Claudel à l'ouvrage de Maurice Percheron, *Dieux et démons, lamas et sorciers de Mongolie*, publié en 1953 chez Denoël, où l'on pêche des perles d'une belle eau : « Les études de l'Inde servent encore aujourd'hui d'incubateurs à des millions de moustiques et de cancrelats métaphysiques. Mais le climat n'y fait rien ! Et vous, docteur Percheron, vous nous montrez dans les régions glacées du Tibet et de la Mongolie des ateliers démoniaques en plein fonctionnement. » Un peu plus loin, le texte est encore plus explicite : « Les traces d'une anthropophagie à peine oubliée se font voir dans une mythologie démente que traduit une liturgie lugubre. La Kâli hindoue a pris la campagne sous la forme de cette folle déesse qui chevauche un cheval noir sellé d'une peau humaine. Les prêtres portent à leurs lèvres une coupe faite d'un crâne scié où un breuvage rougeâtre, hideuse contre-façon de l'espèce eucharistique, remplace le sang. Les instruments de musique sont fabriqués avec des fémurs. Et le principal ouvrage de la poésie tibétaine dont me donnait lecture jadis avec enthousiasme un magistrat colonial appelé Toussaint est une description de cimetières. » Et de commenter : « Il paraît d'ailleurs, d'après le docteur Percheron, que toute cette diablerie, sous l'influence soviétique, est en voie de disparition. »

Rendons tout de même justice à l'académicien bardé de certitudes qui admet d'entrée de jeu : « J'ai habité long-temps l'Asie, mais je n'avais pas la vocation de l'Asie. Elle représentait simplement pour moi cet "ailleurs" à quoi mon métier de consul et de diplomate me donnait droit. Je n'avais pas de lumières à en attendre ni de questions à lui poser. J'étais chrétien et j'en savais plus qu'elle. » D'autres heureusement ont amplement racheté pareilles inepties.

Quelques années auparavant, en 1947, Georges Bataille portait un regard attentif sur ce pays à la suite de la lecture du livre de Charles Bell sur le Tibet, paru une année plus tôt. Destinée au vaste ensemble de *L'Économie à la mesure de l'univers*, son analyse d'une remarquable perspicacité relève ce qui fait la singularité tibétaine : il l'observe d'un angle peu usité, celui de l'économie. D'après les notes qui précisent certaines idées, paradoxe ou mystère, pour l'auteur, le Tibet – ou ses dirigeants – a fait un véritable choix de société, le vouant à être ce qu'il était : une société désarmée, et qui, en fonction de ses principes de base, entendait le rester. Ce qui, fatalement en quelque sorte, devait entraîner son malheur.

« Dans une humanité de toutes parts prête à faire éclater la guerre – constate Bataille dans la partie consacrée aux données historiques –, le Tibet paradoxalement est une enclave de civilisation paisible, aussi bien qu'à l'attaque inapte à la défense. La pauvreté, l'immensité, le relief, le froid sont ici les seuls défenseurs d'un pays sans force militaire. » S'interrogeant sur les motifs réels de cette particularité, il note : « Il est facile à première vue de donner une raison à ce caractère paisible : le bouddhisme en est l'origine, qui interdit à ses fidèles de tuer », ce qui ne l'empêche pas d'ajouter aussitôt : « L'explication néanmoins n'est pas si claire. D'autres religions condamnent la guerre : et les peuples qui les professent évidemment ne s'en tuent pas plus mal. »

De l'examen serré auquel Bataille se livre de l'ouvrage de l'ancien diplomate britannique, il ressort que même s'il est brièvement tombé par intermittence sous la suzeraineté

chinoise, « le Tibet n'était pas un protectorat (nulle colonisation, l'administration demeurait purement tibétaine) »,
ce qui n'inquiétait pas outre mesure les Tibétains car, selon
les propos d'un important lama rapportés par Charles Bell,
« il est inutile d'augmenter l'armée du Tibet : en effet, les
livres le disent, le Tibet sera de temps à autre envahi par
les étrangers, mais ils ne resteront jamais longtemps ». Et
de montrer, en se fondant sur l'exemple du XIIIe dalaï-
lama, par quels jeux des rapports de force économiques
« le monde des prières l'avait emporté sur celui des armes ».
S'appuyant sur les chiffres, même officieux, indiqués par
Bell, Bataille explique qu'au-delà du scrupule moral, c'est
l'intérêt matériel des moines qui prime afin d'assurer la
pérennité du système, et non la défense du pays.

Le revers de la médaille, ou peut-être « ce dernier acte
du drame, fermée l'issue séculaire des invasions, précise le
sens du lamaïsme : ce monachisme totalitaire répond au
besoin d'arrêter la croissance d'un système clos. L'islam
réserva l'excédent entier à la guerre, le monde moderne à
l'outillage industriel. De même le lamaïsme à la vie
contemplative, au libre jeu de l'homme sensible dans le
monde. Si des différents côtés la mise est faite en entier
sur un seul tableau, le lamaïsme est l'opposé des autres
systèmes : il se dérobe seul à l'activité, qui toujours a pour
fin d'acquérir et d'accroître. [...] Mais l'on ne saurait prêter
trop d'intérêt à cette issue hardie, dont l'histoire récente
accentue la valeur paradoxale. Elle donne une indication
claire sur les conditions générales de l'équilibre économique : elle place l'activité humaine devant ses limites, elle
décrit au-delà de l'activité militaire ou productive un
monde qu'aucune nécessité ne subordonne ».

Rejoignant par un raccourci inattendu l'intuition de
Jacques Bacot, de son point d'observation Bataille aura vu

juste, si bien qu'a posteriori – une soixantaine d'années plus tard –, sa vision des forces contradictoires à l'œuvre dans les sociétés humaines, et liées étroitement aux trois grandes religions qu'il évoque (christianisme, islam et bouddhisme tibétain), met implicitement en lumière la cohérence des choix du XIVe dalaï-lama s'inscrivant dans le droit fil de l'histoire et de la morale adoptée par son pays pour la gestion de ses affaires intérieures. En exil cependant, sous la pression de conditions extérieures dont les principaux intéressés n'ont plus l'entière maîtrise, les règles sont contraintes d'évoluer et de s'adapter à un rythme accéléré, ne serait-ce que pour assurer la survie. Et cela, il semble que le dalaï-lama en ait saisi l'importance plus rapidement que quiconque parmi les siens.

Le regard anglo-américain

Deux approches assez différentes semblent marquer ce regard, l'une anglaise et l'autre américaine, histoire oblige. Les Britanniques se targuent d'avoir été les premiers à forcer les imposantes murailles qui défendaient ce territoire si convoité. Ils y avaient auparavant dépêché en éclaireurs l'étonnante équipe, restreinte mais très efficace, des célèbres pandits, ces agents secrets grimés en pèlerins avec dans leur besace les instruments de mesure les plus sophistiqués du moment travestis en objets usuels. C'est néanmoins la force militaire – l'expédition du colonel Younghusband en 1904 – qui a emporté la décision, laissant une tache indélébile sur la réputation du défunt empire. Rien de surprenant à noter que l'actuel régime chinois en brandisse le rappel à la moindre occasion, en guise de réplique aux critiques de sa politique courante au Tibet.

Cette sanglante entrée en matière marque pourtant le début d'une relation sans doute plus enrichissante pour le monde extérieur que pour les Tibétains eux-mêmes. Dès lors, les deux pays ont en quelque sorte partie liée, même si la Couronne britannique s'est finalement révélée – comme bien d'autres – davantage préoccupée de ses propres intérêts immédiats que du respect de certains principes, voire de ses engagements. Déjà lors de l'attaque chinoise de 1909 qui contraignit le XIIIᵉ dalaï-lama à s'exiler en Inde, le hiérarque tibétain en avait appelé à la Grande-Bretagne et au monde extérieur contre cette agression. Charles Bell, alors en poste à Kalimpong où il accueille l'exilé, lui explique sur mandat de Londres que la politique britannique consiste à donner pratiquement à la Chine « un contrôle complet sur le Tibet, en soulignant que la Grande-Bretagne ne permettrait aucune interférence au Népal, au Bhoutan ni au Sikkim [à l'époque protectorats de fait de la Couronne] ». Quelques années plus tard, à l'occasion du traité de Simla, Londres doit mettre de l'eau dans son thé. Il convient de rappeler qu'à l'époque, comme le Tibet, le Népal et le Bhoutan paient encore tribut aux Mandchous, sans avoir jamais été directement administrés par leurs fonctionnaires. Selon le raisonnement de Pékin, le Népal et le Bhoutan « appartiendraient » donc à la Chine...

Précédant la floraison relativement récente au cours du dernier demi-siècle des « études tibétaines » un moment en vogue et désormais enracinée de l'autre côté de l'Atlantique, l'attention portée au Tibet et à sa civilisation dans de petits cercles en Grande-Bretagne ne s'est guère démentie. Religion, arts, philosophie, littérature, linguistique ou médecine ont souvent éveillé des passions de toute une vie, comme en témoignent d'abondance recherches, essais et autres traités toujours disponibles. Il est vrai que sinologues et tibétologues ont matière à défricher des pans encore inexplorés d'une civilisation dont l'évolution s'est faite en grande partie en vase clos et dont les ouvrages ont longtemps été inaccessibles.

Il est cependant un autre domaine, plus inattendu, qui a connu un développement remarquable au cours des deux dernières décennies, celui des échanges scientifiques – n'en déplaise à certains qui contestent avec véhémence l'application de ce qualificatif aux rencontres régulières organisées par l'institut Esprit et Vie entre moines bouddhistes et spécialistes de sujets très pointus, qui se déroulent essentiellement en anglais soit à Dharamsala, soit dans de grandes universités... américaines, plus rarement européennes. L'intérêt du dalaï-lama pour des domaines apparemment fort éloignés du sien se trouve à l'origine de ce dialogue que les années et les rencontres ont enrichi de réflexions parfois imprévues.

Ce questionnement de sa propre tradition remonte aux jeunes années du XIVᵉ dalaï-lama, qui a toujours manifesté un penchant marqué pour découvrir et comprendre le pourquoi et le comment de mécanismes cachés. Cette curiosité ne s'est jamais lassée, le hiérarque tibétain continue sans relâche de poser des questions tout en donnant son point de vue sur celles qui lui sont soumises. Lors d'une visite à Hiroshima en novembre 2006, il a encore redit qu'à son avis, « sans compréhension rationnelle des enseignements bouddhistes, foi et dévotion n'ont guère de sens ».

Dans les années 1970, l'idée a germé parallèlement chez un homme d'affaires américain, Adam Engle, et un neurobiologiste chilien vivant à Paris, Francisco Varela, qui ne se connaissaient pas. Tous deux se sont engagés dans la pratique bouddhiste vers 1974, mais ne devaient se rencontrer pour la première fois qu'une dizaine d'années plus tard, alors que chacun de son côté songeait à organiser une « rencontre interculturelle » mettant ensemble des chercheurs lancés sur les pistes de l'intelligence artificielle, la cognition ou la neurobiologie, ainsi que des méditants contemplatifs chevronnés des traditions tibétaines, avec la participation du dalaï-lama.

Bouddhisme et recherches scientifiques

Un concours de circonstances favorables et des aides diverses permettent, avec une belle patience, de mettre le projet sur pied : en 1987, la réunion initiale a lieu à Dharamsala, où il est question de psychologie cognitive, de développement cérébral, de neurobiologie, d'évolution, d'informatique, et bien sûr de méthodes scientifiques pour les appréhender. Et tout cela en petit comité, hors presse et hors public, afin que chacun puisse s'exprimer à loisir et en profondeur sur les sujets abordés, assurant ainsi des discussions fructueuses. Il en résulte à chaque fois un volume faisant le point sur ces échanges qui se poursuivent au rythme d'un tous les deux ans. Ils sont complétés de loin en loin par des conférences ponctuelles ou des séminaires un peu plus élargis, dont les universités américaines sont friandes, au cours des voyages du dalaï-lama.

La deuxième rencontre, organisée en 1989 pour deux jours en Californie, entrebâille l'accès à un vaste domaine prometteur, les neurosciences, et pose quelques jalons en vue d'échanges moins hâtifs. Événement marquant néanmoins de cette réunion, l'annonce de l'attribution du prix Nobel de la paix au dalaï-lama – comme un encouragement à persévérer dans la voie... Dans la foulée, l'année suivante, le choix du sujet à discuter se porte sur les émotions et leurs rapports avec la santé, établissant une sorte de dialogue entre le corps et l'esprit[1]. Le thème est repris au vol par l'un des participants, Francisco Varela, qui focalise les recherches en vue de la conférence de 1992 à Dharamsala autour de ces activités aussi universelles que courantes : dormir, rêver et mourir[2]. Le projet d'une étude plus vaste sur les effets de la méditation sur des pratiquants de longue date est également lancé à cette occasion, avec pour résultat pratique en 2000 des conversations riches en inattendus au célèbre MIT, où la présence de moines en toge et la tête rasée recouverte d'électrodes dans les laboratoires ne semble impressionner personne. Entre-temps, un institut Esprit et Vie a été créé en 1990, avec pour but principal d'assurer le suivi et le bon déroulement de ces échanges.

La compassion, au sens bouddhiste du terme, a-t-elle quelque chose à voir avec l'éthique ? L'altruisme est-il bon non seulement pour le karma, mais aussi pour se sentir bien dans sa peau ? Ce n'est pas impossible, estiment les experts conviés à la réunion de 1994, tandis que les spécialistes présents à celle de 1997 se penchent sur d'éventuelles correspondances entre les recherches les plus pointues de la physique et de la cosmologie et d'anciennes notions de la tradition bouddhiste revisitées à la lumière d'interprétations modernes. Une fois surmontées les préventions et

---

1. J.W. Hayward, F.J. Varela, *Passerelles*, Albin Michel, 1995.
2. F.J. Varela, *Dormir, rêver, mourir*, NiL, 1998.

dépassés les premiers étonnements, d'autres études s'amorcent, sur le rôle des émotions négatives – « destructrices », selon le terme consacré – et même sur de possibles applications cliniques de la méditation. De quoi nourrir la réflexion sur le versant « science de l'esprit », comme certains caractérisent le bouddhisme. En tout cas, des chercheurs n'hésitent plus – à l'américaine – à relever le défi et parviennent parfois à établir des passerelles, non pas que les deux rives soient interchangeables, mais à questionner des certitudes, il arrive que l'échange complète des visions partielles tout en élargissant l'horizon. « S'il est une religion capable de répondre aux besoins scientifiques modernes – disait Einstein –, ce serait le bouddhisme. » Peut-être n'avait-il pas tort...

Pour une initiative originale cependant, combien d'approches moins attentives et moins studieuses, plus mercantiles, voire triviales ? Au-delà des centres religieux qui ont pris racine dans la bienveillante crédulité ou l'âpre concurrence dans divers milieux où l'on se targue de soigner tous les maux, de l'esprit comme du corps, la Toile aidant, le Tibet se décline à presque toutes les sauces au pays de l'argent-roi. C'est dire que chacun peut y trouver le sien. Entre voyages sur place dans des décors inoubliables pour les plus aventureux, méditations et bénédictions clés en main pour les plus candides, relaxation mentale pour les uns et formation accélérée aux arts martiaux ésotériques pour les autres, au grand marché de toutes les croyances et des enseignements les plus exotiques, le bouddhisme en Amérique s'est creusé lui aussi son créneau, souvent plutôt lucratif. Avec ou sans tapage médiatique, des célébrités y font des apparitions à éclipses, même si quelques-uns sont des fidèles parmi les fidèles sachant garder leurs convictions et leurs engagements.

Qui rêve quoi ?

Ce n'était pas non plus gagné d'avance pour les Tibétains débarqués de leur monde sur cette terre d'un rêve dit américain nimbé d'idées de solidarité et de liberté, où se monnayent allègrement promesses et attentes. Une poignée de braves en ont fait la cruelle expérience, ces résistants à l'invasion chinoise entraînés par la fameuse agence dite secrète, la CIA, toujours intéressée à favoriser la dissémination du modèle américain – tant que cela convenait aux politiciens de la Maison-Blanche dans leur volonté de contenir les ambitions pékinoises[1]. Le vent ayant un jour tourné, ils furent lâchés sans états d'âme, et tant pis pour les belles paroles dont on tisse les grands discours à l'heure où les idéaux de liberté sont appelés à la rescousse des retournements de veste.

Pourtant, comme tant d'autres, des Américains continuent de rêver le Tibet – les nouveaux outils technologiques ont ouvert de vastes perspectives virtuelles, qui facilitent les contacts tout en réduisant l'espace-temps. Des monastères richement dotés ont éclos en des lieux improbables, des maisons d'édition se sont attachées à sauver de l'oubli des textes voués à disparaître dans leur berceau saccagé, des lamas ont drainé autour d'eux des entourages piégés par des conflits d'intérêts ou des luttes de pouvoir dont l'enjeu souvent leur échappe – à l'image de travers affectant les plus communes des sociétés humaines. Des excentriques se sont laissés prendre à des jeux douteux qui n'avaient de tibétain que le nom, s'attribuant des titres

---

1. M. Dunham, *Buddha's Warriors*, Penguin, 2004.

immérités, mais néanmoins impressionnants. En somme, le tout-venant d'existences déracinées aux prises avec la réalité du rêve américain. Mais la remarque vaut également pour d'autres rêves, façonnés – ou réfléchis ? – par le miroir tibétain : ou quand le virtuel bat décidément la campagne en quête de l'« étrangeté » de l'autre. Là encore, le Tibet se joue des reflets qu'il provoque dans le regard des autres. Pour renvoyer à son point de départ ?

Aujourd'hui, le rêve n'est plus ce qu'il était : la route, l'avion, le train ont brouillé les pistes et fait s'évanouir les caravanes, la technique a dissipé les mirages et une modernité agressive défiguré la mémoire. Au cœur même du vieux Lhassa, un nouvel hôtel parmi des dizaines d'autres accueille désormais les visiteurs fortunés assoiffés de merveilleux et de spiritualité de pacotille. Un hôtel-boutique, la dernière mode américaine en la matière, campé au coin du circuit rituel du Barkhor autour du sanctuaire le plus vénéré de la ville, dans une ancienne maison patricienne rénovée et adaptée aux exigences consommatrices des temps modernes. « Un royaume de sérénité pour les voyageurs au Pays des neiges sur le Toit du monde – *dixit* la pub sur papier glacé, en anglais et sur Internet – fusionnant l'évasion, un centre thermal de yoga, un restaurant et un salon de thé, tous liés par la fidélité à l'ethnie tibétaine, la préservation de l'héritage architectural et le développement culturel durable. » Rien de moins...

Suffit-il d'avancer qu'il vaut mieux cela que la démolition pure et simple sans doute programmée par les zélateurs du tout béton et verre blindé, occupés à faire table rase d'un passé trop singulier pour ne pas les embarrasser ? « Un méditant a un point de vue, celui qui voyage un autre. Il y a maints points de vue. Lequel est vrai ? Le voyageur qui va de par le monde en quête de Shambhala ne peut y parvenir. Mais cela ne veut pas dire qu'il ne puisse être trouvé » : la citation d'un sûtra placardée à l'entrée vaut-elle garantie d'authenticité ? Fantasmes et chimères convoqués pour le village Potemkine planétaire placent leurs pions, en attendant l'ouverture d'une prochaine annexe de Disneyland en altitude – à moins que ce ne soit le dernier acte avant le tomber du rideau sur une région occidentale d'un empire en déliquescence, le dragon chinois peinant à digérer le lion des neiges tibétain...

À y regarder de plus près cependant, la démarche se révèle assez caractéristique d'une certaine manière américaine, qui conjugue en toute bonne foi business et charité, côtoyant de près le *charity business*. En quelque sorte, la tendance gagnant/gagnant chère à l'équipe dirigeante chinoise actuelle, qui jure ses grands dieux la main sur le cœur de la pureté de ses intentions – du Tibet à l'Afrique, en passant par les marchés européens, asiatiques et américains. Et vogue la galère...

De prime abord, passé le premier étonnement, la curiosité l'emporte : le café installé sur le toit offre une vue imprenable sur le Potala, et la carte propose des mets « tibétains » revisités, accompagnés de vins français ou, à la rigueur, d'une célèbre boisson gazeuse. À choix : la soupe aux nouilles de la princesse Wen Cheng, les momos de Songtsen Gampo, le ragoût d'Alexandra David-Néel, le bortsch de George Roerich, la brochette de viande de Csoma de Körös, le potage du bon père Huc, le porridge du colonel Younghusband, le curry de Chandra Das – et j'en passe. Certes, la dizaine de suites est décorée aux couleurs locales, les meubles de facture artisanale sont de bon aloi et le jardin intérieur fait bonne figure, même si serveuses et employés, tous tibétains, paraissent empruntés dans leur propre rôle. Ambiguïté de l'atmosphère d'un passé reconstitué à l'aune d'un rêve américain, ou simplement incongruité dans un périmètre qui s'obstine vaille que vaille à sauvegarder son altérité ?

De l'intention à la réalité, c'est l'histoire de la distance de la coupe aux lèvres : le bâtiment est classé sous l'étiquette « Kirey Labrang » au registre de la Fondation chinoise des sciences naturelles, soit une résidence de noble ou de grand lama. Méritait-il ce nouvel avatar, à la croisée de Shambhala, le royaume mythique du guerrier, et de Shangri-la, la vallée heureuse ? Derrière le projet se profile une ONG d'origine américaine dont le siège est à Hong Kong et qui dit allouer ses fonds récoltés à la sauvegarde et la transmission du savoir traditionnel à Lhassa, à la réfection d'un monastère et d'un couvent, ainsi qu'à la mise en circulation d'une clinique ambulante munie de deux jeeps outillées afin de pourvoir aux besoins médicaux de la population nomade de la région de Yushu, autrement dit Jyekundo dans le Kham. Louables intentions et initiatives salutaires... D'où peut-être cette impression mitigée, oscillant entre la bonne volonté efficace dans l'aide sur place et la bonne conscience de s'offrir son rêve à bon compte. En Chine pas plus qu'ailleurs l'argent ne fait le bonheur, encore que le nerf de la guerre trouve à s'employer en permettant à d'aucuns de courir deux lièvres à la fois : mariage à la chinoise de la carpe et du lapin, avec le Tibet et les Tibétains en décor rêvé de leur existence ravagée.

Au cœur du Tibet, Lhassa refuse de plier ou de se rendre, sous les dalles ou le béton une autre vie palpite, qui résiste à l'entreprise d'anéantissement voulu par ceux qui se prennent pour ses maîtres. Résister à l'oubli, tant qu'il y aura des nomades et des pèlerins... Tibet, ultime frontière de nos rêves ? À moins que ce ne soit de notre propre liberté ?

6.

Le Tibet sur la scène internationale

*Une fois choisi le but, il faut décider de pour-
suivre le chemin jusqu'au bout. Même s'il ne se
réalise pas, au moins il n'y aura pas de regret.*

XIVᵉ dalaï-lama

Sommes-nous, avons-nous été, serons-nous une fois
tous tibétains, comme certains ont été un jour Juifs allemands ? La lucidité impose de dire pas sûr, la raison pourquoi pas, le cœur sans doute. Et chaque réponse renvoie
toujours et encore à la même question : pourquoi le
Tibet ? La scène internationale, elle, dépend d'abord de
l'endroit d'où on l'observe, comme au théâtre. Et, comme
au théâtre, la vision dépend de l'angle où l'on est situé. La
différence, elle est essentielle, c'est qu'au théâtre, en principe, le spectateur est assis à sa place et s'en va à la fin de
la représentation, ou même avant en cas de déception.
Autour des tréteaux, il y a mouvement, et donc l'observation, sinon l'attitude, change à mesure du déplacement, ce
qui modifie subtilement la perception. Dans cette optique,
le Tibet a sa manière particulière d'être perçu, ou occulté.

Dans les années 1960-1970 encore, à quelques excep-
tions et cercles restreints près, le Tibet ne s'inscrivait guère

dans le champ public de vision. Il faut dire aussi que l'information était rare et que la Chine n'émergeait pas encore de ses années de folie. Même le lent dégel souterrain à l'œuvre dans l'Est européen ne laissait guère entrevoir la déferlante à venir, la vie quotidienne allait son train avec ses querelles de familles politiques, ses joutes oratoires et, peut-être, des attentes informulées. Mai 1968, bien sûr, en France et ailleurs, avait secoué les ambiances cotonneuses, même si, à l'instar de bien d'autres, les maoïstes n'avaient pas encore aperçu l'envers du décor.

Parmi les contestataires, les plus aventureux avaient emprunté les chemins de Katmandou, certains en étaient revenus et d'autres pas, tandis que quelques-uns avaient découvert un sentier menant à Dharamsala. Ils étaient peu nombreux, une poignée, mais en rupture de société et décidés à trouver une issue à un mal-être diffus à travers leur monde réputé riche et développé, marqué des deux côtés de l'Atlantique par les guerres successives du Vietnam. Le bouddhisme version tibétaine pouvait leur paraître une voie inexplorée, et ils s'étaient mis à son école – un peu à la surprise des Tibétains, eux-mêmes étonnés de cette facette inconnue de l'Occident. Une découverte mutuelle, en quelque sorte. C'est également l'époque où se créent des centres d'études bouddhiques aux États-Unis et en Europe occidentale, où des lamas tibétains viennent enseigner.

S'ajoutant l'une à l'autre sans pour autant se rapprocher, ces initiatives éparpillées ne donnent cependant pas une visibilité réelle à la question tibétaine sur la scène internationale. En fonction d'intérêts n'ayant pas grand-chose à voir avec ceux du Tibet et des Tibétains, aux États-Unis, on garde un œil sur ce dossier... tant que la Chine n'éveille pas soudain des interrogations, puis des convoitises qui se précisent avec le temps. À l'époque, rien ne semble indiquer une proche réalisation de la prédiction faite à Lhassa par l'oracle de Nechung, celui que l'on consulte d'ordinaire en cas de grave incertitude au sujet des affaires de l'État. Tel était précisément le cas en mars 1959, dans l'effervescence du soulèvement populaire antichinois, quand le médium en transe avait proféré : « La lumière du Joyau-qui-exauce-tous-les-vœux[1] brillera un jour sur l'Occident », avant d'enjoindre au dalaï-lama de quitter les lieux sur-le-champ par le chemin qu'il traçait sur une tablette. Après le départ incognito, la chevauchée dans la montagne, le passage de la frontière et l'installation des premiers réfugiés dans la bourgade de Dharamsala à deux mille mètres d'altitude, au fond d'une vallée de l'Himalaya indien éloignée du centre de décision politique, le jeune dalaï-lama attendait-il son heure ?

Après son périple en Chine en 1954 et sa participation en 1956 en Inde aux cérémonies du Bouddha Jayanti marquant le deux mille cinq centième anniversaire du Sage des Shakya, depuis que Tenzin Gyatso n'était qu'un réfugié – de marque, sans doute, mais réfugié tout de même –, bien peu nombreux étaient ceux qui risquaient le pari de la pérennité de la cause du peuple tibétain et de la sauvegarde de sa culture. Et parmi les responsables politiques, à quelque niveau que ce soit, il n'y avait pas grand monde pour lui prêter attention : ainsi va la realpolitik, malgré toute la sympathie devant pareille injustice qu'on acceptait parfois de témoigner en privé au jeune hiérarque en exil, tant il est vrai que cette personnalité mal connue, auréolée de tant de légendes, n'en finit pas de susciter les curiosités. Il aura néanmoins fallu toute la ténacité de fervents bouddhistes pour que le dalaï-lama puisse quitter pour la

---

1. L'un des titres du dalaï-lama.

première fois son exil indien en 1967 afin de se rendre au Japon, puis en Thaïlande.

Au-delà des nuages

Le premier grand voyage du dalaï-lama hors du continent asiatique a lieu à l'automne 1973. Une année auparavant, c'était la fameuse visite de Richard Nixon à Pékin : ce revirement de la politique américaine face à la Chine aurait-il résonné comme un brutal rappel de la solitude du Tibet ? À partir de ce moment, le dalaï-lama commence à émerger de l'arrière-cour des préoccupations internationales où il avait été relégué par une curieuse conjonction de facteurs disparates : la méconnaissance des uns, l'attitude timorée des autres et la mauvaise foi de certains y ont largement contribué. D'aucuns s'avisent tout de même en ces années que quelque chose ne tourne pas rond sur le Toit du monde.

Les modes politiques varient elles aussi au gré des intérêts des grandes puissances, et si nombre d'intellectuels occidentaux croient encore, ou le feignent, aux lendemains qui chantent sous la baguette de Mao, la Commission internationale de juristes, elle, a déjà exprimé son sentiment dès 1959-1960 dans deux rapports solidement documentés, *La Question du Tibet et la primauté du droit,* ainsi que *Le Tibet et la République populaire de Chine.* Néanmoins, ces textes ont été quasiment ignorés à l'époque, comme s'ils dérangeaient : leurs auteurs furent accusés d'avoir fait, par ces recherches, le jeu de Washington et de la CIA pour empêcher la Chine d'obtenir un siège aux Nations unies. Les Nations unies qui ont adopté en 1959,

1961 et 1965 des résolutions sans lendemain demandant au gouvernement chinois de respecter les libertés fondamentales et le droit à l'autodétermination du peuple tibétain...

C'est dans ce contexte que le 29 septembre 1973, le leader en exil arrive à Rome, puis se rend en Suisse où il passe une semaine avec la communauté tibétaine réfugiée, déjà la plus importante hors d'Asie. Octobre se déroule des Pays-Bas à l'Allemagne occidentale en passant par la Belgique, l'Irlande, la Norvège, la Suède, le Danemark et le Royaume-Uni, pour s'achever début novembre en Autriche. Cette prise de contact européenne suscite d'abord la curiosité, et très vite l'intérêt. Des deux côtés, d'ailleurs. Au-delà de la légende du jeune « dieu-roi » mythique ou mystique se profile un moine souriant, au geste chaleureux, à l'écoute attentive et à la détermination contagieuse. Il se tisse dès lors, dans des cercles d'abord religieux ou universitaires, des dévouements fidèles, des amitiés durables, et même des dévotions loyales : comme une amorce de réseau d'abord ténu mais déjà solide, qui se développera à un rythme lent et constant.

Six ans plus tard, en 1979, autre première : un voyage de près de six semaines aux États-Unis. De l'autre côté de l'Atlantique, divers centres bouddhiques sont déjà actifs – à la manière américaine, serait-on tenté de dire, en marge d'universités provinciales ou grâce à des particuliers habiles à humer l'air du temps, entre amateurs d'art éclairés et philanthropes fortunés. Dans la foulée de quelques beatniks de qualité, des maisons d'édition voient le jour qui s'attellent aux premières traductions modernes de textes et à la publication de reportages ou d'informations, de recherches avant l'époque des études universitaires, parfois en un désordre bon enfant reflétant le melting-pot habituel. Le terreau est fertile, de futurs spécialistes sont à pied d'œuvre à Dharamsala où ils s'instruisent à la source, et des intérêts convergents permettent de nouer des liens qui se révéleront féconds. Même si là aussi il faudra attendre encore quelques années pour que la dimension politique de l'exil tibétain s'affiche au grand jour.

Nouvelle escale romaine en octobre 1980, avant une première visite d'une vingtaine de jours au Canada, puis au Japon, en route vers l'Inde. Retour en Grande-Bretagne, puis aux États-Unis à l'été 1981 ; ce n'est que l'année d'après, en octobre 1982, que le dalaï-lama sera pour la première fois en France, à la fin d'un long déplacement entamé fin juillet en Malaisie pour se terminer en novembre en Allemagne après des escales plus ou moins longues à Singapour, en Indonésie – notamment à Bali –, en Australie, en Sibérie soviétique et en Mongolie, en Hongrie, à Rome, en Espagne et en Italie. À noter qu'à Paris, la publication de *Ma terre et mon peuple* du jeune dalaï-lama en 1963 par les Éditions John Didier n'a guère retenu l'attention, pas plus d'ailleurs que dix ans plus tard *La Lumière du dharma* chez Seghers, à peine un peu plus *L'Enseignement du dalaï-lama* en 1976 chez Albin Michel, ou encore en 1981 *Un cavalier dans la neige* chez Jean Maisonneuve... Curieusement, seules semblaient dignes d'intérêt les recherches universitaires, à la rigueur linguistiques ou historiques, sans oublier les sornettes fidèlement débitées « sur un ton rapide, aigu et percutant » (dixit son comparse Max Olivier-Lacamp) en 1976 par Han Suyin dans *Lhassa, étoile-fleur* pour Stock.

Les années qui suivent sont émaillées d'autres voyages tant en Inde qu'à l'étranger : autant d'occasions de se ménager une place pour défendre celle de son peuple oublié. Si la silhouette du dalaï-lama devient plus aisément repérable au regard public, à Pékin, où l'on commence à l'affubler du titre de « loup en habit de moine », on suit avec une attention jalouse le moindre de ses déplacements, sans se priver de rappeler à l'ordre quiconque s'aventure à accueillir cet exilé à la stature morale croissante. Avec la montée de l'intérêt en Occident pour la culture tibétaine, si le Tibet a désormais un visage, sans doute ressemble-t-il au XIVe dalaï-lama.

Pendant ce temps, au Tibet sous la férule chinoise, façonnés par le bouddhisme et une vieille habitude de résilience, les Tibétains ne se plaignent guère. Comme ils le peuvent, ils affrontent leur sort, sans recourir à des protestations spectaculaires ou meurtrières pour attirer l'attention. Certains y voient une faiblesse, une sorte de passivité qui leur ferait du tort. Leur choix est différent – mais en ont-ils un autre, à moins de s'attirer une répression féroce que la dictature en place n'hésite jamais à employer ? D'où sans doute également le sentiment renforcé chez les Tibétains exilés de la nécessité de maintenir la flamme et de transmettre la tradition, de se faire les porte-parole de ceux qui sont bâillonnés sans recourir à la violence. Une gageure qui ne peut être tenue que dans la mesure où les Tibétains, de l'extérieur comme de l'intérieur, ne perdent pas de vue la troisième fonction du dalaï-lama, celle qui répond à la notion de Kundun, la « Présence », la plus malaisée à saisir hors le territoire « spirituel » tibétain. Sur la scène internationale, s'il est facile de s'en référer à la dimension religieuse ou pastorale du dalaï-lama pour écarter à convenance son rôle de leader politique, cette autre caractéristique, que l'on peut qualifier par commodité de « spirituelle », est rarement prise en compte. Et pour cause : elle échappe généralement à l'observation rapide. Ce n'est pas un hasard s'ils appellent plus volontiers le dalaï-lama

« Kundun » que par un autre de ses titres, d'ailleurs nombreux. Mais que signifie exactement cette notion ?

Lorsque Lodi Gyari, qui fut longtemps son représentant spécial aux États-Unis et se trouve chargé ces dernières années de la délicate tâche de mener des discussions intermittentes avec des hauts fonctionnaires chinois, déclare : « Si je ne croyais pas à ce processus, ce serait immoral pour moi de continuer à diriger l'équipe, je le fais comme une discipline spirituelle. Sa Sainteté n'est pas seulement mon chef politique, c'est aussi mon gourou », qu'entend-il par là ? Et quand le dalaï-lama, accueillant Danielle Mitterrand à Dharamsala, lui glisse en riant : « C'est mon boss » en passant devant une statue du Bouddha, que veut-il dire par là ? Un gourou est un maître spirituel... et le dalaï-lama, aux yeux des Tibétains, est d'abord la Présence, c'est-à-dire la manifestation, ici et maintenant, du principe de compassion du Bouddha et, du même coup, le protecteur de son pays et de son peuple. À partir de là, on s'aventure en territoire différent, en un sens à la charnière de « celui qui croyait au ciel et celui qui n'y croyait pas ». À cette lumière, il est délicat de se faire une religion – force est de se contenter de le savoir et de respecter cette vision singulière : la compatibilité de cette approche avec la realpolitik ayant cours dans le monde contemporain relève d'une autre histoire, mais explique en partie pourquoi les Tibétains peinent tellement à questionner – et plus encore à contester – les options du dalaï-lama...

Une voie très étroite

C'est donc sur la voie dite pastorale, à défaut de qualification plus précise, que le dalaï-lama s'est engagé vers l'extérieur, sans jamais perdre de vue que l'existence même de son pays était en jeu et qu'il convenait de ne pas l'oublier. D'ordinaire prié de ne pas parler de politique, il se tient à ses engagements, mais lorsque des questions lui sont posées, il a toujours sa manière bien à lui d'y répondre. Ainsi, lors de son passage en mai 1986 à Samten Dzong, la maison-musée d'Alexandra David-Néel à Digne, l'ambiance détendue entre les heures d'enseignement était propice à aborder au calme la nécessité de faire mieux connaître la situation prévalant sur place, en dépit des informations succinctes et de la difficulté de faire le tri entre faits réels, désinformation et propagande. S'informer et informer : pas de recette miracle ni de solution magique, mais une volonté de persévérer, pour faire connaître la vérité tibétaine – en quoi vaudrait-elle moins que celle d'un régime dictatorial, et de surcroît colonisateur ?

Par ricochet, la question pose aussi celle de la presse et de la liberté du journaliste d'accomplir convenablement son travail. Bien entendu, il ne s'agit pas uniquement du Tibet : à mesure que l'ère dite de la communication a fait irruption dans la société, la relation à l'information s'est transformée sous l'impulsion aussi de la course au spectaculaire ou au sensationnel. L'évolution rapide du mode de transmission des données a ouvert parallèlement une espèce de boîte de Pandore : tout et n'importe quoi se transmet, « se communique », souvent sans souci de vérification sur le terrain ni moyen de le faire, ce qui arrange fort bien les tenants de l'information contrôlée et manipulée.

Pour le Tibet, c'est d'autant plus facile : en dépit de l'ouverture tant vantée de Pékin, les journalistes – comme les diplomates et les moines – ne sont pas bienvenus s'ils souhaitent voyager incognito sur le Toit du monde. En tant qu'invités officiels soigneusement cornaqués, peut-être, mais lâchés seuls dans la nature, pas question. Au Kham et en Amdo, ces deux territoires des confins administrativement intégrés depuis plus longtemps aux provinces chinoises voisines, l'accès est moins contrôlé dans la mesure où le « permis spécial » de mise pour la Région dite autonome n'est pas requis. Dès lors, comment « communiquer » le Tibet ?

Au fil des ans, des rapports ont été établis avec plusieurs représentants éminents de diverses familles religieuses, le dalaï-lama n'ayant jamais caché son intérêt pour les discussions visant sinon à stimuler l'harmonie entre fidèles de toutes obédiences, du moins à amoindrir des tensions qui trop souvent ont dégénéré entre elles. Le premier contact avec le Vatican – en 1973, avec Paul VI – avait été aussi protocolaire que rapide. Des liens plus substantiels se sont noués au début des années 1980 avec Jean-Paul II, des points d'entente dus à leurs expériences personnelles rapprochant le maître de sagesse et le pontife catholique. Ce qui ne veut évidemment pas dire que leurs visions du monde coïncidaient, simplement que les deux hommes s'estimaient et s'appréciaient, se rejoignant sur des sujets liés à l'éthique ou à des pratiques spirituelles voisines. La rencontre d'Assise en 1986 l'a montré.

Accueilli avec tous les égards dus à son rang et à son prestige montant dans l'opinion publique, Tenzin Gyatso avait été logé avec son entourage dans les vastes bâtiments de Saint-Paul-hors-les-Murs. Le dalaï-lama s'y était senti tout à son aise, faisant juste remarquer qu'il était dommage pour ces vénérables murs d'être ainsi désertés : songeait-il aux moines tibétains entassés dans des conditions nettement moins confortables dans les monastères reconstruits dans le Sud indien ? Un long entretien personnel s'acheva alors que l'heure du départ pour Assise approchait, afin d'être sur place à temps pour la cérémonie d'ouverture de la rencontre interreligieuse conviée par le pape. Une escorte officielle devait se présenter pour accompagner le dalaï-lama et sa suite, mais l'attente se prolongeait sans que personne ne voie rien venir.

L'occasion de prolonger la conversation dans la cellule aménagée en chambre d'hôte d'importance, tandis qu'une tension légère se faufilait parmi les moines et assistants. Dans le grand couloir silencieux où résonnaient des pas précipités, l'agitation montait à l'italienne : commis et fonctionnaires du Vatican s'escrimaient aux appareils téléphoniques postés de loin en loin dans l'enfilade – il n'y avait pas de portables à l'époque – mais, visiblement, nombre d'entre eux étaient hors d'usage. De surcroît, c'était un dimanche. Au bout d'une bonne heure de vains efforts, le monsignore chargé des relations avec les religions orientales s'exaspéra tant et si bien qu'il vociféra à un interlocuteur probablement très flegmatique : « Espèce d'idiot, on ne fait pas attendre comme ça le pape des bouddhistes ! »

Une vingtaine de minutes plus tard, une escouade de carabiniers à moto débarqua dans la cour d'entrée, et c'est toutes sirènes hurlantes que le convoi du dalaï-lama fila vers la cité ombrienne où le hiérarque était attendu. Haute silhouette en toge lie-de-vin parfois agrémentée d'une étole orange, il assista à toutes les manifestations publiques à la droite du pape, participa aux rencontres et échanges, aux

oraisons et cérémonies diverses avec le sourire, l'œil intéressé et malicieux, partageant de toute sa présence le mot
d'ordre du moment : « Fidèles de toutes les croyances,
prions ensemble pour la paix. » Devant la basilique de
Saint-François, en fin d'après-midi, la pluie et le vent ne
découragèrent pas un public curieux de voir en chair et en
os tant de dignitaires religieux réunis pour une si belle
cause. Les Tibétains, eux, disent qu'une telle ondée en
pareilles circonstances est une bénédiction des cieux...

Peu à peu, dans de petits cercles qui vont s'élargissant,
on prête une oreille plus attentive à ce que dit le dalaï-
lama, à sa façon de poser des questions et au ton interroga-
teur qu'il manie volontiers dans l'approche de sociétés si
différentes de la sienne. D'ailleurs, il écoute peut-être
davantage qu'il n'impose sa parole, et sa vision du rôle
politique se démarque de celui des politiciens de tous
bords. Le pouvoir politique ne semble pas l'intéresser vraiment : il n'a pas à se battre pour lui ni à intriguer, puisqu'il
lui est en quelque sorte échu « de droit divin », serait-on
tenté de dire. Son problème serait plutôt de savoir qu'en
faire, sinon s'en défaire : sans assise territoriale ni base
politique, il a toujours conscience d'être un réfugié. Mais
dans le même temps, ce pouvoir qui lui a été donné lui
confère des responsabilités vis-à-vis des siens et, plus largement, durant ce long exil, envers ce qu'il appelle la « famille humaine ». Il n'empêche : parallèlement à la tâche de
longue haleine de préserver ce qui constitue la singularité
tibétaine, le XIVe dalaï-lama réitère depuis de longues
années que le jour viendra nécessairement où il remettra à
d'autres les rênes du pouvoir temporel, et peu à peu, en
particulier depuis le tournant du millénaire, il laisse délibérément la conduite des affaires aux élus démocratiquement
choisis par les exilés.

Entre utilité et futilité

L'attribution du prix Nobel de la paix en 1989 l'a renforcé dans ses choix, et des portes naguère obstinément closes par crainte de froisser les susceptibilités de Pékin s'entrebâillent ou s'ouvrent un peu plus devant lui. Et encore... Jusque-là, si quelques ministres ou personnalités politiques en vue s'étaient risqués à le recevoir, le plus souvent leurs services s'empressaient de préciser aussitôt que c'était « à titre personnel » ou « en tant que chef spirituel ». Force est cependant de s'interroger sur l'utilité, ou la futilité, de ces belles déclarations de « sympathie » qui laissent soigneusement dans l'ombre la cause de son peuple.

De fait, ce n'est sans doute pas mauvaise volonté de la part des politiciens de divers pays qui s'intéressent au dossier tibétain si les efforts déployés ne pèsent guère sur la réalité : jamais une dictature ne s'embarrasse de scrupules pour prêcher le faux en le proclamant vrai. Et le combat n'est ni loyal ni à armes égales – d'autant qu'en l'occurrence, le poids croissant de Pékin sur la scène mondiale impressionne, et que les locataires de la Cité interdite s'autorisent tous les moyens, y compris le chantage, pour se faire comprendre. Tant qu'ils ont pour eux la durée d'un hypothétique « mandat du Ciel » travesti en « expression de la volonté populaire » et dûment protégé par un solide bouclier militaire, il leur est possible de faire illusion aux yeux de qui est disposé à se laisser piéger.

Tout en laissant aux historiens le soin de trancher sur la qualification à adopter à propos des relations entre Tibet et Chine, le dalaï-lama en convient depuis des années :

199

« La question du Tibet est de nature essentiellement politique. C'est une question de domination coloniale : l'oppression du Tibet par la République populaire de Chine et la résistance du peuple tibétain. Cette question ne trouvera de solution que par la négociation et non pas, comme le désirerait la Chine, par la force, l'intimidation et le transfert de populations. »

Des dizaines et des dizaines de fois, le leader tibétain a répété à qui veut l'entendre, priant même ses interlocuteurs de transmettre le message à Pékin, qu'il ne demande qu'une autonomie véritable et que l'avenir du Tibet peut s'inscrire dans les frontières chinoises. Mais l'un parle, et l'autre s'entête à ne pas vouloir écouter ni entendre. Fondamentalement pacifiques, voire pacifistes, les Tibétains commencent cependant à en avoir assez de ce dialogue de sourds et prennent désormais le monde à témoin. Et comme la seule option pour un pays muselé, c'est la communication des autres, par les autres, il convient de ne pas se lasser, de faire savoir et d'informer, afin que le silence ne l'emporte pas dans la tentation d'un laisser-faire où tout serait permis.

Que ce soit le Parlement européen, le Sénat américain, divers groupes d'études parlementaires sur le Tibet, des associations petites ou grandes, des hommes d'affaires ou d'Églises, des artistes ou de simples citoyens à travers le monde, hommes et femmes de bonne volonté favorables à la cause du peuple tibétain s'y emploient. Pourtant, pas grand-chose ne semble y faire sur le fond ou sur un plan très concret, en dehors des aides ponctuelles et indispensables pour nourrir l'espoir. Résolutions, déclarations, pétitions, manifestations, séminaires et discussions s'ajoutent à une liste déjà longue d'initiatives du genre, qui se heurtent chaque fois à l'obstacle récurrent de la mise en pratique, lorsque la volonté politique fait défaut pour soutenir la matérialisation de l'objectif défini. À moins de se contenter de faire rempart à l'oubli, ce qui en soi est déjà un engagement...

Un point positif, il est vrai – à jouer le jeu trouble du donnant-donnant, certains réussissent parfois à extirper des prisonniers de conscience des geôles chinoises, récupérant ainsi des victimes physiquement amochées ou condamnées, dont la détermination morale est restée intacte malgré la torture et des conditions de détention inhumaines. Piètre consolation, il faut aussi l'avouer, au regard de l'image que renvoie pareil troc, d'un monde réduit à se satisfaire de tels expédients : ce qui en dit aussi long sur un régime qui fait de ses contestataires une monnaie d'échange que sur une société qui ne s'offusque même plus du procédé sous couvert de souci humanitaire.

Des années durant, le dalaï-lama s'est efforcé de nouer un dialogue avec les responsables chinois en se réclamant des principes d'égalité dans les rapports entre les deux parties affirmés dans le fameux accord en dix-sept points. En 1987, il a publiquement avancé un plan en cinq points visant à établir une base de discussion, en suggérant la transformation de tout le Tibet en une zone placée sous le signe impératif de la non-violence ; l'arrêt immédiat des transferts de populations de souche han sur le territoire tibétain, qualifiés déjà à l'époque de « solution finale à la chinoise » ; le respect des droits de l'homme et des libertés démocratiques au Tibet ; la restauration et la protection de l'environnement, ainsi que l'ouverture de pourparlers sur le futur statut du Tibet. Au cours d'une conférence de presse dans sa résidence indienne en octobre de la même année, il avait rappelé qu'historiquement, le Tibet était un pays indépendant, et que c'était un fait. À la mi-octobre, le Parlement européen adoptait une résolution pressant Pékin et Dharamsala de négocier un nouveau statut d'autonomie, fondé éventuellement sur ce plan en cinq points du dalaï-lama.

Après avoir réitéré ces propositions en 1988 devant le Parlement européen à Strasbourg et les avoir déclarées caduques en 1991 faute de réponse de Pékin, le dalaï-lama lance alors l'idée de se rendre personnellement au Tibet pour voir de ses propres yeux la situation sur place. Dans les vingt-quatre heures, le gouvernement chinois rejette sèchement cette éventualité. Quinze ans plus tard, à l'occasion de la commémoration annuelle du soulèvement populaire antichinois de mars 1959, le hiérarque exilé reprend l'idée – non pas d'aller au Tibet, mais de visiter des lieux bouddhiques en Chine chers à son cœur de moine, comme il le fait régulièrement en Inde. Si la réponse officielle se fait toujours attendre, le régime chinois s'improvise soudain protecteur du bouddhisme, sous prétexte qu'« un monde harmonieux commence dans l'esprit » selon la doctrine en vogue subitement prônée par le président chinois.

Et comme par un coup de baguette magique, une grande conférence internationale sur le bouddhisme est organisée à la mi-avril 2006 à Hangzhou, dans le Sud chinois, en présence d'un millier de participants d'une trentaine de pays, avec en vedette le jeune Gyaltsen Norbû, XIᵉ panchen-lama imposé par les autorités chinoises en lieu et place de Gendhun Choekyi Nyima, reconnu par le dalaï-lama et dont nul n'a de nouvelles depuis 1995. À l'évidence, ni le dalaï-lama ni le karmapa n'ont été conviés à la rencontre, sous prétexte qu'ils « pourraient créer des troubles ». Des rumeurs ont ensuite couru comme une traînée de feu à la mi-juillet, selon lesquelles l'illustre exilé serait de passage du côté du monastère de Kumbum, dans sa province natale de l'Amdo, entraînant de véritables ruées dans les vastes prairies où pasteurs et nomades ont convergé par milliers vers le sanctuaire dans l'espoir de recevoir sa bénédiction. Leurre ou manœuvre, ce fut sans doute l'occasion pour ceux qui avaient lancé la fausse nouvelle de prendre la mesure de la fidélité populaire tibétaine.

Une course contre la montre

La course contre la montre engagée par le dalaï-lama ne laisse guère de place aux états d'âme et, malgré les tergiversations chinoises, il persiste dans sa volonté de non-violence, en quête d'une voie de négociation. Dans la communauté exilée, la jeune génération piaffe d'impatience et des voix s'élèvent pour exiger davantage de fermeté de la part du dalaï-lama et de ses collaborateurs face à la langue de bois chinoise. D'aucuns lui font même grief, à mots à peine couverts, de brader l'indépendance du pays en allant trop loin dans les concessions au gouvernement de Pékin. Certes, jusque dans son proche entourage, certains reconnaissent qu'il faut être... lui pour garder patience et s'en tenir à ce choix sans nul doute raisonné, mais qui n'a pas abouti aux résultats escomptés. Utopie, disent d'aucuns ; idéalisme, prétendent d'autres : mais peut-être qu'être assez réaliste pour exiger l'impossible est la seule méthode qui vaille pour y parvenir.

« Dans ces conditions, que faire ? Supposons que nous choisissions la violence – me disait un jour le dalaï-lama –, que nous cherchions à nous battre. C'est facile à dire, moins à réaliser dans la pratique. D'abord, quelques fusils et une poignée de balles ne peuvent pas changer grand-chose : tout juste créer des remous et faire du bruit. Encore faut-il l'entendre ! Et après ? Des heurts, des morts, et pas la moindre solution des problèmes : ce serait suicidaire. Pour être réellement efficaces sur ce plan-là, imaginez combien d'armes il nous faudrait ! D'abord, où les prendre ? Avec quel argent ? Comment les transporter ? Et qui nous offrirait des possibilités de repli ? »

Même si, à première vue, le choix du dalaï-lama peut paraître mal défini, force est de constater qu'il n'en a pas vraiment d'autre : aujourd'hui pas plus qu'hier, aucun gouvernement ne semble décidé à mettre en veilleuse ses propres intérêts pour prendre ouvertement position en faveur de la revendication tibétaine. À maintes reprises déjà par le passé, le régime de Pékin a fourni la preuve, aussi bien contre ses propres contestataires que pour mater les aspirations profondes des Tibétains, qu'il n'a jamais hésité à user de la force pour juguler toute velléité de protestation. Peut-être le Tibet meurt-il aussi de nos silences, des calculs à courte vue de dirigeants et politiciens davantage soucieux de carrière personnelle, ou pour qui – laissons à d'aucuns le bénéfice du doute – le faste d'une réception mielleuse suffit à brouiller le regard critique. D'autres s'y sont déjà brûlé les doigts, des responsables indiens notamment, et ce sont les Tibétains qui en ont fait les frais.

Sans aucun doute, plus que tout autre dès le début de l'exil, l'Inde a su accueillir avec générosité les réfugiés dépenaillés déboulant des hautes plaines himalayennes à la suite de leur leader spirituel et temporel, lorsqu'il n'a plus été en mesure de faire front aux exigences de Pékin. Ellesmêmes aux prises avec les séquelles de la Partition, les multiples défis de la pauvreté et l'urgence du développement économique, les autorités indiennes ont offert l'indispensable aux nouveaux venus, leur permettant peu à peu de reprendre pied. Sur un plan politique cependant, même si la partie n'était pas évidente, politiciens et responsables indiens ont souvent failli à leurs principes aux dépens de leurs propres intérêts, mais aussi d'un voisin qui leur avait fait confiance.

La tâche n'était certes pas facile. Responsable au poste clef de Premier ministre d'un gouvernement chargé d'assurer la transition de la décolonisation à la démocratie, puis d'en maintenir le cap en conciliant une multitude de contradictions intérieures sur la voie du développement économique, Jawaharlal Nehru souhaitait sincèrement pouvoir œuvrer dans un environnement de paix. Les violences ayant marqué le retour à la souveraineté nationale et la naissance du Pakistan sous-tendaient son désir de relations de bon voisinage avec les pays alentour, et par-dessus tout avec une Chine nouvelle avec laquelle il espérait une fraternité constructive. Aveugle aux ambitions politiques de l'empereur rouge, il aura fallu une défaite militaire meurtrière en 1962 pour que Nehru prenne la mesure de l'inanité de son rêve. D'aucuns disent que ce réveil brutal ne fut pas étranger à son décès en 1964. Ses successeurs l'ont suivi dans cette voie de prétendue neutralité, au grand dam d'un combat de libération nationale trop longtemps méconnu, ou mal interprété.

En se repliant en Inde, le jeune dalaï-lama espérait faire entendre la voix de son peuple aux prises avec l'envahisseur et recouvrer à terme plus ou moins moyen l'indépendance de son pays. Il devait toutefois être rapidement instruit des réalités prévalant au-delà de l'Himalaya. Rappelant dans son autobiographie sa conférence de presse du 20 juin 1959 à Mussoorie, il écrit : « J'étais sûr que les gens réaliseraient que ce que je disais était plus proche de la vérité que l'incroyable fiction avancée par les Chinois. Mais quand bien même mes propos ont été largement diffusés, j'avais sous-estimé le pouvoir d'une campagne de relations publiques aussi efficacement conduite que celle que le gouvernement chinois était en mesure de mener. Ou peut-être avais-je surestimé la volonté de l'humanité d'affronter sa propre vérité. Je crois qu'il a d'abord fallu l'évidence de la révolution culturelle, puis le massacre de Tiananmen en 1989 sur les écrans de télévision, pour que le monde admette la duplicité et la barbarie des communistes chinois. » Trop inexpérimenté en matière de politique internationale, le dalaï-lama s'est donc préoccupé en priorité du sort des réfugiés.

Ambiguïtés en série

C'est dire que l'exil des Tibétains en Inde n'a pas été – n'est pas – exempt d'ambiguïtés. Au fil du temps et du provisoire qui dure, ces contradictions ont laissé des traces sur l'attitude politique aussi bien de l'Inde que des exilés. Il s'en est fallu de peu pour que la position de New Delhi change. Lal Bahadur Shastri, éphémère Premier ministre, connaissait sans doute mieux le dossier tibétain – ou peut-être sa propre vision du monde le rapprochait-elle davantage du mode de pensée tibétain –, si bien que pour la première fois en 1965, l'Inde a voté aux Nations unies en faveur d'un examen de la question tibétaine. Le bruit a alors couru d'une éventuelle reconnaissance du gouvernement en exil. La réouverture des hostilités meurtrières indo-pakistanaises en septembre de la même année coupa court à ce frêle espoir avec la mort soudaine, en janvier 1966, de Lal Bahadur Shastri à Tachkent, où il discutait d'un accord de paix avec son homologue pakistanais Ayub Khan. Indira Gandhi, qui prit la succession, avait d'autres priorités, quand bien même elle n'a jamais compté l'aide humanitaire aux Tibétains, tandis que les gouvernements indiens successifs se sont montrés aussi frileux que les gouvernements démocratiques occidentaux à ce propos.

Dans ce contexte, les exilés tibétains pouvaient-ils, ou plutôt avaient-ils les moyens de s'en sortir autrement ? Difficile à dire et, de toute manière, « refaire l'histoire, même les dieux y sont impuissants », notait avec une ironie désabusée le poète Henri Heine. Vite convaincus qu'il n'y avait pas grand-chose à attendre de l'extérieur pour épauler une cause politique malaisée à cerner et dont les implications n'étaient pas forcément discernables à première vue, les responsables exilés pouvaient à juste titre s'interroger sur le poids du Tibet face à des enjeux qui le dépassaient. Aussi s'attachèrent-ils à parer au plus pressé, c'est-à-dire à organiser la survie dans des conditions contraignantes. Mais à trop détourner l'attention du côté essentiellement politique de cette douloureuse affaire, le risque était de se retrouver dans une impasse – comme celle qui bée aujourd'hui faute de voies discernables pour en sortir.

« Tibet indépendant » ou « Tibet libre » ? Aujourd'hui, la question se pose-t-elle encore en ces termes ? Le dilemme vaut autant pour les Tibétains eux-mêmes que pour bon nombre de ceux qui se sont attachés ou engagés, dans des options très variées, pour le Tibet. La mise en service du train Pékin-Lhassa remet les questions pratiques sur le tapis, obligeant à s'interroger sur la signification profonde de cette entreprise, et les moyens d'y répondre. Des dizaines d'associations ont été créées un peu partout à travers le monde, liées d'une manière ou d'une autre à ce pays qui a nourri tant de rêves, de fantasmes, voire d'illusions, donnant naissance à un vaste réseau international tissé de bonnes intentions, d'une belle générosité et peut-être d'un idéalisme de bon aloi. L'avènement de la Toile a stimulé les contacts, tout en favorisant comme une virtualité ouverte à tous les possibles.

En fait, ce que la Chine qualifie de « désenclavement » du Tibet a véritablement commencé à la fin des années 1980, après une longue période d'apparente léthargie officielle où les hauts plateaux ont surtout servi des buts militaires et pénitentiaires. Soit dit en passant, 1990 au Tibet, c'est l'année de la levée de l'état d'urgence imposé par Hu Jintao dans la Région autonome où il représentait à l'époque l'autorité suprême. Les manifestations antichinoises de 1987, 1988 et 1989 à Lhassa avaient suscité quelques échos à l'étranger – mais pas grand monde n'avait été jusqu'à établir une ressemblance, pourtant évidente à la réflexion, avec Budapest en 1956 ou Prague en 1968, à peine avec le soulèvement populaire de 1959. Pas plus qu'après le massacre de Tiananmen en juin 1989, le rapprochement n'a été fait avec la contestation de même inspiration qui avait précédé à Lhassa, en mars de la même année, le mouvement en faveur des libertés en Chine continentale. À chercher une explication à ce silence ou cette incompréhension, on peut avancer une regrettable méconnaissance de la situation sur place, mais aussi un certain flou de la position officielle des exilés.

Selon sa vision du monde, le dalaï-lama a très probablement raison de mettre l'accent sur la sauvegarde de la culture et des traditions tibétaines – quitte à n'accorder qu'une place moindre aux notions de frontière ou de communautarisme, et à accepter des concessions de nature politique, comme celle d'assurer une place digne de lui au Tibet dans l'aire des confins chinois. Dans un monde juste

– auquel aspire sans doute le hiérarque tibétain –, ce pourrait être une possibilité. Dans le monde qui est aujourd'hui le nôtre, cela semble nettement plus problématique – et le dalaï-lama en a parfaitement conscience lorsqu'il reconnaît que la plupart des Tibétains, de l'intérieur comme en exil, veulent et continuent d'aspirer à l'indépendance, en raison d'un joug étranger vécu comme relation imposée de vassalité, d'assujettissement ou de soumission à une puissance arrogante qualifiée d'intruse.

Faire entendre raison aux locataires de la Cité interdite ? Le dalaï-lama lui-même admet que pour un dialogue, il faut être deux, et que pour l'instant, les amorces de discussions n'ont débouché sur rien de concret. Aussi en appelle-t-il les siens, et les autres, à la patience et à la persévérance. Si bien que certains murmurent, et pas seulement parmi les jeunes : « Pour lui, c'est facile, le dalaï-lama est un bodhisattva, mais pour nous, c'est une autre affaire. » Ce qui ne veut pas dire pour autant que ces contestataires soient disposés à contester ouvertement son autorité... Même dans les pays asiatiques, dont certains comme le Sri Lanka, la Corée, la Thaïlande, voire le Japon, aux racines bouddhiques et où une bonne partie de la population s'en réclame toujours, les politiciens se montrent aussi pusillanimes qu'ailleurs, préférant le plus souvent ignorer les requêtes d'associations religieuses locales lorsqu'elles invitent le hiérarque tibétain : pour s'assurer les faveurs chinoises, les décideurs n'hésitent pas à lui refuser un visa d'entrée sous les prétextes les plus futiles.

Face à l'intransigeance obstinée du pouvoir communiste chinois – quel qu'en soit le chef en titre – durant le dernier demi-siècle, le Tibet s'est retrouvé bien seul, et pour éviter la répression, voire le bain de sang, la voie est particulièrement étroite. Le dalaï-lama pourtant n'a pas ménagé sa peine en vue d'amorcer la discussion pour que son pays ne soit rayé ni de la mémoire des hommes ni de la carte du monde dans le nouveau Grand Jeu en gestation entre l'Inde et la Chine. Après la folie Mao et la bande des Quatre, l'avènement de Deng Xiao-ping avait laissé entrevoir une frêle lueur : « Tout est négociable, hormis l'indépendance », avait déclaré le Petit Timonier revenu aux commandes en 1978. Et dans la foulée d'une visite à Pékin l'année suivante de Gyalo Thondup, l'un des frères aînés du dalaï-lama, les autorités chinoises avaient consenti à ce qu'une première délégation d'exilés aille se faire une idée sur place des changements intervenus au Tibet ainsi que dans les comtés dits autonomes.

Le résultat ne fut pas celui qu'escomptait Pékin. Pour le première fois depuis l'exil vingt ans plus tôt, quatre responsables tibétains de l'extérieur emmenés par l'un des frères du dalaï-lama étaient à même de prendre la mesure des nouvelles réalités, mais aussi d'entendre les récits directs des sombres années, de photographier des sites vénérés en ruines et des visages ravagés, d'enregistrer des témoignages personnels d'exactions et de tortures. L'accueil des Tibétains surprit tout le monde : les émissaires du dalaï-lama ne s'attendaient pas à pareil enthousiasme populaire, les autorités chinoises ne pouvaient guère imaginer loyauté si tenace envers ceux qu'elles s'étaient évertuées à transformer en parias haïssables aux yeux de leur peuple. À Lhassa, sidéré par ce qu'il avait sous ses yeux sans pouvoir y croire, un haut fonctionnaire chinois avait même grommelé : « Vingt ans d'efforts anéantis en un seul jour ! »

À cette première mission devaient en succéder deux autres, la deuxième tournant court en raison de la répétition de scènes identiques de bienvenue insupportables au regard officiel, et la troisième, conduite par la jeune sœur du dalaï-lama, consacrée en particulier à la santé et à l'éducation dont se targuait tellement la propagande chinoise. Les conclusions de ces voyages organisés sous escorte ne laissent guère de doutes sur la nature des rapports entre Chinois et Tibétains : une occupation militaire et une résistance vite étouffée au prix de dizaines d'Oradour et de centaines de monastères détruits, des trésors culturels saccagés ou pillés, sans parler de milliers de victimes humaines, l'insatiabilité des uns nourrissant la rancœur des autres. Une colonisation au sens le plus strict du terme rondement menée à l'abri du rideau de bambou, n'éveillant guère d'écho au-delà des milieux concernés ou intéressés par le sort du Tibet, principalement dans l'aire anglo-saxonne. De vagues remords, peut-être ? Pour le reste, un silence assourdissant.

Cahin-caha pourtant, des contacts épisodiques se rétablissent : en avril 1982, une délégation tibétaine se rend sur invitation officielle à Pékin, pour tenter d'amorcer un dialogue – l'occasion de rappeler que s'il y a eu signature de l'accord en dix-sept points, c'est bien la preuve que Tibet et Chine ne font pas qu'un seul pays et que l'accord de Lhassa, obtenu sous coercition, était formellement indispensable pour valider l'entrée des soldats chinois au Tibet... Les dirigeants chinois n'apprécient pas et s'empressent d'accuser le dalaï-lama et les siens de « séparatisme » et de desseins occultes visant à miner l'« unité chinoise ». En fait d'ouverture, c'est encore une fois le dialogue de sourds, comme cela ne cessera guère de se reproduire au cours des années suivantes et jusqu'à ce jour, un petit pas en avant et deux grands en arrière... Persévérer faute d'autre option s'inscrit dans la logique du dalaï-lama, mais pour les Tibétains et leurs sympathisants, l'encouragement est d'autant plus vain qu'ils voient clair dans le jeu chinois : il s'agit plutôt d'une course contre la montre et, à ce double jeu, le Parti communiste chinois a des atouts bien en mains. Dans ses documents internes[1], ses tenants n'hésitent pas à parler d'une « lutte à la vie à la mort » pour s'imposer au Tibet, le recours à la force paraissant décidément la seule méthode acceptable à leurs yeux pour parvenir à leurs fins. Et le « train le plus haut du monde » s'insère parfaitement dans cette politique.

Des démocraties bien frileuses

Reste l'attitude de ceux supposés grands dans le monde. On le sait depuis longtemps, les démocraties sont souvent frileuses dès lors qu'il s'agit d'affronter les dictatures en place, et ce d'autant plus lorsque des intérêts économiques ou mercantiles l'emportent sur toute autre considération. Certes, il y a une vingtaine d'années déjà, en juillet 1985, près d'une centaine de sénateurs américains ont signé une lettre au président chinois de l'époque, le priant d'examiner la suggestion d'un dialogue avec le dalaï-lama et les exilés tibétains. Soit dit en passant, ces braves gens n'ont jamais reçu le moindre accusé de réception...

Lorsque quelque part un gouvernement proteste – ce fut le cas dans le sillage des répressions sanglantes des années 1987, 1988 et 1989 à Lhassa –, invariablement la réponse chinoise consiste à dire que c'est une « affaire intérieure » ; et à chaque déplacement du hiérarque tibétain, l'avertissement est devenu rituel de ne pas s'afficher

---

1. ICT, *China's Public Relations Strategy on Tibet*, New York, 1993.

avec lui, sous peine de porter préjudice aux relations par ailleurs excellentes de la Chine avec le pays concerné. Cette stratégie s'illustre plus particulièrement dans les relations américano-chinoises, dans la mesure où nombreux sont les comptes à régler entre les deux grandes puissances qui ne se font pas de cadeau, mais s'acharnent à tirer le meilleur parti de leurs antagonismes profonds. Force est néanmoins de constater qu'à ce petit jeu, les Tibétains ne sont pas vraiment gagnants sur un plan strictement politique, quand bien même quelques milliers d'entre eux parmi les exilés affrontent maintenant la concrétisation de leur rêve américain, tandis que sur place la sinisation s'accélère.

Alors qu'en Inde même et au cours de ses voyages, en accord avec ses engagements, le dalaï-lama évite les déclarations politiques, officiellement invité à s'exprimer en septembre 1987 au Capitole à Washington, il y ébauche une proposition de discussion autour d'un plan en cinq points visant à faire du Tibet une zone de paix, sorte de territoire tampon neutre entre ses deux grands voisins. Ses propos sont clairs : « Le vrai problème – déclare-t-il –, c'est l'occupation illégale du Tibet par la Chine. Les autorités chinoises ont tenté de semer la confusion en proclamant que le Tibet a toujours fait partie de la Chine. C'est faux. Le Tibet était un pays pleinement indépendant lors de son invasion par l'Armée populaire de libération en 1949-1950. Tandis que se poursuit l'occupation militaire du Tibet par la Chine, le monde devrait se rappeler que même si les Tibétains ont perdu leur liberté, selon la loi internationale, le Tibet est aujourd'hui un État indépendant sous occupation illégale. »

Au passage, le hiérarque tibétain relève que les transferts de populations de souche han au Tibet sont illégaux selon la 4ᵉ Convention de Genève concernant les pays militairement occupés ; gardienne d'ordinaire très sourcilleuse des normes internationales du droit humanitaire, cette fois-là, la Suisse n'a pas jugé bon de réagir... En octobre 1991 néanmoins, le président américain George Bush père signe en loi une résolution non contraignante du Congrès déclarant explicitement le Tibet « pays occupé selon les principes de la loi internationale, dont les représentants légitimes sont le dalaï-lama et le gouvernement en exil, reconnus par le peuple tibétain ». Ce qui n'a nui en rien aux relations économiques, commerciales et financières américano-chinoises, pas plus d'ailleurs que ces belles paroles n'ont amélioré en quoi que ce soit la situation au Tibet.

Convié en 1988 au Parlement européen à Strasbourg, le dalaï-lama réitère en les précisant ses propositions avancées au Capitole, vite balayées d'un revers de la main par le régime chinois. S'il a été longuement applaudi par l'assemblée visiblement fière de le saluer, aucun gouvernement n'a donné suite à des suggestions qui, véritablement épaulées par une volonté politique européenne, auraient peut-être contribué à trancher le nœud gordien. Après une mini-effervescence momentanée, l'opportunité du prix Nobel de la paix en 1989 n'a pas non plus été saisie au vol, malgré les cris d'orfraie vertueusement poussés dans la foulée des événements de Tiananmen. Et lorsque, peu avant la remise de la distinction suédoise à Stockholm en décembre, le dalaï-lama s'est arrêté à Paris pour y recevoir le prix de la Mémoire décerné par la fondation France-Libertés de Danielle Mitterrand, le Premier ministre de l'époque, Michel Rocard, a fait savoir à ses ministres qu'ils n'avaient rien à faire ce soir-là au Trocadéro... Ironie de l'histoire, en novembre 2001, quand Nicole Fontaine reçoit à nouveau le dalaï-lama au Parlement à Strasbourg, le représentant du groupe socialiste l'accueille par un vibrant hommage appuyé, le qualifiant de « conscience morale du xxᵉ siècle ». Ce député-là, c'était Michel Rocard : ainsi vont les aléas des carrières politiciennes... À remarquer, pour l'équité du regard, que sénateurs et représentants américains n'ont guère fait davantage, pas plus que d'autres parlementaires sincèrement favorables à la cause tibétaine : toute volonté politique, aussi bien intentionnée soit-elle, a plus souvent qu'à son tour tendance à courber l'échine devant le diktat de l'économie ou de la dictature.

L'Amérique latine n'est pas demeurée en marge et certains de ses dirigeants n'ont pas eu de telles réserves. Il convient de rappeler que c'est à l'initiative du Salvador que l'Onu a discuté en 1959 une première résolution sur le Tibet, mais ce n'est que trente ans plus tard que le dalaï-lama aura l'occasion de se rendre dans la région : il s'y est entretenu notamment avec les présidents Oscar Arias, du Costa Rica, et Salinas de Gortari, du Mexique. Des centres d'études bouddhiques tibétaines se sont créés au gré du temps dans plusieurs pays où le hiérarque tibétain fera successivement escale – à Rio au Sommet de la terre en 1992, en 1999 au Brésil et en Argentine, puis en 2006 de Sao Paulo à Bogota, en passant par Buenos-Aires, Santiago du Chili et Lima.

En 2004, une visite d'une semaine au Mexique a fait quelques vagues. Députés et sénateurs avaient officiellement convié le dalaï-lama à s'exprimer sur la situation au Tibet : il a donc parlé des conditions de vie sous une dictature et du désir de liberté propre à l'être humain. Ulcéré par tant d'audace, l'ambassadeur chinois a convoqué une conférence de presse pour lire une note qualifiant d'« ignorants » tous ceux qui avaient eu affaire à ce « dangereux séparatiste ». Les intéressés n'ayant pas apprécié, la presse a vivement réagi, et le soir même – compte tenu du décalage horaire – Pékin a envoyé une lettre d'excuses au ministère mexicain des Affaires étrangères. Le mot de la fin de l'esclandre aussi cocasse que révélateur est revenu au recteur de l'Université nationale de Mexico : « Nous avons besoin du Tibet, car si le Tibet venait à disparaître, ce serait l'extinction de l'ultime flamme vive qui maintient encore le monde en éveil »...

Si les responsables politiques se tâtent souvent entre la curiosité d'une rencontre, même brève, avec le leader tibétain et la raison d'État qui leur fait redouter la réaction chinoise, Vaclav Havel n'a jamais eu ce genre d'hésitation. À peine sorti de prison – vous souvient-il de la Charte 77 ? – et porté en 1989 à la présidence de la République dans la foulée de la révolution de velours, il aura été le premier chef d'État à inviter et à recevoir le dalaï-lama en tant que tel. Son engagement pour la cause tibétaine ne s'est pas démenti, comme l'ont montré ses propos en 2003 à l'occasion d'une conférence d'associations d'une cinquantaine de pays réunie en vue d'une meilleure coordination du soutien international au Tibet : « Il n'y a aucune raison de s'émouvoir de la présence du dalaï-lama à Prague, nous vivons dans un monde interdépendant et civilisé, il s'agit de la liberté des Tibétains pas seulement sur le plan religieux. Il faut aussi protéger le Tibet de l'uniformisation supranationale afin qu'il ne soit pas transformé en un parc d'attractions exotique à visées commerciales. » Avant même l'arrivée du train à Lhassa, il ne croyait pas si bien dire.

Une flamme pour l'espoir

Contrastant avec la retenue politicienne, instituts et universités de prestige ne rechignent pas à décerner doctorats honoris causa et autres titres au dalaï-lama, qui remercie ses hôtes, tout en faisant parfois remarquer avec une pointe de malice que ces distinctions ne le rendent pas plus intelligent ni plus sage. Il les accepte cependant avec le sourire, considérant qu'il s'agit d'une reconnaissance de sa lutte non violente en faveur de son peuple afin qu'il ne sombre pas dans l'oubli. Sur une liste qui compte aujourd'hui près d'une centaine de fondations, institutions et autres universités, la Sorbonne se place en dixième position pour avoir cédé au rituel dès janvier 1984, après l'université de Bénarès, le Conseil de la paix de Mongolie et quelques universités américaines.

Avec l'influence croissante de Pékin sur la scène internationale, les autorités chinoises multiplient les pressions jusque sur les organisations religieuses étrangères. Sans s'appesantir sur l'absence remarquée du dalaï-lama à la fameuse Rencontre interreligieuse du millénaire organisée par une association privée à New York dans une salle de la maison de verre des Nations unies, la Corée du Sud a refusé en 2006 un visa au dalaï-lama convié à Kwangju à une rencontre de lauréats du Nobel de la paix sur le thème de la paix et de la démocratie dans la région. Ou bien était-ce le prix à payer pour l'assentiment chinois au candidat coréen Ban Ki-Moon à la succession de Kofi Annan, secrétaire général des Nations unies ? La Russie de Poutine a elle aussi opposé un *niet* sans appel à des requêtes de centres bouddhiques de Bouriatie et de Kalmoukie. Autant

pour le respect de la liberté religieuse et des croyances version Moscou ou Pékin ! Le président de Kalmoukie s'est
donc rendu en personne en décembre 2006 à Dharamsala
pour conférer au dalaï-lama le grand ordre du Lotus blanc,
la plus haute distinction de son pays. Et Pékin d'imposer
en 2007, dans le cadre d'une Année de la Chine en Russie,
sa propre exposition de photos sur le Tibet en Kalmoukie...

Dès lors qu'il semble entendu, pour l'instant, que seule
la voie médiane prônée par le dalaï-lama, et fidèlement
répercutée par l'administration tibétaine en exil, trouve
grâce auprès des responsables politiques étrangers – davantage parce qu'elle leur convient en les autorisant à poursuivre à leur guise les affaires avec le gouvernement chinois
que par efficacité pour favoriser une solution à l'amiable
entre les principaux intéressés –, le champ est ainsi laissé
libre aux manœuvres des locataires de la Cité interdite.
Persuadés que le temps joue en leur faveur, ces derniers
dictent le rythme des rencontres qui ont repris avec les
émissaires du dalaï-lama selon leur propre calendrier, en
fonction de leurs intérêts et des nécessités d'une propagande bien huilée, tributaire aujourd'hui de l'échéance des
Jeux olympiques de 2008. Après, ce sera après : dans l'intervalle, sur le terrain même du litige, la colonisation s'est
accélérée, comme si nul ne voulait prendre en compte les
dangers encourus.

Ce qui revient peut-être à dire simplement que la
bataille pour que vive le Tibet concerne tout un chacun,
car en définitive la question qui se pose est peut-être celle
de notre propre liberté. Serait-ce ainsi qu'il convient d'in-
terpréter une amorce de changement d'attitude chez quelques politiciens en place ? En juin 2007, à la suite d'une
vive polémique entre son parti et l'opposition, John

Howard, Premier ministre australien, s'est finalement entretenu avec le dalaï-lama, de passage à Sydney, en dépit des protestations chinoises. Plus spectaculaire, la décision d'Angela Merkel de recevoir le 23 septembre 2007 le leader tibétain à la Chancellerie à Berlin a suscité des adjurations pressantes de Pékin sans émouvoir la dirigeante allemande. Le chancelier autrichien lui avait hâtivement brûlé la politesse deux jours plus tôt, tandis que le Congrès accueillait en octobre à Washington le hiérarque tibétain pour lui remettre sa Médaille d'or en présence du président américain. Ensuite, c'est au tour du Premier ministre canadien, Stephen Harper, de s'entretenir avec le moine-pèlerin à Ottawa : autant de rappels pour le régime chinois que sa politique envers le Tibet pèse dans la balance et qu'il sera aussi jugé à cette aune-là, même si le Vatican a préféré faire marche arrière alors qu'une rencontre avait été annoncée pour décembre 2007 entre le pape et le dalaï-lama.

L'écrivain et peintre dissident chinois Ma Jian, lui-même vivant à l'étranger depuis 1987 à la suite de ses démêlés avec la censure officielle, rapporte dans l'un de ses ouvrages ces propos d'un cadre chinois qu'il a rencontré à Lhassa : « Les Tibétains ont été poussés jusqu'à l'extrême limite, ils ont le droit d'être fâchés. Ce n'est pas la perte du pouvoir qui blesse, c'est la perte de dignité et de respect. » Et de rappeler que, selon un vieil adage, « ce qui est uni sera finalement séparé, et ce qui est séparé est voué à se réunir » – si bien que, dans son optique, le Tibet aujourd'hui uni à la Chine finira par s'en séparer. « Mon espoir – ajoute-t-il – est que ce soit une séparation pacifique, qu'elle ait lieu le plus tôt possible, avant que la culture singulière du Tibet et son mode de vie ne soient perdus à jamais. » Et pour Jonathan Mirsky, journaliste britannique brillant connaisseur de la Chine et des relations tibéto-chinoises, « à voir l'importance des forces militaires dans la région, il est plus qu'évident que les Chinois considèrent le Tibet avec crainte et suspicion. Il est presque incroyable qu'au vu de l'histoire farouche des Tibétains, les occupants chinois ne courent que rarement un danger physique. Reste à savoir si cette longanimité continuera après le XIVᵉ dalaï-lama ».

Il y a des années, en 1929, Nicolas Roerich, un artiste russe à la fois érudit et passionné de civilisation tibétaine, écrivait : « Il y a quelque chose d'une prédestination dans l'agonie du vieux Tibet. La roue de la loi est tournée, le mystère s'en est allé. Le Tibet n'a personne à garder, et personne ne garde le Tibet. L'exclusivité de sa position de gardien du bouddhisme ne lui appartient plus. Car le bouddhisme, selon les enseignements de l'Éveillé, est devenu possession universelle. » Mais l'expansion du bouddhisme tibétain au-delà de ses remparts himalayens dans le sillage de l'exil est-elle dissociable de ses racines multiséculaires ancrées dans les hautes terres du Pays des monts neigeux ? Chou En-lai avait prédit un jour qu'il faudrait un siècle pour que le communisme s'implante au Tibet. À moins qu'en suivant la voie du milieu, il ne faille cent ans au bouddhisme tibétain pour remodeler le visage de la Chine...

7.

L'Onu à l'épreuve du Tibet

*Ce n'est pas d'espoir dont nous avons besoin,
mais de vérité.*

Albert Camus

« Permettez-moi d'être le premier à admettre que les Nations unies ne sont pas partout et qu'elles ne s'occupent pas de toutes les crises dont les gens à travers le monde estiment qu'elles devraient s'occuper. Il va de soi que le fait de ne pas être présent partout ne veut pas dire que nous n'avons pas à nous occuper de crises dont nous devrions nous préoccuper et que nous ne devrions pas nous trouver là où nous pourrions être présents. La question que vous soulevez n'est pas pour l'instant à l'ordre du jour du Conseil [de sécurité], ni des Nations unies. »

À la fois exercice de haute voltige langagière et exemple significatif de diplomatie onusienne, telle fut la réponse donnée le 2 octobre 2000 lors d'une conférence de presse à Genève par Kofi Annan, à l'époque secrétaire général des Nations unies. La question concernait le Tibet, bien entendu, et elle se terminait par : « Je sais que vous êtes un homme de bonne volonté, serez-vous le secrétaire général de l'Onu sous le mandat duquel on aura assisté à la

221

solution finale du problème tibétain ? » À croire que la question hante encore quelques consciences, ne serait-ce que du poids d'un léger remords, puisque le nom même du Tibet n'a pas été prononcé, comme s'il était tabou ou brûlait la langue...

Toujours est-il qu'à l'épreuve du Tibet, l'Onu a failli à sa mission première de protection du droit des peuples à disposer d'eux-mêmes, de défense du plus faible agressé par un puissant, et même de décolonisation d'un pays indûment passé sous la coupe de son voisin. Certes, ce n'est pas la seule et unique fois, et l'organisation internationale a bien d'autres fautes ou dérives illustrant son impuissance pratique à se reprocher : il ne suffit pas de tenter de se dédouaner en déclarant qu'après tout, l'Onu n'est que le reflet des contradictions de notre monde et des intérêts des États qui la composent. À cette aune-là, le cas du Tibet est exemplaire.

Il est facile aujourd'hui, longtemps après coup, de dire : « Mais le Tibet préférait s'isoler et n'était pas membre d'origine des Nations unies. » Qui donc l'était au moment où l'idée a germé de la création d'une nouvelle institution internationale pour remplacer la défunte Société des nations ? Au départ, la Déclaration des Nations unies est signée le 1er janvier 1942 à Washington par vingt-six États en guerre contre les puissances de l'Axe... Moscou s'y joint en octobre 1943, et le projet commence à prendre forme à Dumbarton Oaks, à proximité de Washington, en septembre-octobre 1944, entre les États-Unis, le Royaume-Uni, l'URSS et la Chine (nationaliste). La France y adhère fin octobre, une fois reconnu son gouvernement provisoire et avant que les accords de Yalta ne façonnent les Nations unies selon des grandes lignes toujours en vigueur. La conférence de baptême officiel a lieu le 25 avril 1945 à San Francisco.

En ces temps-là, nationalistes et communistes en Chine vidaient leurs querelles par les armes, l'empire des Indes vacillait sur ses assises et au Tibet, d'intrigues en coups fourrés, la régence se passait plutôt mal entre deux rimpochés, Réting et Taktra : le premier dut céder son poste au second en raison de mauvais augures prédits par les oracles, alors que le dalaï-lama, revenu en 1935, était encore en formation. C'est pourtant lui qui a signé en février 1943 la lettre de remerciement, accompagnée d'une khata de soie et d'un précieux thangka, adressée au président Roosevelt par l'intermédiaire de deux émissaires, le capitaine Ilya Tolstoy et le lieutenant Brooke Dolan, arrivés à Lhassa fin 1942. De fait, c'est le premier contact officiel entre les États-Unis et le Tibet : Washington avait bien tenté d'approcher Lhassa par l'intermédiaire de Pékin, mais le refus tibétain avait été aussi rapide que sans appel. En avouant son impuissance à servir d'intermédiaire, le gouvernement nationaliste admettait implicitement que le Tibet n'est pas la Chine, et du coup, les États-Unis prenaient conscience de l'indépendance tibétaine. Il fallut alors passer par les bons offices de la Couronne britannique qui, de Calcutta, leur ouvrit la porte de Lhassa. Une fois la mission achevée, les émissaires américains durent repartir vers l'Inde, et non pas par la Chine comme ils l'avaient initialement envisagé.

Les deux militaires venaient tâter le terrain en quête de voies d'acheminement d'approvisionnements vers la Chine en passant par le Tibet. Dans sa missive, le président américain se contentait d'expliquer que les Nations unies se battaient pour la défense et la sauvegarde de la liberté, et qu'elles étaient déterminées à vaincre, car leur cause était juste. Ce à quoi le dalaï-lama répondait qu'en dépit de son

jeune âge, il entendait poursuivre l'œuvre de ses prédécesseurs en faveur d'une paix durable fondée sur des principes
de liberté et de bonne volonté, tout en espérant et en
priant pour une fin rapide des hostilités...

Dans la foulée des derniers combats de la Seconde
Guerre mondiale, alors que les Nations unies s'organi-
saient peu à peu en institution et que l'Inde recouvrait en
1947 sa souveraineté en s'amputant du Pakistan, sur le
Toit du monde, luttes d'influence et de pouvoir entre chefs
de puissants monastères, familles fortunées et responsables
directs des affaires du pays ne laissaient guère de temps
aux principaux protagonistes de prendre la mesure des
changements en cours et de leurs enjeux. Une trop grande
confiance en leurs alliés traditionnels – le Royaume-Uni et
surtout l'Inde –, de même sans doute qu'une certaine candeur à propos des relations internationales mâtinée d'assurance en leur bon droit, ont été pour beaucoup dans le
drame qui se nouait sans qu'ils en aient pleinement
conscience.

Une mission pour rien

En octobre 1947, le gouvernement tibétain décide d'envoyer une délégation commerciale en Inde, au Royaume-
Uni, aux États-Unis et en Chine. L'Inde a officiellement
accédé à l'indépendance à la mi-août, et les comptoirs britanniques de Gyantsé, Gartok et Yatung, de même que
la Mission diplomatique de Lhassa, étaient passés sous sa
juridiction. Les autorités tibétaines souhaitaient adapter le
commerce à ces changements : c'est à cette occasion que
sont délivrés les premiers passeports tibétains. Aujourd'hui,

les Tibétains y voient une preuve tangible de leur statut d'indépendance. D'ailleurs, l'un des buts de ce voyage était de mieux faire connaître le Tibet à l'extérieur dans la perspective d'établir des relations formelles avec d'autres pays, sans référence aucune à une quelconque tutelle chinoise, voire de poser quelques jalons en vue d'une adhésion officielle aux Nations unies.

Peu soucieux de s'engager, Washington et Londres déconseillent la démarche sous prétexte qu'elle ne ferait que « hâter l'invasion chinoise du Tibet ». Telle est du moins l'interprétation de chercheurs qui voient dans ce jeu de coulisses entre les États-Unis, la Grande-Bretagne et le gouvernement nationaliste un embarras réel à discuter publiquement du statut du Tibet. Une fois l'Inde indépendante, Londres n'a plus d'intérêts stratégiques à défendre dans l'Himalaya, et Washington s'aveugle de la menace communiste à l'aube de la guerre froide. Faisant fi de leurs principes, les deux puissances sur lesquelles le Tibet espérait pouvoir compter se dérobent.

Le compte rendu très factuel des rencontres de la délégation tibétaine au cours de ce périple par son chef, Tsepon Wangchuck Dedhen Shakabpa, n'est dénué ni d'intérêt ni d'ironie, tant s'y perçoit ce qui continue d'être l'irréductible différence d'approche entre Tibétains et Chinois. La première étape, en janvier 1948, se situe à Delhi, où les quatre émissaires s'entretiennent avec le vice-roi Lord Mountbatten, le Premier ministre Nehru et le Mahatma Gandhi, dont ils apprennent l'assassinat un peu plus tard, lors de leur escale suivante, à Nankin, à l'époque encore capitale de la Chine. Ils discutent avec Tchang Kai-chek, alors président du pays, et divers responsables gouvernementaux de l'importation de thé et de denrées diverses au Tibet. Ils déclinent toutefois l'invitation insistante qui leur

est faite de participer à une session de l'Assemblée nationale réunie en vue d'adopter une nouvelle Constitution.

Le chef de la Commission officielle chinoise des affaires
tibétaines et mongoles profite d'un entretien pour conseil-
ler aux envoyés tibétains de s'abstenir d'aller en Grande-
Bretagne et aux États-Unis, et leur suggère au moins de ne
pas voyager avec des passeports tibétains. Peine perdue – et
l'on comprend mieux dès lors la satisfaction des Tibétains
d'avoir récupéré en 2005 le passeport de Tsepon Shakabpa
muni de visas en bonne et due forme, non seulement du
Royaume-Uni et des États-Unis, mais également de
France, d'Italie et de Suisse : la confirmation que le Tibet
existait bel et bien en 1948 comme État indépendant.
Reçue par le secrétaire d'État George Marshall, la délégation tibétaine est informée que l'ambassadeur chinois à
Washington a souhaité les accompagner durant cette visite,
ce que les émissaires de Lhassa refusent tout net en dépit
des protestations du diplomate chinois ainsi contraint de
rester à sa place. Si la tactique de Pékin n'a guère changé
depuis lors, impossible en revanche d'en dire autant de
l'attitude des gouvernements concernés.

Sur le chemin du retour, les voyageurs discutent à Londres avec le Premier ministre Attlee, avant de regagner
l'Inde où Jawarhalal Nehru insiste sur la nécessité pour le
Tibet de rompre son isolement et de s'adapter aux nouvelles réalités, ce que Tsepon Shakabpa devait fidèlement
transmettre au Cabinet et à l'Assemblée lorsque la délégation rentra à Lhassa. Mais déjà les périls s'amoncellent aux
confins orientaux du Tibet, si bien qu'en juillet 1949, le
gouvernement tibétain ordonne de reconduire à la frontière indienne la poignée de Chinois résidant à Lhassa,
marchands ou employés à la mission nationaliste locale,
raccompagnés avec femmes et biens sous escorte. Le temps

est désormais compté pour le Tibet libre, comme le rapportent les rares témoins occidentaux à séjourner brièvement sur place, le Français Amaury de Riencourt ou les journalistes américains Thomas Lowell père et fils.

Dès octobre 1949, Radio Pékin désormais en mains communistes annonce que le Tibet fait partie de la Chine et que l'Armée populaire de libération va être envoyée « libérer le Tibet des impérialistes étrangers ». Les Tibétains se disent que l'affirmation est si énorme que nul ne saurait de bonne foi lui accorder créance. Ce en quoi ils se trompent... Le gouvernement de Lhassa donne alors mandat à des émissaires dépêchés à Pékin de discuter en vue de garantir l'indépendance du pays, mais les pourparlers entamés à Delhi (le plus court chemin de Lhassa à Pékin passe par l'Inde à l'époque) traînent en longueur, tandis que l'ambassadeur de Chine cherche à imposer ses conditions et que Jawarhalal Nehru joue la carte de l'apaisement.

La première semaine d'octobre 1950, les troupes chinoises partent à l'assaut du Toit du monde, mais Pékin n'admet l'intrusion militaire qu'une vingtaine de jours plus tard. Dès le lendemain, le 26 octobre, l'Inde proteste contre l'usage de la force à l'encontre de son voisin septentrional, estimant que l'invasion n'est pas dans l'intérêt de Pékin. Le 6 novembre, le sous-secrétaire britannique aux Affaires étrangères « déplore » l'invasion et l'utilisation de la force, tout en soutenant pleinement l'attitude de l'Inde. À se demander selon quels critères la Grande-Bretagne, qui a parrainé l'« indépendance » de l'Irak en 1930 et pris soin, après la Seconde Guerre mondiale, de faciliter l'entrée en souveraineté nationale de divers petits sultanats comme Qatar, Dubaï ou Brunei, laisse ainsi tomber le Tibet. À l'époque, *The Economist* note : «Ayant maintenu une complète indépendance de la Chine depuis 1912, le Tibet a de solides raisons d'être considéré comme un État indépendant. C'est néanmoins à l'Inde de prendre la tête dans ce domaine. Si l'Inde décide de soutenir l'indépendance du Tibet en tant qu'État tampon entre elle et la Chine, la Grande-Bretagne et les États-Unis devraient lui garantir une reconnaissance diplomatique formelle. »

Le silence des nations

Le 7 novembre 1950, le gouvernement tibétain lance un appel aux Nations unies, transmis le 11 novembre à partir de Kalimpong. Dans ce document adressé au secrétaire général et soigneusement archivé, on peut lire : « Tant que le peuple tibétain ne sera pas contraint, par la force, de faire partie de la Chine contre son gré, l'actuelle invasion du Tibet constituera l'exemple le plus frappant de la violation d'un pays faible par un pays fort. Nous faisons donc appel, par votre intermédiaire, à toutes les nations du monde pour qu'on intercède en notre faveur et qu'on mette fin à l'agression chinoise. »

Les « nations du monde », sans doute trop occupées ailleurs, font quasiment toutes la sourde oreille, à l'exception d'El Salvador, le seul à relayer formellement auprès du secrétaire général de la nouvelle institution internationale la supplique tibétaine.

Les pays occidentaux s'en remettent à l'Inde pour apprécier la situation sur place, préférant ne pas se brûler les doigts dans un dossier dont ni Washington ni Londres ne semblent mesurer les enjeux. New Delhi juge cependant bon d'intervenir à la tribune pour « assurer » qu'une solution pacifique mutuellement avantageuse pour le Tibet, la

Chine et l'Inde peut être élaborée en dehors des Nations unies, si bien que le bureau de l'Assemblée générale décide, avec l'assentiment des États-Unis et de l'URSS, d'ajourner l'examen de la question. Il faudra attendre dix ans, jusqu'en 1959, pour qu'elle revienne à l'ordre du jour...

Dans ce contexte de décolonisation en marche vers un horizon incertain obscurci par le début de la guerre de Corée et faute de meilleure carte, le 17 novembre 1950, le Tsongdu (Assemblée nationale tibétaine) remet solennellement les pleins pouvoirs temporels au jeune dalaï-lama : il n'a que quinze ans. Le sort du Tibet ainsi laissé au mauvais vouloir du nouveau régime de Pékin, les protestations platoniques des uns et les regrets des autres ne peuvent pas grand-chose pour tirer le lion des neiges tibétain des griffes du dragon chinois : conformément aux sombres prédictions du XIII⁰ dalaï-lama débute une longue nuit dont le Tibet n'est pas encore sorti.

Les Nations unies, elles, se borneront au fil de ces décennies à illustrer leur impotence à favoriser la recherche d'une solution négociée, pourtant rationnellement souhaitable afin d'assurer un minimum de stabilité dans cette zone névralgique du continent euro-asiatique. Toujours en suspens, la question apparaît d'autant plus béante aujourd'hui, avec l'amarrage par voie ferrée du Tibet à la Chine continentale, lorsque se dessinent plus clairement enjeux et conséquences de l'annexion pour l'équilibre des forces politiques en Asie. Dans les années 1960 pourtant, à l'Assemblée générale, la langue de bois n'a apparemment pas encore investi aussi massivement les esprits et les débats. L'émissaire thaïlandais faisait alors observer qu'une majorité d'États « rejettent la prétention que le Tibet fait partie de la Chine », tandis que le délégué philippin soulignait : « Il est clair qu'à la veille de l'invasion de 1950, le Tibet n'était assujetti à aucun pays étranger. » Tant de bonnes intentions pour si peu de courage politique...

Il aura fallu le tocsin du soulèvement populaire antichinois de mars 1959 à Lhassa, le départ du dalaï-lama et l'exil des Tibétains par milliers pour que l'écho s'en répercute jusqu'à la maison de verre de Manhattan. À l'initiative de l'Irlande et de la Malaisie, deux émissaires tibétains sont entendus à l'Onu, Gyalo Thondup, l'un des frères aînés du dalaï-lama, et l'ex-ministre des Finances devenu historien, W.D. Shakabpa. Leurs témoignages ne laissent guère planer de doute sur les exactions commises à l'encontre de la population tibétaine, pas plus que sur les desseins du régime chinois quant à l'avenir de ce pays occupé. Ce qui amène Frank Aiken, ambassadeur d'Irlande, à commenter : « Le Tibet est tombé aux mains de la République populaire de Chine au cours de ces dernières années. Pendant des millénaires, à tout le moins durant deux mille ans, le Tibet a été aussi indépendant et aussi maître de ses propres affaires que n'importe laquelle des nations de cette Assemblée. Il était infiniment plus libre de gérer ses affaires que bien des États ici représentés. »

Des résolutions sans lendemain

Après un vif débat et l'opposition virulente notamment de l'URSS et de la Roumanie, il en résulte la première des trois résolutions de l'Assemblée générale concernant le Tibet, adoptée le 21 octobre 1959 et demandant que « les droits de l'homme fondamentaux, ainsi que le particularisme culturel et religieux du peuple tibétain soient respectés ». Après s'être cantonnée un long moment dans le mutisme, l'Inde finit par intervenir pour dire qu'elle « ne voit pas le but de la discussion de la situation au Tibet aux Nations unies dans la mesure où personne ne va envoyer de troupes au Tibet ou en Chine ». Aveu implicite d'impuissance certes, mais également de faiblesse ou de duplicité, dont New Delhi ne s'est jamais vraiment remis.

Si cette première résolution s'appuie en partie sur le premier rapport de la Commission internationale de juristes (CIJ), *La Question du Tibet et la primauté du droit* publié en 1959 à Genève, la deuxième est avancée par la Malaisie et la Thaïlande dans le sillage de la sortie en 1960 d'un nouveau rapport de la même CIJ, intitulé *Le Tibet et la République populaire de Chine*. La question tibétaine est inscrite à l'ordre du jour de la session de 1960, mais faute de temps, elle est reportée à l'année suivante et mise en discussion le 19 décembre 1961. Malgré l'opposition véhémente de plusieurs pays de l'Est emmenés par l'URSS, une deuxième résolution adoptée le lendemain « réitère solennellement la demande [de l'Assemblée générale] à ce qu'il soit mis fin à des pratiques privant le peuple tibétain de ses droits et libertés fondamentaux, notamment de son droit à l'autodétermination »...

Après le « rapport secret » du Xe panchen-lama, connu sous l'appellation de « pétition en soixante-dix mille caractères », adressé aux dirigeants chinois et remis en main propre à Chou En-lai en 1962, détaillant le drame du Tibet sous occupation chinoise, la CIJ revient à la charge en 1964 dans un document consacré aux *Violations continues des droits de l'homme au Tibet*. Le texte est épaulé par un nouvel appel solidement documenté du dalaï-lama à Dag Hammarskjöld, alors secrétaire général de l'Onu. Du coup, El Salvador, l'Irlande, la Malaisie, Malte, le Nicaragua, les Philippines et la Thaïlande présentent en août 1965 un projet de résolution reprenant pour l'essentiel les deux précédentes, et cette fois l'Inde apporte son soutien à l'initiative.

Sans doute la guerre frontalière indo-chinoise de 1962 a-t-elle dessillé quelques yeux, et New Delhi, par la bouche de son représentant à l'Onu[1], F. Zakaria, admet qu'« au nom de l'introduction de "réformes démocratiques" et de la "lutte contre la contre-révolution", les Chinois se sont livrés au pire génocide et à la suppression d'une race minoritaire », pour conclure : « La vérité nue est que le gouvernement chinois est déterminé à oblitérer le peuple tibétain. » Adoptée le 18 décembre 1965, la résolution 2079 de l'Assemblée générale « appelle tous les États à faire de leur mieux pour réaliser les objectifs de la présente résolution ». Mais les résolutions de l'Assemblée générale n'étant en rien contraignantes – à la différence (souvent théorique) de celles du Conseil de sécurité –, « tous les États » n'ont même pas levé le petit doigt pour venir au secours du Tibet occupé.

Les rares bonnes volontés sont d'ailleurs d'autant moins pressantes que le gouvernement de Pékin vient de créer officiellement, le 1er septembre 1965, la Région autonome du Tibet et que, dorénavant, ses thuriféraires vont joyeusement chanter les mérites de la « transformation socialiste du vieux Tibet ». Il n'est cependant pas dénué d'intérêt de relever que durant cette première période, les démarches aux Nations unies en faveur du Tibet sont essentiellement le fait de pays asiatiques, tandis que, plus récemment, les tentatives de rouvrir le dossier sont venues de pays occidentaux, en partie peut-être en raison du prix Nobel de la

---

1. Document des Nations unies A/PV.1394, 14 décembre 1965, § 29-30, § 38.

paix de 1989. Si El Salvador et le Nicaragua étonnent en cette compagnie, c'est que dans de petits cercles fortunés locaux, on se piquait de curiosité pour la théosophie, le yoga et l'ésotérisme oriental, dont le mythique Toit du monde était partie.

Quoi qu'il en soit, ces jeux diplomatiques apparaissent pour ce qu'ils sont : des manœuvres politiques fonction d'intérêts nationaux mouvants, au gré de circonstances immédiates sur le terrain et sur lesquelles diplomates, hauts fonctionnaires, experts et autres émissaires n'ont prise que peu ou prou. Pourtant, en octobre 1968, lors de la vingt-troisième Assemblée générale des Nations unies, le ministre des Affaires étrangères du Royaume de Thaïlande se risque à poser la question du « génocide systématique [1] » des Tibétains perpétré par la Chine et à critiquer les pays membres qui persistent à ignorer ce qui se passe au Tibet. En vain.

---

1. Créé en 1944 par Raphael Lemkin, professeur de droit international à l'université de Yale, pour définir les crimes nazis, le terme désigne « tout acte commis dans l'intention de détruire méthodiquement un groupe national, ethnique, racial ou religieux ». Il est employé pour la première fois en 1945 dans un document officiel par le tribunal de Nuremberg et, l'année suivante, l'Assemblée générale des Nations unies en donne la définition suivante : « Le génocide est le refus du droit à l'existence de groupes humains entiers, comme l'homicide est le refus du droit à l'existence d'un individu. [...] Il est contraire à la loi morale ainsi qu'à l'esprit et aux fins des Nations unies. La répression du crime de génocide est une affaire d'intérêt international. » Le texte de la Convention pour la prévention et la répression du crime de génocide adopté à l'Onu en 1948 fait entrer le terme dans le vocabulaire du droit international. Son emploi parfois galvaudé et toujours controversé rend l'usage du mot dérangeant et souvent délicat. Dans le cas du Tibet, il est mentionné dans plusieurs documents officiels de l'Onu, dans le rapport de 1959 de la Commis-

Une trentaine d'années plus tard, dans un rapport de mars 1998 titré *Tibet : droits de l'homme et primauté du droit*, la CIJ revient sur le sujet et constate : « Bien qu'accompagnée en fanfare [la création de la Région autonome du Tibet] et saluée par la propagande comme le début de l'autogestion par les Tibétains de leurs affaires, la pleine autorité politique demeure fermement entre les mains du Comité régional tibétain du Parti communiste chinois et du commandement militaire régional de l'APL, dont pratiquement tous les membres sont des Chinois de souche han. » Pendant tout ce temps, l'exode des Tibétains se poursuit en silence, tandis qu'en 1966, le *Petit Livre rouge* fait son apparition, bientôt suivi par la révolution culturelle. Le Tibet lui aussi lui paiera un lourd tribut.

Depuis ces années-là, l'Assemblée générale ne s'est plus guère préoccupée du sort du Tibet, d'autant qu'à la suite de la visite de Richard Nixon à Pékin en 1969 et du rapprochement diplomatique amorcé entre les deux rives du Pacifique, il n'est pas forcément de bon ton d'aborder les sujets qui fâchent. C'est également l'époque où la CIA, sur ordre de la Maison Blanche, lâche les résistants khampas retranchés au Mustang, alors que le dalaï-lama leur adresse un message demandant de déposer les armes. Dans cet épisode qui commence à peine à émerger dans sa véritable dimension au-delà des rumeurs et des fantasmes, si d'aucuns reprochent sa démarche conciliatrice au leader tibétain, les États-Unis – ou la politique américaine ? – n'ont certes pas le beau rôle, pas plus d'ailleurs que les dirigeants d'autres pays démocratiques empêtrés dans leurs contradictions, ou leurs chimères.

---

sion internationale de juristes (*La question du Tibet et la primauté du droit*).

Une vingtaine d'années durant, le Tibet s'efface pratiquement des tréteaux de la politique internationale[1]. Dans la camisole de force du régime chinois, il est comme un prisonnier isolé au secret. Les Tibétains aussi, dans leur Région dite autonome toute neuve, endurent les épreuves successives qui déferlent par-delà la Grande Muraille devenue mur de silence. La Croix-Rouge internationale elle-même ne tente pas grand-chose, toujours attentive à ne pas mettre en péril sa chère neutralité. Il faudra encore des années pour prendre la mesure des destructions et des souffrances accumulées. Dans la communauté exilée, on consacre l'essentiel des forces et des ressources à survivre, puis à durer.

Au début des années 1970, cependant, une fois pourvues les premières urgences, de petites associations de secours ou d'aide éparses se constituent en fonction d'initiatives individuelles à l'étranger dans les milieux bientôt regroupés sous le vocable de « société civile » : par le jeu d'une manière d'instinct atavique, l'attention se porte vers les moins bien lotis, les oubliés des avant-scènes, en dehors du champ strictement politique, et nombre de fidèles de la cause tibétaine l'ont approchée par cette voie solidaire. Ce n'était pas Shangri-la au bout du chemin, simplement un réflexe de partage dans un marais d'indifférence – coupable peut-être par ignorance, complice sans le vouloir car profitable à l'exercice d'une propagande bien rodée et manipulatrice sans complexe.

---

1. Dans un message à la cinquième conférence internationale de soutien au Tibet, en mai 2007 à Bruxelles, l'Irlandaise Betty Williams, prix Nobel de la paix, rappelait : « Les Nations unies devraient baisser la tête de honte. Il est temps de demander des comptes à la Chine pour ce qui arrive à son peuple et pour ce qu'elle fait au Tibet. »

Blocage chinois

L'expulsion de Formose/Taiwan et l'attribution du siège de la Chine au Conseil de sécurité à Pékin bloquent désormais toute démarche officielle en faveur du Tibet aux Nations unies. Des tentatives verront néanmoins le jour plus tard, par des chemins de traverse – la Commission des droits de l'homme ou le Comité de décolonisation, le Comité des droits de l'enfant, les rapporteurs spéciaux, la sous-commission des droits de l'homme, voire l'Unesco –, et toujours le même refrain des représentants de Pékin : « Pas d'ingérence dans les affaires intérieures de la Chine. » De quoi décourager peut-être les meilleures intentions, mais pour le Tibet, il se trouve toujours et encore quelqu'un, une association ou une ONG, pour remettre le sujet sur le tapis. En quelque sorte, l'épine dans le talon d'Achille d'une Chine conquérante et persuadée de son bon droit.

Le recul des années permet d'apprécier l'ampleur du travail accompli pour attacher le grelot : l'absence d'images, la difficulté pour les journalistes de faire normalement leur métier dans des conditions de dictature, le tourisme inexistant sous couvert de manque de structures d'accueil contribuent à maintenir l'opacité sur ce qui se passe au Tibet. Les récits et témoignages de réfugiés sont mis en doute sous prétexte de partialité ou de parti pris, quand il ne s'agit pas simplement de raisons de convenance politique. Et lorsque les portes commencent à s'entrebâiller devant les premiers visiteurs – géologues, militaires et autres experts étrangers –, à l'occasion d'« échanges amicaux » soigneusement préparés, ces témoins sont pris de court par ce qu'ils découvrent. C'est du moins ce que m'a confié un guide de montagne de Chamonix, croisé lors d'un salon du livre, et qui avait réalisé l'un des premiers documentaires sur le Tibet tourné à l'occasion d'un voyage tout au début des années 1980, du temps où il faisait son service chez les chasseurs alpins. Cinéaste déjà expérimenté, Denis Ducroz[1] avait ramené des images rares, ayant dorénavant valeur de témoignage historique puisque les autorités chinoises venaient à peine de lever l'interdit pesant sur la pratique religieuse et que les Tibétains renouaient fiévreusement avec leurs traditions.

Résultat de ces premiers voyages, le regard extérieur s'élargit, confirmant ce que les mots avaient déjà tenté – souvent en vain – de décrire. Dans l'opinion s'éveille une conscience plus aiguë de l'aspect politique de ce différend occulté. La fin des années 1980 voit la structuration de réseaux de soutien dans le monde anglo-saxon d'abord, puis ailleurs : le Tibet n'a perdu ni de son attrait ni de ses supposés mystères, il s'enrichit d'une dimension plus politique concernant la répression et les droits de l'homme, l'oppression étrangère, voire la colonisation. La recherche et la diffusion de l'information priment, dans le sillage notamment des protestations antichinoises de 1987 et 1988 à Lhassa : Free Tibet Campaign et Tibetan Information Network s'organisent en 1987 à Londres, International Campaign for Tibet l'année suivante à Washington, initiatives suivies très vite en Grande-Bretagne, France, Allemagne, Italie, Autriche et jusque dans les pays de l'Est.

C'est pourtant 1989 qui marque un vrai tournant ou, selon d'aucuns, le déclic d'une certaine « tibétomania » – avec la loi martiale imposée le 7 mars à Lhassa et le

---

1. « Le Tibet au présent », Antenne 2, 9 novembre 1984.

Nobel de la paix accordé en octobre au dalaï-lama. Si le premier événement passe plutôt inaperçu, le second fait le tour du monde et les grands titres de la presse internationale. Il est vrai qu'entre les deux, il y a les manifestations de mai-juin en faveur de la démocratie place Tiananmen et la répression qui s'ensuit, sans négliger non plus l'épisode de la chute du mur de Berlin. De quoi nourrir sinon la réflexion, du moins une curiosité momentanée pour ce qui se passe en Chine et s'aviser soudain de la situation au Tibet. À l'exemple de la société civile, l'intérêt se ravive dans les milieux politiques, notamment européens.

Un Intergroupe Tibet voit le jour en 1989 au Parlement européen à Strasbourg, à la suggestion d'un député français, Michel Hervé. Parallèlement, deux autres députés proposent la formation à l'Assemblée nationale d'un groupe d'études concernant le Tibet : il sera officiellement inauguré l'année suivante sous la double houlette de Jean-Michel Belorgey et Louis de Broissia. Des groupes analogues se constituent également au Royaume-Uni, en Allemagne, en Italie, en Belgique, en Suisse, dans les pays scandinaves ; tous se donnent plus ou moins le même objectif : favoriser la recherche d'une solution à l'amiable garantissant la liberté du Tibet et des Tibétains. Avec des fortunes diverses, ils gardent un œil sur l'évolution des rapports entre l'administration en exil et les autorités de Pékin, s'efforçant par des appels, des résolutions, des expositions, des rencontres ou des séminaires de maintenir en éveil l'intérêt pour un peuple en perdition dans son pays occupé, alors que la « raison d'État » – quand ce ne sont pas plus prosaïquement des intérêts économiques immédiats – souffle en vent contraire.

Même modestes et aux résultats aléatoires, ces initiatives suscitent rituellement des rappels à l'ordre parfois assortis de menaces de représailles à peine voilées des représentants chinois, en particulier dès qu'il s'agit de visites ou d'entretiens publics ou privés avec le dalaï-lama. Toutefois, au-delà d'appels, d'auditions, de résolutions et de recommandations, les moyens d'agir sont limités ; les parlementaires nationaux ou européens nouent des liens avec les représentants élus des Tibétains en exil, reçoivent des personnalités de passage ou des témoins, des victimes des exactions chinoises, vont voir le dalaï-lama ou l'accueillent à l'occasion, et interpellent de temps à autre leur propre gouvernement : une espèce de routine en somme, mais indispensable pour ne pas céder à l'oubli – ce qui conviendrait sans doute trop bien à la Cité interdite. Encore sous le coup des événements de l'année précédente, en avril 1990, un comité spécialisé de la Commission des droits de l'homme refuse un rapport chinois sur la torture, et l'année suivante – exception qui confirme la règle –, la sous-commission condamne explicitement Pékin pour ses manquements aux droits de l'homme au Tibet. Depuis lors, la Chine s'active inlassablement afin qu'aucun pays ne soit nommément mis en cause au cours des sessions onusiennes. Elle est en passe d'avoir gain de cause au nouveau Conseil des droits de l'homme.

Des ONG en première ligne

Ainsi, le régime de Pékin n'apprécie guère qu'un réseau international d'associations diverses proclame 1991 « Année internationale du Tibet ». Celle-ci est marquée par de nombreuses manifestations un peu partout à travers le monde, toujours pacifiques, mais souvent suffisamment voyantes pour attirer l'attention des médias. Par hasard ou pour l'occasion, quelques ministres des Affaires étrangères, et même le Premier ministre britannique, vont jusqu'à s'entretenir avec le dalaï-lama, en jouant prudemment sur son rôle spirituel plutôt que politique, ce qui ne calme pas pour autant les récriminations de Pékin. Il est vrai que les intéressés finissent par s'habituer à ces éclats de voix – même si, officiellement, personne ne tient à s'offusquer en public de ces ingérences chinoises flagrantes dans les affaires d'autrui : depuis quand un chef d'État ou de gouvernement, un ministre ou un responsable politique quel qu'il soit est-il tenu de prêter attention, a fortiori de céder, au diktat d'un pays étranger ?

Durant la dernière décennie, plusieurs résolutions ont été adoptées par le Parlement européen – y compris celles de juillet 2000 invitant les « gouvernements des États membres à examiner sérieusement la possibilité de reconnaître le gouvernement tibétain en exil comme légitime représentant du peuple tibétain si dans les trois ans un véritable dialogue n'est pas amorcé entre Pékin et les autorités tibétaines en exil », et d'avril 2002 soutenant la nomination d'un représentant spécial de l'Union européenne pour le Tibet, comme l'avaient déjà fait les États-Unis en 1997. Mais ces belles intentions sont demeurées lettre morte faute d'une mise en œuvre par les gouvernements nationaux, ce qui n'empêche toutefois pas les parlementaires intéressés de persévérer.

À défaut, grâce à des mobilisations individuelles dans l'opinion, une campagne dite des drapeaux fait peu à peu fleurir chaque année les couleurs tibétaines par centaines aux frontons des mairies et hôtels de ville d'Europe – en France, en Italie, en Allemagne, en Espagne, en Hongrie, en Belgique, en Croatie, et même en Albanie ou en Suisse, en signe de solidarité avec un peuple privé de ses droits les plus élémentaires ; manifestations et marches diffusent la revendication et le message alentour, en Europe comme aux États-Unis ; des Tibétains et des sympathisants s'investissent dans des grèves de la faim devant les bâtiments muets des Nations unies à New York ou à Genève, tandis que le geste le plus dramatique a lieu à New Delhi, lorsque Thubten Ngodup met un terme en 1998 à sa grève de la faim en s'immolant par le feu sur la place publique, dans une ultime tentative pour attirer l'attention du monde sur le sort du Tibet.

En fait de jeu à qui perd gagne, où histoire et propagande ne font pas bon ménage, c'est plutôt une course contre la montre qui est engagée, et l'objectif chinois à ce propos est sans ambiguïté. Les directives du Parti en témoignent à l'occasion de réunions de travail des cadres consacrées au Tibet : ni plus ni moins, il s'agit d'un « combat à la vie à la mort [1] ». Lorsque le but est ainsi clairement énoncé, comment ne pas l'entendre ? Question de temps, et il est compté, les Tibétains de l'intérieur comme de l'extérieur le savent. Pas forcément la communauté internationale – même s'il est vrai qu'on peut rétorquer que d'autres sont aussi menacés. Pourtant, à l'heure des choix, d'autres « valeurs » que la peur ou la complicité devraient prendre le relais d'alibis douteux.

1992, c'est l'année où reprennent les campagnes dites de rééducation patriotique en Région autonome, en même temps que le territoire est déclaré « zone spéciale de déve-

---

1. Discours de Chou En-lai au Congrès national du peuple après l'écrasement du soulèvement de Lhassa en 1959, document des Forums de travail 1980, 1984 et 1994, « Programme de développement de l'Ouest », 2000.

loppement économique » pour attirer les capitaux et que s'accélère le flux migratoire. Les plans de « modernisation » de Lhassa ressortent des tiroirs, de même que le programme de construction de la voie ferrée qui doit relier la Cité impériale à la colonie annexée. C'est aussi la fondation en Californie d'un « Comité des cent pour le Tibet », comprenant des personnalités hétéroclites – scientifiques, chercheurs, acteurs, artistes, activistes en faveur de la paix, écrivains et lauréats de divers prix Nobel. Leur but, affiché pleine page dans la presse américaine : indépendance ou autodétermination pour le Tibet, respect des droits de l'homme au Tibet et en Chine.

Au Sommet de la terre à Rio, sous l'égide de l'Onu et malgré les récriminations chinoises, le dalaï-lama rappelle une idée cardinale du bouddhisme qui tend à s'inscrire dans l'air du temps : « Nous ne pouvons plus évoquer les barrières nationales, raciales ou idéologiques qui nous séparent sans répercussions destructrices. Il va sans dire que l'interdépendance est une loi de la nature. Tous les phénomènes, de la planète où nous vivons jusqu'aux océans, en passant par les nuages, les forêts et les fleurs qui nous entourent, adviennent en dépendance de schémas subtils de l'énergie. Nous avons à prêter attention à la nature bien davantage que par le passé. C'est notre ignorance à ce propos qui est responsable de nombre de nos problèmes. »

Même si les mots s'usent et peuvent paraître par moments dérisoires, il importe de rappeler que le Tibet meurt *aussi* de nos silences. Utopie ou idéalisme, disent certains, que de vouloir se faire entendre dans la cacophonie du monde, au-delà de la duplicité des uns et de l'indifférence des autres. Mais sans doute faut-il une bonne dose d'idéalisme pour réaliser l'impossible, la liberté est à ce prix... En novembre 1992, à l'initiative d'associations de soutien aux aspirations tibétaines, une session spéciale du Tribunal permanent des peuples se tient à Strasbourg sur la situation du et au Tibet, permettant aux participants – juges, avocats et témoins – d'établir un vaste état des lieux. Documents à l'appui y sont tour à tour évoqués des aspects aussi divers que la discrimination scolaire ; le contrôle abusif des naissances et les stérilisations forcées ; la destruction de la faune et de la flore par une exploitation anarchique des richesses naturelles dangereuse pour l'environnement ; l'entreposage de déchets nucléaires ; la dégradation des conditions de vie des autochtones en raison de flux migratoires inconsidérés ; les menaces pesant sur l'histoire et la mémoire à la suite des saccages et pillages de la révolution culturelle. En bref, un réquisitoire étayé par des témoignages à l'encontre d'une politique délibérément colonisatrice qui refuse de dire son nom. Et des recommandations rappelant l'Onu à son devoir de faire respecter le droit à l'autodétermination du peuple tibétain...

Dans l'espoir de contrer ce regain d'intérêt occidental pour la question tibétaine, les autorités chinoises feignent de reprendre langue avec les exilés. Un espoir ténu renaît avec le voyage à Pékin en 1992 de l'un des frères aînés du dalaï-lama, mais sur place, rien ne change dans le sens que semble souhaiter une partie de l'opinion favorable à la revendication tibétaine. Et c'est en quelque sorte l'opinion publique qui l'emporte à Vienne en 1993, à l'occasion de la Conférence mondiale des Nations unies sur les droits de l'homme : devant les tentatives d'intimidation des représentants chinois cherchant à interdire l'accès du bâtiment de la réunion au dalaï-lama invité à s'exprimer sur le sujet avec une douzaine d'autres lauréats du prix Nobel de la paix, ces derniers font bloc autour du leader tibétain ostracisé et s'en vont tous ensemble débattre sous la grande tente des ONG bondée où un public enthousiaste les ovationne longuement.

Cependant, les positions conciliatrices des responsables en exil déconcertent et agacent, voire découragent des militants soucieux d'efficacité immédiate ou à court terme : il est vrai que le temps presse. Force est toutefois de constater que, indépendance ou autonomie, autodétermination ou fédération, le blocage fondamental est d'ordre politique, et que le régime chinois s'arc-boute sur des positions intransigeantes, n'ayant pas le moindre scrupule à faire pression à sa convenance et tous azimuts dans les chancelleries les plus diverses, et ce jusqu'aux échelons les plus élevés de l'Onu : n'est-ce pas là le sens réel de la « suggestion » de Kofi Annan aux organisateurs d'évincer le dalaï-lama du Sommet mondial du millénaire pour la paix de fin août 2000 à New York ?

Et quel autre sens donner à cet aveu d'un haut fonctionnaire de l'Unesco en marge d'un forum sur l'aide internationale au Tibet organisé par et à Pékin à l'été 2002 : « La communauté internationale est très désireuse de protéger l'héritage culturel du Tibet, mais malheureusement, le gouvernement chinois a placé de nombreux obstacles qui nous empêchent de travailler dans ce secteur... » ? Dans le même temps, dans les coulisses onusiennes, des fonctionnaires chinois s'activent sans relâche afin d'interdire par tous les moyens aux associations liées peu ou prou au Tibet de s'exprimer même en marge des conférences officielles, manœuvrant pour bloquer l'accréditation de certaines ONG tibétaines, sous prétexte qu'étant « chinoises », elles doivent être agréées par les autorités de Pékin... Les autocrates de la Cité interdite ont peut-être peur du dalaï-lama, cela n'explique pas pour autant pourquoi les Nations unies et leurs institutions spécialisées sont si souvent à l'écoute, sinon à la botte, des maîtres de Pékin – à moins d'y voir tout simplement des jeux d'influences n'ayant rien de commun avec la justice ou la vérité. Privilège aussi du droit de veto dont seuls disposent les cinq Grands depuis la création de l'Onu.

Relais juridique

En attendant que les politiques assument leurs responsabilités, des juristes prennent le relais. Après une étude en profondeur du statut du Tibet publiée en 1987, Michael Van Walt s'en est toujours tenu à une approche sans concession : pour lui, « le vrai, le seul problème tant pour la Chine que pour le Tibet est celui de la légitimité de la présence chinoise au Tibet ». Un examen minutieux des faits, ainsi que des arguments des deux parties, l'amènent à une conclusion nette : « Avant son occupation par la Chine, le Tibet était un État indépendant en fait et en droit. Il en découle que le statut actuel du Tibet est celui d'un État illégalement occupé. » D'autres études vont dans le même sens : le rapport de la Conférence de juristes internationaux à Londres en 1993 sous la présidence de Lord Ennals, ou le nouveau rapport de la CIJ de décembre 1997, *Tibet : droits de l'homme et primauté du droit*.

Obstinément sourde à ces rappels, la Cité interdite persiste à croire qu'à force de répéter la même antienne, elle finira par l'imposer partout comme elle le fait jusque dans les organisations internationales où la langue de bois contamine, quand elle ne l'étouffe pas, le débat : signe irrécusable qu'il s'agit justement d'une question politique.

Et le *Telegraph of India,* un quotidien de Calcutta, de rapporter que fin décembre 2006, le Premier ministre du Cabinet tibétain en exil a critiqué l'Onu « pour avoir fait l'impasse sur les demandes de longue date du peuple tibétain visant à recouvrer sa pleine souveraineté ».

L'expérience des années écoulées l'atteste, le régime chinois a pour habitude de jeter de la poudre aux yeux de qui veut bien s'y laisser prendre, ou de s'acheter des silences complices au prix fort si nécessaire. Il n'est pas le seul, certes. Mais pourquoi accepter des passe-droits qu'il s'octroie lui-même ? En quoi lui est-il autorisé toute latitude de se comporter à sa guise, au mépris du droit d'autrui, sinon de ses propres engagements ? C'est peut-être en se posant des questions similaires qu'un petit groupe déterminé intéressé par la cause tibétaine a trouvé un moyen d'agir. Prenant le taureau par les cornes, avec le soutien d'associations latino-américaines, des sympathisants espagnols ont déposé plainte en 2006 à l'Audience nationale de Madrid pour « génocide à l'encontre du peuple tibétain » contre plusieurs dirigeants chinois à la retraite. En vertu de sa « compétence universelle », la justice espagnole a accepté d'ouvrir le dossier, au grand dam des dirigeants chinois actuels qui ont aussitôt crié au scandale. Ce qui n'empêche pas l'instruction de suivre son cours, même si l'on sait que la justice est lente...

Selon une formule chère à la propagande chinoise, « il est de notoriété publique » que reconnaître l'intégrité territoriale de l'État chinois ne signifie pas reconnaître la légitimité de l'invasion ni de l'occupation du Tibet. Les cas récents des pays Baltes, du Caucase et d'Asie centrale ex-soviétique, voire de l'ex-Yougoslavie, illustrent à leur manière cette réflexion vieille comme le bouddhisme : « Il n'est de constant que le changement », tandis que la sagesse chinoise s'est bâtie sur le principe que ce qui est uni est voué à être séparé... Il y a néanmoins danger à laisser le malaise pourrir au cœur de la haute Asie : reporter les échéances ne fait pas oublier que les politiques coloniales n'ont qu'un temps, et que le temps des colonies est révolu. Comme d'autres avant lui, l'actuel régime chinois devra se plier à cette réalité un jour, même s'il fait tout – comme un train à hauteur des nuages – pour donner l'illusion du contraire. Car tel est le chemin, tortueux parfois, de l'histoire des hommes.

Clin d'œil, camionneurs et routiers chinois, qui connaissent par cœur le parcours Gormo-Lhassa inauguré en grande pompe le 1er juillet 2006, ont été parmi les premiers à protester contre le projet, craignant de perdre un gagne-pain qui n'est pourtant pas de tout repos. Maintenant que le chantier pharaonique est achevé et que d'aucuns s'extasient devant l'exploit, peut-être le temps vient-il pour les politiciens d'en prendre la mesure... politique justement, au-delà du militaire ou du stratégique, et de songer que lorsque le Toit du monde, ou de la maison des hommes, s'abîme en raison de l'incurie des uns et de l'insanité des autres, c'est leur existence même qui est menacée.

8.

Entre rêve et cauchemar,
le Tibet

*La quête du sens culmine en l'apparition
d'une réalité au-delà du sens, et qui la désagrège,
la détruit.*

Octavio Paz

Himalaya, Tibet, Lhassa : il n'y a guère, à peine prononcés, ces noms faisaient miroiter des rêves tissés d'immensités, de sérénité et de nuages. Au-delà des clichés, de l'envol des récits, des souvenirs en vrac, des couleurs en pagaille saisies dans un noir et blanc souverain, quelle réalité ?

L'Himalaya ? Pris d'assaut par des intrépides il y a près d'un siècle, il ne s'est laissé approcher – et non pas vaincre – que petit à petit, massif après montagne, et ses plus hauts sommets sont à chaque fois un défi. Les uns l'emportent, d'autres pas : tel est le jeu de hasard auquel continuent de se livrer les plus téméraires. Le Tibet ? Il n'y a pas si longtemps, un peu plus d'un demi-siècle à peine, il faisait encore figure de pays interdit, cette fois malgré lui, pris sous la férule chinoise. De nos jours, c'est la destination privilégiée de touristes chinois qui le découvrent avec autant d'émotion que n'importe quel visiteur d'ailleurs, mais surtout, c'est une terre d'appropriation dont les

249

maîtres de Pékin happent goulûment les richesses pour hâter leur course mégalomane.

Lhassa ? Naguère mythique capitale des dalaï-lamas, c'est aujourd'hui la station terminus provisoire du train de la colonisation, qui déverse chaque jour sur place son contingent d'aventuriers, de pauvres diables migrants et de fonctionnaires chinois afin de rendre irréversible la conquête de l'Ouest version han. L'inauguration en fanfare de la gare le 1er juillet 2006 ne fait qu'accélérer le mouvement destructeur qui, en moins de vingt ans, a fait de cette cité emblématique de la culture et des traditions tibétaines une quelconque ville chinoise d'une modernité douteuse où le Potala lui-même semble un décor incongru. Les Tibétains, eux, survivent plutôt mal que bien, en une existence parallèle, comme en marge de leur propre histoire. S'étonnerait-on dès lors qu'ils soient toujours nombreux – deux à trois mille par an – à tenter le terrible défi de la traversée himalayenne, avec au bout du chemin, l'espoir d'une certaine liberté ?

Quitte à en payer le prix, et il est lourd – comme l'a démontré l'embuscade le 30 septembre 2006 sur le glacier du Nangpa-la, à cinq mille mètres d'altitude, où un groupe de quelque soixante-dix Tibétains, dont une quinzaine de jeunes enfants, ont été pris pour cible par une patrouille chinoise qui les a tirés « comme des lapins, des rats ou des chiens », devait préciser un témoin oculaire, tuant une jeune nonne et blessant un adolescent ; les enfants ont été arrêtés avec plusieurs autres candidats à l'exil, tandis que les plus chanceux parvenaient à fuir et à gagner la frontière népalaise proche, où des Sherpas les ont convoyés en lieu sûr.

Il aura fallu qu'une équipe de grimpeurs occidentaux soit en train de faire l'ascension du Cho Oyu, à courte distance du drame, et que l'un d'entre eux ait la présence d'esprit de saisir sa caméra pour que ces images sans appel corroborent des récits de faits antérieurs analogues auxquels d'ordinaire pas grand monde ne prête attention. Il aura fallu aussi que, révoltés par ce qu'ils ont vu, des montagnards témoignent dès leur arrivée au Népal, alors que des responsables d'expédition semblent avoir tenté de les en dissuader, craignant de se voir privés de permis pour poursuivre leurs activités. Les premières dépêches d'agences indiquent même que des fonctionnaires chinois de l'ambassade à Katmandou ont convoqué quelques-uns des randonneurs afin d'essayer de les faire taire. Et il aura fallu une dizaine de jours pour qu'après avoir déclaré tout ignorer de l'incident, Pékin trouve enfin la parade : ses garde-frontières ont dû faire face à une « tentative d'émigration clandestine et ont été attaqués par les fuyards, si bien qu'ils ont tiré pour se défendre »... Du moins, telle est la version concoctée par Chine nouvelle, porte-parole officiel de la Cité interdite.

Des images qui ont fait (presque) le tour du monde : pour une fois, les grandes chaînes de télévision d'information avaient quoi montrer, quelque chose de spectaculaire et en quelque sorte d'inédit, un scoop d'un genre un peu particulier – non pas une mise en scène, simplement des images quasiment en instantané, prises sur le vif, volées au mensonge d'État. De surcroît, l'image était belle : cette colonne de gens marchant sur fond éblouissant de neige et de montagne de lumière, sous un ciel d'azur, et soudain ce coup de fusil qui déchire le silence, un corps en tête qui s'effondre, les marcheurs qui marchent, et un soldat qui épaule, qui tire, puis des soldats qui farfouillent dans la neige, se concertent tandis que d'autres fument. Un épisode de plus d'un drame qui se joue depuis des années dans une quasi-indifférence.

Quelques jours plus tard, on apprenait l'arrestation de trois personnes à Lhassa, deux Tibétains et un Sherpa, soupçonnés d'être des passeurs pour les candidats à l'exil – mais l'incident était vite oublié, d'autres images occupaient le devant de la scène médiatique. Pourtant, à Hong Kong, on annonçait que les agences de voyages de Pékin suspendaient leurs services pour le Tibet « en raison de brusques changements climatiques qui ont détérioré les routes ». Drôle de coup de froid...

Décalage

En fait, le plus frappant peut-être dès qu'il s'agit du Tibet, c'est le décalage entre l'opinion et les gestionnaires de la politique. Dans le monde, l'attrait est indéniable pour cette infime partie de la Terre juchée si haut, quel que soit le versant par lequel on l'approche. Le Tibet intéresse, agace ou interpelle, mais laisse rarement indifférent, à en juger par la diversité des raisons avancées pour s'y attacher. Peut-être est-il aussi obscurément emblématique du malaise d'une société aux prises avec ses errements et ses conflits, au point de ne plus savoir comment maîtriser son propre destin.

À l'heure où d'aucuns ont proclamé la mort des idéologies, voire la fin de l'histoire, et d'autres prédit le choc des civilisations ou le retour des guerres de religions, à sa manière, le Tibet infirme ces suppositions. Mort des idéologies ? C'est au nom de l'une d'elles, le colonialisme masqué en socio-capitalisme dictatorial, qu'il est occupé par une puissance étrangère. Fin de l'histoire ? Qui donc empêcherait l'histoire de se dérouler à son rythme et pas uniquement selon le bon vouloir des hommes ? Choc des civilisations ? Quoi qu'elles fassent, elles sont vouées à s'entendre vaille que vaille, à moins de provoquer un tel chaos qu'à son issue il n'y aurait ni vainqueurs ni vaincus. Le bouddhisme, lui, offre d'autres voies que celles de la confrontation. Guerres de religions ? Aujourd'hui, le dalaï-lama n'y croit pas et s'attache à démontrer qu'elles n'ont pas de raison d'être : détermination à apaiser les tensions au lieu de jeter l'étincelle qui allume les incendies de la haine dans un monde où s'amoncellent les périls.

Peut-être est-ce là l'une des clés d'un certain attrait du bouddhisme, particulièrement dans sa version tibétaine, pour une partie sensible de l'opinion publique. S'y ajouteraient des motifs individuels, aussi variés qu'il y a de voies choisies. Car si les responsables politiques, pour la plupart, rechignent à s'engager ouvertement, il n'en va pas de même dans des milieux très divers : une sorte de générosité sans frontière, indispensable pour pallier les défaillances officielles.

Paradoxe également – mais ce n'est pas le seul : depuis que les Tibétains sont en exil, jamais semble-t-il le Tibet n'aura été autant présent sinon dans le monde, du moins au monde. Si les dirigeants de tous bords et de tous pays font preuve d'une frilosité exemplaire, les associations à buts aussi multiples que les motivations de celles et ceux qui les fondent renvoient l'écho de préoccupations à la fois quotidiennes et à long terme : un engagement affectif doublé d'une capacité d'aide concrète à la mesure de rencontres nées de cette découverte réciproque. Ou de ces improbables aventures humaines croisées et partagées, au gré de voyages qui finissent par donner une couleur imprévue à l'existence.

À n'en pas douter, le Tibet inspire et donne parfois des audaces frisant la témérité : des coups d'éclat médiatiques ont pris le relais de grandes marches européennes en faveur de la liberté pour le Tibet qui s'étaient succédé dans la dernière décennie du siècle passé à Bruxelles, Genève, Paris et Londres. Ainsi, des alpinistes chevronnés ont apporté leur concours afin de faire flotter les couleurs tibétaines en des lieux emblématiques – sur Notre-Dame, à l'étage de la tour Eiffel, sur une tour de l'église Saint-Sulpice à Paris, ou encore sur la colonne Nelson à Trafalgar Square, dans la capitale britannique. Fin avril 2007, un petit commando déterminé parvenait à se rendre incognito au camp de base de l'Everest pour y déployer une banderole proclamant « *One world One dream Free Tibet* », avant d'être arrêté par des policiers et soldats chinois. Protégés par leur passeport américain, les cinq activistes n'en ont pas moins passé cinquante-cinq très mauvaises heures avant d'être reconduits à la frontière népalaise. Détournant ainsi le slogan officiel des Jeux olympiques de 2008, ce pied de nez n'a pas vraiment été du goût de Pékin, d'autant que cette promotion inattendue a fait aussitôt le tour des télévisions anglophones. Un autre petit groupe tout aussi décidé a réitéré l'exploit en août, cette fois sur la Grande Muraille près de Pékin, avant d'être arrêté et expulsé en vitesse.

En Inde, un jeune écrivain remuant, par ailleurs activiste têtu, a réussi par deux fois à attirer l'attention publique et médiatique en 2001 et 2005, à l'occasion de visites officielles de deux Premiers ministres chinois successifs, Zhu Rongji et Wen Jiabao. À Mumbai d'abord, échappant à la vigilance policière, au sommet d'un hôtel-tour, il a déployé une banderole « *Free Tibet* » tandis que l'hôte chinois s'entretenait avec des hommes d'affaires indiens, et il a récidivé à Bangalore lors de la venue du second. Pour la première visite du président Hu Jintao en novembre 2006 à Delhi, ordre lui a été officiellement signifié de ne pas quitter Dharamsala à ces dates sous peine de sanctions. Ce jeune homme en colère dit : « Rechercher la bouddhéité est une chose, la liberté pour un pays en est une autre. Nous nous battons pour être libres dans le monde et non pour nous libérer du monde »...

Des randonneurs européens ont cheminé en caravane de village en hameau en passant par des refuges à travers les Alpes de France, d'Italie et de Suisse durant des semaines estivales pour faire mieux connaître la lutte pacifique du peuple tibétain. Des marches d'un jour rassemblent régulièrement ici ou là de petits groupes régionaux, qui du côté du Vercors, qui sur les pentes du mont Ventoux. Des initiatives similaires se réalisent aux États-Unis et au Canada en faveur de l'indépendance du Tibet... Et un trio d'activistes a réussi à déployer le 1er juillet 2006, en gare de Pékin, une banderole de protestation contre l'inauguration le jour même de la voie ferrée de la colonisation, tandis qu'un peu plus tard un Tibétain solitaire brandissait pendant quelques minutes un drapeau tibétain sur la place Tiananmen avant d'être prestement mis hors d'atteinte des forces de l'ordre chinoises.

Au cours des dernières années, le nombre ne cesse de croître de mairies de villes et villages d'Europe hissant les couleurs tibétaines en permanence ou à l'occasion du 10 mars marquant l'anniversaire du soulèvement de Lhassa en 1959, au vif mécontentement des autorités chinoises qui se récrient avec une belle régularité. Députés et sénateurs membres de groupes d'études de la situation au Tibet parrainent des prisonniers d'opinion, et quelques hommes d'affaires – surtout américains – usent de leur influence auprès de leurs interlocuteurs chinois pour en tirer de leurs geôles moyennant des avantages en nature, voire des transactions financières. Serait-ce simplement par grandeur d'âme, pour la beauté du geste, parce que c'est dans le vent, ou bien est-ce le Tibet qui apporte une autre dimension à la réflexion sur l'avenir du monde en ces temps de mondialisation à tout-va ?

Tentations à double sens

Ceux qui s'en agacent, et ils sont nombreux, avancent la « starisation » du dalaï-lama devenu « icône » – malgré lui, ce phénomène, quoique d'un goût douteux, témoigne de la confusion ambiante et d'une profonde désorientation de l'opinion. La commercialisation du bouddhisme tibétain, assimilé à une marque, un produit, voire un gadget « inscrit dans la tendance » d'un moment ? C'est peut-être une tentation qui affecte bon nombre de croyances que d'avoir ses marchands du temple... Rituels, offrandes, études et dévotion conjurent la peur, allègent la vie en cultivant l'espoir – et parviennent même parfois à dissiper l'ignorance.

Devant le silence – la complaisance, la complicité, l'indifférence ? – des démocraties, la communauté tibétaine exilée est soutenue par une nébuleuse de sympathisants et d'amis, une espèce de réseau informel et très présent sur la Toile favorisant la circulation de l'information. Au risque de créer une manière de Tibet virtuel... Ainsi se nourrissent cependant et se renforcent des initiatives locales qui forment rempart contre l'oubli. La parole contre les armes, la foi cardinale en une justice contre la propagande. Il arrive, rarement il est vrai, que cela marche, et l'histoire des hommes en garde la mémoire : question de patience, de temps – d'autant plus difficile quand le sentiment prévaut qu'il est compté.

Le temps presse pour le Tibet, et les Tibétains en ont une conscience aiguë, à l'intérieur comme à l'extérieur. Tandis que d'une part le Tibet se creuse une niche sur l'échiquier du monde et que quelques célébrités montent au créneau pour lui servir de porte-voix, d'autre part, sur son propre territoire ancestral, sa présence se réduit comme une peau de chagrin. Il ne s'agit pas seulement des flots de migrants qui l'inondent chaque jour un peu plus, visant à le submerger, mais aussi de la menace qui pèse sur son environnement, l'un des plus délicats de la planète et déjà grandement fragilisé par les bouleversements subis au cours du dernier demi-siècle.

À cette altitude, les enjeux ne sont pas minces, et ils concernent sinon la planète dans son ensemble, du moins le continent asiatique, et plus largement sans doute toute l'Eurasie. Autant dire une bonne partie du monde. Des chercheurs et scientifiques chinois sont affairés à en répertorier le pactole : plus de 40 % des ressources recensées à l'intérieur des frontières actuelles de la Chine se trouvent au Tibet, de l'arsenic au zinc en passant par la bauxite, le charbon, le fer et l'uranium, sans négliger l'or, le jade ni le saphir, pas plus que le quartz ou le sel, ni même le pétrole. La mise en service du train a été l'occasion de fournir quelques chiffres : en février 2007, Pékin estimait les nouvelles découvertes à 128 milliards de dollars en minerais divers, allant d'un milliard de tonnes de minerai de fer à quarante millions de tonnes de zinc et de cuivre, ainsi que des réserves substantielles de plomb, de pétrole et de gaz. Une aubaine pour une économie survoltée.

À moins que l'eau ne soit la plus précieuse de ces richesses : à l'heure où cette question devient lancinante, se profilant à la fois comme problème et priorité parmi les préoccupations majeures de la communauté humaine, certains mesurent soudain le rôle cardinal du Pays des monts neigeux. La profondeur du ciel au-delà de l'impuissance des idéologies ? Peut-être, en un sens, au-delà des songes éthérés d'un Shangri-la de pacotille, la convoitise de biens très matériels à exploiter aux dépens d'autrui. Car ces hauts plateaux détiennent une clé essentielle sinon du ciel, sans doute du défi de l'eau : les plus grands fleuves d'Asie et une kyrielle de rivières qui les alimentent prennent leur source au cœur des glaciers qui jalonnent ces étendues.

Château d'eau

D'après des chiffres officiels, le Tibet recèle environ 20 % des ressources hydrauliques de la Chine : des grands lacs comme le Koukounor, le Namtso, le Yamdrok ou encore le Manasarovar et le Rakshastal, jusqu'aux trois cent soixante-cinq rivières – une pour chaque jour de l'année ! – qui ruissellent au pied des montagnes les plus hautes du monde. Une capacité hydraulique qui fait rêver des ingénieurs aux yeux rivés sur un avenir meilleur à tout prix. Un vrai château d'eau, d'où entament leur longue course jusqu'aux océans ces cours d'eau mythiques que sont le fleuve Jaune, le Yangtsé, le Mékong, la Salouène, l'Irrawaddy, le Yarlung Tsangpo qui s'appelle plus bas le Brahmapoutre, la Sutlej et l'Indus, la Karnali qui se joint à la

Trishuli, la Sunkosi et l'Arun pour se fondre dans le Gange sacré...

Au vu de ces particularités, une interrogation s'impose sur le devenir de ces hautes terres : et si leur avenir nous concernait tous ? Comme souvent à propos du Tibet, deux attitudes se dessinent, voire s'affrontent. Le régime chinois a aujourd'hui les moyens financiers de s'offrir toutes les technologies avancées que les grandes multinationales se bousculent pour lui apporter sur un plateau d'argent et à prix d'or. La concurrence est si rude pour la conquête de ce marché mirobolant qu'aucun scrupule ne semble refroidir les ardeurs dans la course au profit. Mais si tout est à vendre, y compris l'âme d'autrui, est-ce qu'il est réellement possible de tout acheter ?

Ceux qui en subissent les conséquences ne sont guère consultés, et nul ne s'avise de leur demander leur avis. Sur place, touchés de plein fouet, les Tibétains voient leur mode de vie systématiquement dénigré et saccagé, ils ne récoltent que les miettes d'une modernisation imposée dont les colons chinois sont les principaux bénéficiaires. À l'étranger, les exilés s'exaspèrent de l'aveuglement chronique des responsables des affaires du monde, alors que se détériore inexorablement l'environnement des hauts plateaux himalayens. C'est bien joli de leur coller l'étiquette de « Toit du monde » – elle fait rêver, pourtant « le Toit du monde » glisse subrepticement vers une autre image encore, celle d'une maison commune, avec des pièces multiples abritant des locataires divers et des myriades d'espèces. Et si le toit de la maison se dégrade, le réveil risque d'être rude, faute d'avoir prêté attention aux signes avant-coureurs avertissant de l'approche des périls.

« Le monde naturel est notre foyer, dit le dalaï-lama. Il n'est pas nécessairement saint ou sacré, c'est simplement là où nous vivons. » Selon la vision bouddhiste du monde, à négliger l'environnement sans respecter ses fragiles équilibres, l'enchaînement des causes et de leurs conséquences mène la ronde, exigeant des humains qu'ils assument, tous et chacun, leurs responsabilités. Apparemment, le régime chinois ne se soucie que de ses propres intérêts immédiats, l'annexion du Tibet lui offrant un champ d'expérimentation et d'action à la mesure des ambitions de dirigeants engagés dans une « montée en puissance pacifique ». Tout aussi pacifique que la « libération » du Tibet ?

Derrière tant de déclarations d'intentions si lénifiantes qu'elles éveillent le soupçon, les autorités chinoises peinent parfois à masquer des projets qui mûrissent dans les bureaux ministériels ou les centres d'études à l'abri du regard public : autant de secrets d'État dont la divulgation peut valoir de sérieux ennuis à quiconque oserait enfreindre la loi du silence. Pourtant, certains plans échafaudés concernent des cercles bien plus larges qu'il n'y paraît à première vue. Ainsi l'éventualité d'un détournement des eaux du Yarlung Tsangpo, qui traverse le Tibet sur plus de la moitié de son parcours de près de trois mille kilomètres pour se jeter dans la baie du Bengale après des étapes en Inde et au Bangladesh, vers le fleuve Jaune afin d'étancher les soifs du Nord-Ouest chinois : l'idée a fait une timide apparition publique en 1996, dans un magazine américain.

Dans le cadre d'un projet pharaonique dont le régime chinois n'a pas peur, il s'agit d'aller puiser dans les eaux du Brahmapoutre, du Mékong et de la Salouène, à un coût nettement supérieur – trois fois plus, selon des estimations de spécialistes – aux dépenses consenties pour le fameux barrage des Trois Gorges. La perspective ne déplairait pas au président chinois actuellement en place, et les travaux

seraient envisagés à partir de 2010, impliquant la construction d'un superbarrage au pied de la Namcha Barwa, au
« Saut du Tigre », dans la première grande boucle du
fleuve avant qu'il ne descende vers l'Inde. Le projet a
d'abord suscité l'incrédulité, et l'on n'en a plus guère
entendu parler, sauf à l'occasion de rencontres officielles
entre dirigeants indiens et chinois. Jusqu'en octobre 2006,
lorsque Wang Shucheng, ministre des Eaux, a déclaré
l'idée « inutile, infaisable et non scientifique ». Ce qui n'a
rassuré qu'à moitié les responsables des pays limitrophes,
rendus méfiants à la suite d'informations contradictoires :
en août 2006, Li Guoying, directeur du Comité de conser-
vation des eaux du fleuve Jaune, n'avait-il pas de son côté
confirmé les plans chinois de détourner des eaux tibétaines
vers la Chine continentale ? Un ouvrage était paru à la
même époque sous le titre *Les eaux du Tibet sauveront la
Chine*.

Le Bangladesh suit lui aussi le dossier avec attention : en
mai 2007, l'un de ses spécialistes prédit une désertification
massive à court terme. Le parc national des Sundarbans,
le delta du Brahmapoutre-Yamuna, inscrit au patrimoine
de l'humanité, serait emporté par la catastrophe avec ses
îles, ses villages de pêcheurs, ses hommes et ses tigres. À
en croire un rapport du WWF de mars 2007, des dix
rivières les plus menacées du monde, quatre ont leur
source au Tibet : le Yangtsé (Dri-chu), la Salouène (Ngul-
chu), le Mékong (Za-chu) et l'Indus (Sengye Khabab).

Air du temps ou non, les questions écologiques s'invitent sans façon dans les conversations diplomatiques des
deux géants asiatiques, lancés dans une course-concurrence
dont les paris sont ouverts, les avantages de l'un n'étant
pas forcément les désavantages de l'autre. Pris dans ces
tenailles, le Tibet. Mais lequel ? Car l'écologie se décline

également sur le mode politique entre New Delhi et Pékin. L'Inde attend toujours des explications de sa voisine concernant de soudaines inondations en juin 2000 en Arunachal Pradesh, puis en juillet-août de la même année en Himachal Pradesh, à l'autre bout de son territoire himalayen. À chaque fois, il y a eu des victimes et d'importants dégâts – sans que l'origine en soit officiellement repérée : les pluies de mousson n'étaient même pas au rendez-vous.

Une piste s'est ébauchée au début de 2006 : la construction d'une usine hydroélectrique sur le cours supérieur de la Sutlej, alors que d'autres sont en projet sur ses affluents. Du coup, les ingénieurs indiens comprennent mieux l'envasement rapide signalé ces dernières années des eaux qui descendent du haut plateau tibétain et qui provoquent des difficultés imprévues sur le chantier du barrage de Nathpa Jhakri en territoire indien. En 2005, le lac Pareechhu au Tibet a subitement débordé, entraînant une nouvelle fois des perturbations dans le bassin de la Sutlej.

Du côté du Mékong, l'atmosphère n'est guère plus détendue, les riverains concernés se plaignant à mots à peine couverts de la politique du fait accompli pratiquée par les autorités chinoises. Des bateaux qui mettaient naguère trois jours à descendre vers la mer doivent compter aujourd'hui un mois pour arriver à bon port : les réservoirs de barrages nouvellement construits au Yunnan retiennent les eaux qui ne coulent plus à leur rythme. Insouciance écologique, ou dessein inavoué ? Si les dirigeants politiques hésitent à poser franchement la question, villageois et citadins éparpillés sur les rives des fleuves depuis des siècles s'interrogent, eux, quant à leur avenir.

Il n'empêche : ces ratés de la communication ne concernent pas uniquement les relations bilatérales sino-indiennes, ils renvoient aussi à l'utilisation sans scrupule des eaux tibétaines par le régime qui les a accaparées, de surcroît au mépris des traditions locales. Et les plans annoncés de détournement des eaux autour des sources du fleuve Jaune, le Ma-chu tibétain, à proximité des lacs sacrés de Taring et de Ngoring, en Amdo cette fois, ne sont pas pour calmer les inquiétudes des nomades qui voient la prairie ancestrale inexorablement rétrécir tandis qu'ils sont contraints à la sédentarisation, sous prétexte de surexploitation de la terre... Écologie, politique et économie se rejoignent une fois de plus sur le dos des Tibétains.

Ainsi donc, le Tibet n'est pas seulement une histoire virtuelle répercutée par la Toile sur un réseau planétaire. Le président chinois, Hu Jintao, a pu personnellement en prendre une petite mesure lors de sa première « visite historique » en Inde à la mi-novembre 2006. Visant officiellement à établir les bases d'une solide coopération économique entre les deux grands d'Asie, ce déplacement a été émaillé de protestations colorées à chacune des escales – New Delhi, Agra et Mumbai –, en dépit des efforts des forces de l'ordre en alerte et des injonctions chinoises intimant à leurs hôtes indiens de ne pas tolérer pareille agitation chez eux. Pari difficile pour la « plus grande démocratie du monde » qui se targue de respecter scrupuleusement la liberté d'expression, prise soudain entre les honneurs dus au visiteur et les devoirs assumés envers les réfugiés...

Embarras indien

Une bourde, sans nul doute calculée, à la veille de cette visite avait néanmoins braqué une partie de l'opinion et des cercles dirigeants : la réactivation publique de la revendication chinoise de l'ensemble de l'Arunachal Pradesh, sous prétexte de la présence à Tawang du monastère bouddhiste du même nom, lieu de naissance du VIᵉ dalaï-lama. Tant et si bien que quelques centaines d'Arunachalis n'ont pas hésité à descendre de leurs montagnes pour se joindre aux contestataires tibétains qui ont conspué le président chinois à chacune de ses étapes, souhaitant ne pas lui faire oublier que le Tibet existait bel et bien même sous la botte, et que les Tibétains n'avaient nullement renoncé à faire valoir leurs droits fondamentaux si totalement ignorés sur leur propre sol.

Comme ailleurs, seul le leader de l'opposition au Parlement s'est aventuré à soulever durant un entretien avec l'hôte chinois la question qui dérange, à savoir la possibilité d'un voyage du dalaï-lama au Tibet. Ce à quoi il lui fut répondu sur un ton glacial que c'était au dalaï-lama de faire le premier pas... Les déclarations chinoises ne sont cependant pas passées inaperçues, et un parlementaire indigné a remis une lettre ouverte au Premier ministre indien, dont copies ont été envoyées aux ministres des Affaires étrangères, de la Défense et de l'Intérieur. Après avoir relevé l'indélicatesse diplomatique des propos chinois, Thupstan Chhewang constate : « Vivant pour ainsi dire à côté [des Chinois] au-delà des puissantes montagnes himalayennes, nous sommes pleinement conscients de la profondeur et de l'ampleur de leur fourberie. Ce qui est choquant, c'est de voir maintenant qu'ils n'observent même pas un minimum de décence ou de retenue. » Et de rappeler, tout en y mettant les formes, l'occupation tout aussi illégale de l'Aksai Chin annexé en 1962, avant de souligner : « Démocrates convaincus, c'est un privilège et un honneur pour nous d'être les hôtes du dalaï-lama et des Tibétains. Sa Sainteté et ses fidèles nous l'ont bien rendu et ne nous ont pas causé le moindre désagrément. Il ne serait pas exagéré de dire qu'au contraire, ils ont joliment contribué à préserver les traditions du Bouddha dans son pays natal. [...] Seuls le dalaï-lama et le peuple tibétain ont le droit de décider du destin de leur terre dont ils ont été illégalement évincés de force. Compte tenu de ces précisions, nous vous prions de bien vouloir transmettre nos sentiments au distingué visiteur. » La dépêche d'agence ne spécifie pas la suite donnée à ce message.

Autre son de cloche du côté de Pékin, où lors d'une conférence de presse régulière, Jiang Yu, porte-parole du ministère des Affaires étrangères, répond le 21 novembre 2006 à un journaliste : « Quant aux manifestations que vous venez de mentionner, c'est la clique du dalaï-lama qui les a orchestrées dans le but de saboter les relations sino-indiennes, d'abuser l'opinion internationale et de semer la confusion. La position du gouvernement indien sur le problème du Tibet est bien claire. Il reconnaît que la Région autonome du Tibet est une partie intégrante du territoire chinois et n'autorise pas les Tibétains en Inde à mener des activités antichinoises. Nous attachons un grand prix à ces engagements pris par le gouvernement indien et exprimons notre appréciation à cet égard, tout en souhaitant que la partie indienne puisse s'en tenir à cette position et honorer ses engagements. » Il y aurait donc un « problème du Tibet » ?

Telle serait l'une des conclusions de cette visite historique du président chinois en Inde, qui a été marquée par la signature de divers accords économiques permettant de jeter un voile pudique sur les sujets qui fâchent. Elle aura néanmoins été l'occasion pour analystes et commentateurs indiens de sortir du placard le dossier tibétain, d'en réévaluer les enjeux et de dire plus clairement que jamais, à la lumière des récentes évolutions, qu'entre l'Inde et la Chine, il y a bel et bien le Tibet. On ne refait pas l'histoire, certes, ce qui ne veut pas dire que ce qui a été fait, bien ou mal, par les hommes ne saurait être défait par ceux qui leur succèdent génération après génération : leur longue histoire en porte d'innombrables témoignages. Ni l'Inde ni la Chine ne font exception, alors pourquoi le Tibet ?

Tandis que dans l'Union européenne, l'air du temps semble revenir à des chamailleries indignes des défis à relever et que, de l'autre côté de l'Atlantique nord, les milieux dirigeants s'embourbent sur des routes sans issue, les deux éléphants asiatiques se mesurent depuis le début d'un siècle dont les pythies modernes avertissent qu'il sera le leur. Probable, mais sous quels auspices ? Avec un léger recul, il apparaît nettement, dans la foulée de cette visite de 2006 suivie au demeurant d'assez loin par la presse internationale, que le Tibet garde envers et contre tout la clé des relations de bon ou mauvais voisinage entre New Delhi et Pékin. Ce qui n'est pas dénué d'importance pour le reste du monde. Le défi qui se profile sous le refus obstiné de le voir, c'est la question tibétaine : économique, démographique, écologique, culturelle, spirituelle ou politique, elle va bien au-delà de l'affrontement feutré auquel se livrent pour l'instant les deux grands de demain – et dont l'enjeu est aussi en un sens notre propre liberté. Divers exemples indiquent que les peuples comme les individus peuvent disparaître un temps sous les effets conjugués de circonstances adverses, il en reste non seulement des traces témoignant de leur pérennité, mais également des noyaux durs qui en sauvegardent la quintessence.

Un exil fécond

Pour les Tibétains, aussi douloureux soit-il, l'exil aura également été en un sens libérateur : il aura permis, à l'extérieur de la terre natale, l'apprentissage de la liberté sur la terre originelle du bouddhisme, en revivifiant en une curieuse simultanéité la tradition. L'occasion d'élaguer pour ne garder que l'essentiel et de rejoindre d'autres regards sur le monde à l'heure où béent les lignes de fractures et où se redéfinissent des avenirs qui seront ce que nous en ferons.

Quoi qu'en disent les actuels locataires de la Cité interdite, ils ne pourront pas faire l'économie de la question tibétaine. Une fois établie la part fondatrice des faits entre deux versions contradictoires d'une histoire complexe d'influences et de voisinage, force sera d'en tirer les conséquences et d'élaborer les modalités d'une coexistence dans le respect des diversités, et non sous le joug d'un rapport de force à l'évidence déséquilibré.

Le dalaï-lama le sait à sa manière, les Tibétains du dedans comme du dehors montrent qu'ils ont commencé à le comprendre : ce qui s'est passé en 1995 avec le jeune panchen-lama, à peine reconnu selon les rites qu'aussitôt kidnappé par les autorités chinoises et « remplacé » par un successeur de leur choix, n'est qu'une répétition générale de leurs desseins une fois le XIVe dalaï-lama sorti de scène. Le moment venu, nul ne peut prédire ce qu'il adviendra. D'où l'urgence pour le chef spirituel et temporel des Tibétains d'entamer le dialogue avec les tenants du régime en place face à la nécessité de réconciliation, afin de ne pas verser dans la violence. Reste aux autocrates chinois à en prendre, eux, également conscience. Le pouvoir peut, momentanément, se trouver au bout du fusil, il n'a pas celui de tuer les idées. Et le Tibet est aussi une idée, une idée qui dérange, qui peut faire peur. Du moins à certains dirigeants engoncés dans leurs certitudes.

En fait, New Delhi se trouve à son tour face à un dilemme : devant l'affirmation résolue d'une Chine si sûre de son bon droit qu'elle en devient arrogante, l'Inde semble contrainte de lui emboîter le pas pour s'inscrire dans une course demeurée éloignée de sa nature. La concurrence est sans merci, certes, mais comment ignorer que les véritables enjeux se situent au-delà des intérêts mercantiles, sur un plan sans doute différent ? Le régime chinois a fait son choix depuis des années, en tournant le dos à ses propres professions de foi, et mène en conséquence une politique qualifiée de pragmatique autant à l'intérieur qu'à l'extérieur : main de fer dans un gant de fer, inutile pour les autocrates en place de s'embarrasser de scrupules ou de prétendues valeurs tant que les décideurs de partout mettent genou en terre et renoncent à toute réflexion, obnubilés qu'ils paraissent par les promesses de gains immédiats et d'un avenir radieux à la chinoise...

L'Inde pour sa part donne l'impression de se tâter : la « plus grande démocratie du monde » qu'elle se targue d'être peut-elle ainsi capituler devant le plus grand régime autocratique du monde en trahissant ses propres principes ? Avec le retour aux affaires du vieux parti du Congrès, main de fer dans un gant d'apparence veloutée, la libéralisation va son train et, dans les grandes villes consommatrices, les valeurs traditionnelles vont désormais aux orties. Du coup, la compétition dévoile d'autres facettes et les choix deviennent acrobatiques. Entre les devoirs d'hospitalité envers l'étranger, fût-il réfugié tibétain, et de libre

expression d'une contestation pacifique à l'égard d'un visiteur, de marque peut-être, mais à la susceptibilité à fleur de
peau, la voie est étroite afin de ne pas commettre d'impair.
Quand la complaisance devient-elle complicité ?

Au petit jeu des coïncidences, la visite de Hu Jintao du
20 au 23 novembre 2006 est précédée puis suivie de signes
indicatifs : ils pointent pour l'essentiel vers le Tibet. La
première exposition jamais réalisée à Pékin sur les droits
de l'homme a lieu du 17 au 26 novembre, comme en
écho aux réactions dans le monde à l'incident meurtrier du
Nangpa-la fin septembre. La réactivation des prétentions
chinoises sur l'Arunachal Pradesh se produit juste avant
l'arrivée du président chinois à New Delhi. Réponse du
berger à la bergère, dans le même temps, le Centre tibétain
de recherches parlementaires et politiques, dont le siège se
trouve dans la capitale indienne, organise une conférence
internationale de représentants d'une dizaine de Régions
autonomes dans des frontières nationales officiellement
reconnues (Écosse, Catalogne, Groenland, Tyrol du Sud,
Québec, Hong Kong notamment), avec la participation de
Fu Hualing, directeur du Centre pour l'étude comparative
des lois de l'université de Hong Kong. Lors de cette rencontre souhaitée par le dalaï-lama à l'issue d'une visite au
Tyrol du Sud, chacun a fait le point de la situation dans
sa région, soulignant les traits pouvant servir d'inspiration
ou de modèle à une authentique autonomie telle que l'en-
visage le hiérarque tibétain. Selon Fu Hualing, très attendu
dans ce débat, la Constitution chinoise serait une belle au
bois dormant : réaliser pleinement son potentiel, ce qu'elle
stipule noir sur blanc, « créerait une équipe imbattable – le
fameux *dream team* à la mode sous d'autres latitudes –
avec le dragon économique chinois bien réveillé, afin de
répandre prospérité et liberté à une grande partie de

l'humanité ». Jolie formule, susceptible d'allumer des étoiles dans les regards de tous ceux qui rêvent, ne serait-ce qu'en Asie, à un monde meilleur... D'après cet expert, pour mettre en pratique ces dispositions constitutionnelles, qui seraient évidemment porteuses d'une véritable autonomie pour le Tibet, il suffirait de pas grand-chose : une volonté politique. Et d'expliquer que « le Tibet n'est pas une priorité pour les leaders chinois », les neuf membres cooptés du Bureau politique qui contrôlent le destin de la Chine. Car ceux-ci, « même s'il y avait volonté politique, craignent que d'autres Régions réclament la même chose », cela malgré les « quatre singularités – région, culture, signification et traitement – qui caractérisent le Tibet ».

Autre hasard, le 28 novembre 2006, l'agence Chine nouvelle annonce que le Conseil des affaires d'État « a récemment décidé de poursuivre sa politique de soutien au Tibet afin d'en promouvoir le développement économique et social, notamment dans la construction d'infrastructures telles les voies ferrées et de mise en valeur du patrimoine ». Pour favoriser notamment une lente asphyxie par le tourisme.

En arrière-plan, des ombres se profilent. La puissance affichée dissimule mal les faiblesses, les manques et les déficiences – il s'en trouve dans les deux pays. La Chine sait sans doute mieux se vendre, au sens où sa machine de propagande vers l'extérieur a une bonne longueur d'avance, elle est bien huilée, prompte à réagir et peu regardante sur les moyens, contrevérités et coercition faisant bon ménage dans son arsenal. L'Inde compte sur une réputation bien assise d'un respect de la diversité et suscite d'ordinaire un intérêt immédiat peut-être moins matériel, même si les temps changent et que la course est désormais engagée, du moins dans certains domaines. La première intervient à tout bout de champ dès qu'elle estime sa susceptibilité froissée, la seconde se montre moins pointilleuse, comme accoutumée à jouer avec le temps.

Passerelles

Convaincu d'avoir résolu la question tibétaine une fois pour toutes, Pékin s'affaire à la faire oublier et disparaître de l'horizon international. Le régime autocratique a le bras long et ne se prive pas d'intervenir à sa guise jusqu'en des lieux inattendus. New Delhi en a fait l'expérience, mais d'autres exemples antérieurs sont tout aussi intéressants. Ainsi, à la mi-février 2006, le dalaï-lama se rend en Israël à l'initiative des Amis du Tibet, une association faisant partie d'un réseau international intéressé par la question tibétaine. Cette nouvelle visite du hiérarque bouddhiste est bien entendu privée, et provoque comme d'ordinaire le mécontentement du régime chinois qui réagit vertement. Reste que des exemples plus récents – en Australie, en Allemagne, aux États-Unis ou au Canada – pourraient indiquer une ébauche de changement.

Le dalaï-lama ne se formalise pas de ces mouvements d'humeur et son emploi du temps est bien rempli : rencontres, enseignements, conférences publiques, entretiens avec des rabbins, des prêtres, des responsables musulmans, des universitaires, des fidèles et des journalistes. Cette fois cependant, les responsables politiques adoptent un profil bas, tandis que lors de sa visite en 1999 il avait rencontré le ministre de l'Éducation du moment et le président de la Knesset, Avraham Burg, qui avait répliqué à la remontrance chinoise qu'il était libre de recevoir qui bon lui semblait, ce qui ne l'avait pas empêché de signer le lendemain un contrat de vente d'armes israéliennes à la Chine : inconséquence politicienne, ou quand nécessité fait loi...

Prétexte de la nouvelle visite, le centième anniversaire de l'arrivée de Ben Gourion en Terre promise : le dalaï-lama se rend sur sa tombe au collège Ben-Gourion à Sde Boker, dans le sud du pays. Il y est chaleureusement accueilli, l'intérêt et le respect de Ben Gourion pour le bouddhisme étant de notoriété publique. C'est en 1961 que l'homme d'État juif avait profité d'une visite en Birmanie pour s'entretenir deux jours durant avec des moines, et surtout avec U Nu, alors Premier ministre et grand lettré fidèle disciple de l'Éveillé, à qui il avait posé d'innombrables questions. Peut-être y avait-il aussi une arrière-pensée informulée chez les organisateurs – d'aucuns auraient espéré que la venue du hiérarque tibétain devenu au fil des ans pèlerin inlassable de la paix encourage un éventuel dialogue au Proche-Orient pour tenter une sortie du cycle de violence.

Le dalaï-lama a accepté l'invitation d'une ONG, le Holy Land Trust, d'aller à Bethléem pour se rendre à l'église de la Nativité, dans une mosquée, à la mairie et dans un camp de réfugiés tout proche. À la dernière minute, ordre est donné par l'Autorité palestinienne d'annuler l'invitation sur exigence de Pékin... Nullement contrarié par ce brusque revirement, le hiérarque bouddhiste répond simplement : « Pas de problème. Où que j'aille, je n'entends créer aucun inconvénient à ceux qui m'accueillent. Les fonctionnaires dans les ambassades font loyalement leur travail. Si vous avez l'occasion de rencontrer en privé des officiels chinois, personnellement ils s'expriment peut-être autrement. »

Parmi les journalistes couvrant ce séjour, certains ont

relevé avec une pointe d'étonnement que le dalaï-lama répondait aux questions avec une dextérité plus souvent associée aux politiciens qu'à un moine. Quelqu'un s'étant aventuré à lui demander si les Tibétains avaient le plus d'affinités avec les Juifs ou les Palestiniens, il s'est entendu répondre : « Comparaison n'est pas raison, c'est toujours délicat d'en faire. Mais – a ajouté le dalaï-lama – la violence n'est pas une solution. Et il ne faut pas utiliser la religion dans un conflit politique, car c'est toucher à l'émotion. Et quand il s'agit d'émotions, il n'y a pas de place pour la raison. »

Raison, foi et intelligence font bon ménage dans la manière de voir le monde du dalaï-lama. Il n'en démord pas : son credo s'exprime en valeurs fondamentalement humaines, basées sur le respect d'autrui et la responsabilité universelle. « Je suis un bouddhiste qui met l'accent plutôt sur l'intelligence humaine que sur la bénédiction et la prière. À ceux qui me demandent de les bénir, je réponds que la bénédiction doit venir de l'intérieur, et qu'agir est plus important que prier. Si l'on accordait davantage d'attention aux sentiments humains, je pense que nombre de problèmes pourraient s'amenuiser, sinon disparaître. »

Pas facile de trouver une rationalité religieuse dans l'environnement brouillé du Proche-Orient, mais nul doute que le dalaï-lama, ce veilleur aux mains nues qui fait tellement peur aux autocrates, serait d'accord avec cette sagesse venue du fond des temps qui affirme par la bouche d'un kabbaliste moderne : « La pensée forme la réalité : écoute ce que tu dis, car ta parole façonne le monde dans lequel tu vis... » De précédentes rencontres avec des rabbins d'obédiences variées, avec des chercheurs et des laïcs lui ont permis de se faire une idée de la diversité des opinions prévalant dans ce monde aux nuances multiples.

Dans l'intervalle, le bouddhisme semble faire son chemin jusqu'en ces parages improbables. En attendant une « Organisation des religions unies » à la manière des Nations unies, dont l'idée a été évoquée durant cette visite du dalaï-lama, un Centre d'études du bouddhisme a été créé en octobre 2006 à Beit Shemesh, avec pour but affiché d'« amener l'Extrême-Orient au Proche-Orient ». Le projet est ambitieux : il s'agit en fait de ramener peut-être l'Orient à ses véritables dimensions, à partir du Proche-Orient jusqu'à l'autre extrémité, en quelque sorte de resituer simplement l'Orient dans sa diversité. Les Israéliens ont fini par s'en rendre compte eux aussi, dans la foulée des tendances perceptibles dans plusieurs pays occidentaux. Nombre d'entre eux ont emprunté les chemins de l'Inde, et certains ont découvert Dharamsala, où quelques-uns se sont installés à demeure. D'autres, rentrés au pays, ont gardé un intérêt marqué pour cette religion qui n'en est pas vraiment une.

C'est ce qui a déterminé le directeur du nouveau Centre d'études de se lancer dans cette aventure. Selon lui, de nombreux Israéliens se dirigent vers l'Orient, soit en quête d'eux-mêmes, soit pour fuir les problèmes chez eux. Ce courant semble plus marqué aux États-Unis – d'où sa volonté louable d'aller voir de plus près à quoi ressemble le bouddhisme en ses terres, au-delà du yoga, voire du new age inscrit dans l'air du temps. Son ambition revient à faire de cette nouvelle institution un regard académique juif sur le sujet, un peu à la manière de ce qui existe déjà, avec une tonalité plus « chrétienne », à Oxford, Bristol, Harvard, Stanford ou Lausanne. Pas question de promouvoir le bouddhisme, juste de mieux le comprendre, en espérant bien sûr que judaïsme et bouddhisme s'entendent mieux et soient mutuellement mieux compris.

Dans la pratique, ce n'est que le maillon le plus récent d'une relation déjà longue entre les uns et les autres : la rencontre initiale s'est produite dès le début de l'exil tibétain, sans tapage, dans l'action, quand il a fallu créer des centres d'accueil en Inde et mettre en place des structures de survie. Le dalaï-lama en garde le souvenir précis, même si à l'époque il avait d'autres soucis nettement plus pressants. Un peu plus tard, vers la fin des années 1960, encore assez tôt pour connaître les difficultés et les obstacles à surmonter en vue de s'adapter aux conditions inédites pour les Tibétains d'une existence déplacée, des jeunes gens, américains pour la plupart mais parfois aux origines juives, ont commencé à s'intéresser aux réfugiés du Toit du monde. Ces pionniers semblaient répondre, peut-être sans en avoir pleinement conscience, à une injonction ancestrale recommandant de voyager et d'explorer d'autres lieux à la recherche de la vérité, ou du moins d'*une* vérité.

En rupture, assumée ou non, avec leur milieu et une société qu'ils trouvaient sans grand intérêt, ces voyageurs studieux cherchaient, sans renier leur terreau, des réponses à des questions existentielles qu'ils semblaient ne pas trouver chez eux. En se soumettant avant que n'éclose la « tibétomanie » à des disciplines exigeantes, ils sont devenus des passeurs, s'attelant sous l'égide de maîtres chevronnés à la traduction de textes jusque-là inaccessibles en langues occidentales, se faisant ainsi éclaireurs pour ouvrir des voies peu fréquentées. Le système universitaire américain se prêtant particulièrement aux sujets de recherches les moins attendus, c'est assez naturellement que les études tibétaines – historiques, linguistiques, littéraires, médicales, éthiques, voire religieuses – se sont fait une place au soleil des campus.

L'arrivée en nombre de lamas tibétains aux États-Unis

et l'engouement suscité autour d'eux, ainsi que la constitution de collections d'art et de centres d'enseignement bouddhiques, ont donné à ces aventuriers de l'esprit une longueur d'avance. Sans doute y avait-il également un désir inavoué d'exotisme dans cette démarche novatrice, qui s'est finalement révélée bénéfique aux deux parties pour une connaissance mutuelle. De rares chercheurs se sont engagés aussi loin que possible dans la voie étroite des comparaisons entre kabbale et tantras. D'aucuns, en se frottant aux techniques bouddhistes de méditation et de concentration mentale, ont redécouvert par ce détour leurs propres racines.

Le dalaï-lama, pour sa part, pose souvent une même question à ses interlocuteurs lorsqu'ils se réclament, d'une manière ou d'une autre, du judaïsme – religieux, spirituel ou laïque : il est, lui, à la recherche du « secret » qui a permis à la tradition juive de se maintenir envers et contre tout au fil de siècles souvent tourmentés. Après maintes rencontres et autant de réponses, peut-être en a-t-il dégagé le fil conducteur lors de sa visite en avril 1993 – il en fut le premier hôte officiel – du musée de l'Holocauste à Washington. Peut-être a-t-il aussi mieux saisi, à cette occasion, ce que l'écrivain Elie Wiesel lui avait glissé un jour : « C'est important, de prier. Mais aujourd'hui, les Tibétains doivent mieux connaître ce que la vie nous a appris au XXe siècle. Il ne suffit pas de prier... »

Difficile cependant de jeter d'emblée un pont entre des approches si différentes de l'existence. Peut-être d'abord une passerelle légère, où les plus téméraires s'engagent, avant que d'autres suivent... Des siècles et des siècles d'exil, des périls de toutes sortes à braver, des haines irrationnelles à surmonter ont trempé chez les uns une résilience à toute épreuve, payée au prix fort et devenue comme instinctive.

Quelques décennies d'arrachement à la terre ancestrale commencent à pousser les autres à relever la tête, à accuser le coup et à se remettre sur pied. On peut en convenir : la loi de l'impermanence, pierre de touche de l'existence sur le Toit du monde, brutalement confrontée au chaos d'un siècle sanglant d'un millénaire finissant, il y a de quoi perdre ses repères.

Le choc peut se révéler d'autant plus rude que deux courants inverses risquent de se heurter de front. Pour les uns, c'est briser avec les limites du conformisme ambiant nourri d'un passé s'ankylosant. Pour les autres, c'est préserver dans un monde élargi mais mal connu l'essence d'une altérité. Il faut bien une ou deux générations pour en prendre la mesure. Le XIVe dalaï-lama l'a rapidement compris, qui a donné la priorité à la sauvegarde d'une culture directement menacée et des textes fondateurs, après avoir assuré au minimum les conditions de vie ; le reste a suivi cahin-caha, grâce en partie à des milliers de gestes de solidarité internationale aussi efficaces que discrets. La visite du président chinois en Inde en 2006 l'a montré, une relève tibétaine semble prête à donner une visibilité nouvelle à la question tibétaine afin de ne pas la laisser enterrer. Le passage en quelque sorte d'un flambeau entre la génération de l'exil et celle sur qui repose la responsabilité de l'avenir de son pays ? Il aura fallu toute la tenace énergie d'un dalaï-lama pour que le fil ne se rompe pas...

Il en va aussi de la solidarité requise des néobouddhistes, ces fidèles de récente vocation, engagés d'abord pour eux-mêmes et qui négligent un contexte moins restrictif. Combien de fois entend-on ce refrain déconcertant : « Moi, ce qui m'intéresse, c'est le bouddhisme, l'enseignement, la pratique, le tantra, les mantras, le reste est sans importance... » Il y a plusieurs années déjà, dans une lettre aux étudiants du dharma, le dalaï-lama a clairement rappelé son attachement aux principes qui gouvernent sa propre vie, avant de préciser : « Nous autres Tibétains, nous avons besoin du soutien de l'opinion, de l'expression active de votre bonne volonté à notre égard. Souvenez-vous-en et, lorsque l'occasion se présente, exprimez votre sympathie pour la cause tibétaine.

« En tant que pratiquants bouddhistes, il vous faut comprendre la nécessité de sauvegarder le bouddhisme tibétain. Pour cela, le pays lui-même, le Tibet physique, est vital. Nous nous sommes évertués à préserver au mieux les traditions tibétaines hors du Tibet depuis plus de trente ans, et nous avons relativement réussi. Mais en fin de compte, après nous, le danger est très réel qu'elles changent, qu'elles ne survivent pas, loin du foyer protecteur de notre sol. [...] Il est très peu probable que le bouddhisme tibétain puisse survivre en tant qu'entité culturelle et spirituelle si sa réalité physique est anéantie sous occupation chinoise. Si bien que nous ne pouvons esquiver la responsabilité de tenter d'améliorer sa situation politique.

« De ce point de vue, il est clair qu'un soutien actif à la cause tibétaine n'est pas simplement une affaire de politique. C'est aussi l'affaire du dharma. Nous ne sommes pas contre les Chinois. De fait, nous avons une profonde admiration pour la civilisation chinoise. Nous nous efforçons simplement de recouvrer nos droits, de sauver notre peuple et de sauvegarder le dharma du Bouddha. Je rêve d'un nouveau Tibet – d'un pays libre, une zone de paix où les six millions de Tibétains pourront restaurer notre mode de vie spirituelle tout en s'ajustant aux meilleurs aspects de la vie moderne. [...] Avec votre aide, nous pourrons y retourner. Le temps est venu pour votre pratique d'être action[1]. »

Une bonne douzaine d'années plus tard – un cycle de vie dans la tradition bouddhiste –, force est d'admettre que le nœud gordien est intact. Malgré ce que souhaite si vivement Pékin, la question tibétaine est toujours là, en arrière-plan, elle réapparaît et disparaît au rythme des projecteurs qui se braquent sur le dignitaire tibétain lors de ses déplacements. Des groupes d'études officieusement officiels en Europe, aux États-Unis, voire en Asie ; des séminaires universitaires ; des semaines ou des journées de solidarité à droite et à gauche ; des festivals culturels ou cinématographiques ; des campagnes autour d'un événement précis ; des levées de drapeaux et des manifestations ponctuelles ; des livres et des documents en tous genres entretiennent l'intérêt et peut-être la flamme – tandis qu'en dépit de la bonne volonté proclamée à chaque occasion par le dalaï-lama et les missions de ses émissaires qui se succèdent selon le bon, ou le mauvais, vouloir chinois, sur place, au Tibet même, la colonisation par sinisation accélérée ne faiblit pas. Au contraire.

À l'intérieur, dans les provinces chinoises, les Tibétains sont muselés. La moindre velléité de contestation, réelle ou supposée, est étouffée dans l'œuf, la surveillance est permanente, les peines de prison pleuvent sur les récalcitrants, avec à la clé tortures et mauvais traitements garantis. Seule protection, aussi ténue qu'aléatoire pour eux, la vigilance des associations et organisations citoyennes dans le monde. Parfois également, une démarche plus officielle, mais toujours en privé : une demande de grâce, en quelque

---

1. XIVᵉ dalaï-lama, *Lettre aux étudiants du dharma*, 1994, cf. La *Voie de la liberté*, Calmann-Lévy, 1995.

sorte – pas de justice ou de respect des droits de l'homme ou des libertés fondamentales –, pour les plus chanceux dont on connaît les noms ou les accusations arbitraires qui leur valent ces traitements. Ou bien les interventions d'agrément contre espèces sonnantes et trébuchantes pour ces monnaies d'échange commodes que sont les prisonniers de conscience, lorsque les successeurs ou émules modernes des fils du Ciel se déplacent au-delà de la Grande Muraille qu'ils perpétuent avec soin.

Une question, mille réponses

Dans la communauté exilée, les nouvelles générations qui n'ont jamais vu ou connu leur pays ont fini par saisir que l'effort commun visant à recouvrer la liberté du Tibet était aussi leur affaire. Que le temps était venu de se faire clairement entendre, au-delà des querelles de familles et des intrigues traditionnelles, en prenant la vraie mesure de ce qui se passe dans leur pays occupé, en prenant leur place aux côtés de tous ceux qui croient en la justesse de leur cause et ne ménagent pas leurs forces depuis des années pour que vive le Tibet, et pas seulement sa mémoire.

Les actions aussi spectaculaires que dignes des Tibétains de l'extérieur durant la Conférence internationale des Nations unies sur les femmes à Pékin en ont témoigné d'abondance, et les Jeux olympiques passés ou à venir sont des occasions de s'exprimer – banderoles aux couleurs tibétaines déployées à Athènes, grève de la faim pendant toutes les compétitions à Turin, en perspective les Jeux olympiques de 2008 à Pékin... L'implication personnelle et individuelle des Tibétains dans ce combat dont l'étendard demeure pour l'instant la non-violence donne une dimension supplémentaire et indispensable à toutes les campagnes ou initiatives en faveur de leur cause : l'information passe mieux quand les principaux intéressés sont présents.

Les histoires diffèrent, les épreuves les poussent à chercher dans l'autre des raisons d'espérer, un sens à l'existence : pour dépasser la haine ou le mépris des autres, ou défier la mort ? L'histoire enseigne que toutes les civilisations sont mortelles, ce n'est pas une raison pour les laisser assassiner. Dans les clameurs du vacarme orchestré sur la scène proche-orientale, dans l'indifférence du regard volontairement aveugle aux drames qui se jouent ailleurs, le Tibet meurt de nos silences. Bouc émissaire de nos rêves ? L'espoir pourtant a la vie dure, et s'il ne fait pas toujours vivre, il empêche parfois de mourir en nourrissant une capacité instinctive de résilience qui toujours surprend. « Le monde change – constatait un jour le dalaï-lama –, le Tibet est modeste, la Chine est grande et prend sa place dans la communauté internationale. Mais le monde est encore plus grand que la Chine et peut lui faire entendre qu'il est de son intérêt d'engager un dialogue sur l'avenir du Tibet [1]. »

Un sage, naguère, suggérait qu'il est mille réponses à une bonne question. Au gré des jours, des voyages et des rencontres, à la question inlassablement posée – pourquoi

---

1. L'avenir du Tibet est aussi lié à la succession du XIVe dalaï-lama. La question lui est fréquemment posée d'autant que diverses possibilités sont envisagées, mais sa réponse ne varie guère sur l'essentiel : « Dans la tradition bouddhiste, on revient sur terre pour achever une tâche qui n'a pas été menée à terme dans cette existence. Le dalaï-lama reviendra si nécessaire, et hors d'atteinte d'un pouvoir autoritaire » (entretien avec l'auteur, *Politique internationale* n° 117, automne 2007).

le Tibet ? –, le fil des réponses d'une infinie variété se déroule sous mes yeux au hasard des carnets de notes. Chacune est personnelle et aucune ne les résume toutes, chacune a sa tonalité et ses non-dits, mais toutes expriment que l'effacement du Tibet est impensable. Avec pour les uns cette option que « la démocratie repose sur la capacité d'un certain nombre d'individus à dire non à un moment de l'histoire », comme l'affirme l'historien français Jacques Julliard, c'est-à-dire de résister afin de ne pas tolérer l'intolérable. Pour d'autres, cette certitude définie par Octavio Paz : « La liberté n'est pas une philosophie, ni même une idée ; c'est le mouvement de la conscience qui nous amène à certains moments à prononcer deux monosyllabes – *oui* ou *non*. Dans sa brièveté instantanée comme la lumière de l'éclair se dessine le signe contradictoire de la nature humaine. »

Entre rêve et cauchemar, Toit du monde ou terre de solitude, Tibet de tous et de personne, en marge de toutes les histoires, là où se joue à ciel ouvert une certaine idée de la liberté.

Brève chronologie

630-842 :   Empire tibétain : unité politique et extension sur le voisinage. Traité tibéto-chinois (822) portant explicitement sur l'indépendance du Tibet reconnue par la dynastie des Tang. Première diffusion du bouddhisme.

842-1247 :   Fragmentation de l'empire, seigneuries indépendantes, montée de l'influence des écoles monastiques dans le sillage de la seconde diffusion du bouddhisme.

1247-1368 :   Empire mongol et dynastie des Yuan en Chine (1271-1368). Établissement de la relation choyon, prêtre/patron entre lamas tibétains et khans mongols.

1368-1644 :   Dynastie Ming, Tibet indépendant. Altan Khan donne le titre de dalaï-lama à Sonam Gyatso. Unification du Tibet en 1642 par le Ve dalaï-lama.

1644-1911 :   Empire mandchou, dynastie Qing en Chine, Tibet sous protection, mais administrativement indépendant.

1911-1951 :   Tibet indépendant de facto. Invasion britannique en 1904 ; invasion chinoise des marches tibétaines orientales en 1905. Chute des Qing en 1911. Proclamation officielle d'indépendance par le XIIIe dalaï-lama en 1912. Conférence de Simla en 1914 (Inde britannique, Tibet, Chine).

1949 :   Proclamation de la République populaire de Chine, menace de « libérer » le Tibet, appel de Lhassa à l'Onu.

1950 :   Invasion militaire du Tibet par la Chine sous couvert de « libération pacifique ».

1951 :   « Accord en dix-sept points », annexion de facto du Tibet à la Chine.

1951-1954 : Difficile cohabitation des autorités tibétaines avec les nouveaux venus chinois.

1954 :   L'accord de Pancha Sheel entre New Delhi et Pékin admet la mainmise chinoise sur le Tibet.

1955 :   Mise sur pied du Comité préparatoire de la Région autonome du Tibet.

1956 :   Premières réformes sociales, début des soulèvements régionaux antichinois.

1958 :   « Grand Bond en avant » maoïste ; la collectivisation des terres au Tibet oriental nourrit les révoltes locales.

1959 :   Soulèvement populaire de Lhassa, exil du dalaï-lama.

1959-1962 : Répression tous azimuts ; première famine de l'histoire du Tibet.

1966-1976 : Révolution culturelle, destruction systématique du patrimoine tibétain.

1976 :   Mort de Mao.

1976 :   Retour de Deng Xiao-ping aux affaires, politique dite de libéralisation.

1979-1984 : Reprise de contacts entre Dharamsala et Pékin,

lancement du premier programme de développement du Tibet.

1980 :   Visite de Hu Yao-bang à Lhassa, brève période d'éclaircie au Tibet en raison du rappel de cadres et personnel chinois en Chine.

1987 :   « Plan en cinq points » du dalaï-lama, développé l'année suivante en « proposition de Strasbourg » (parce que présentée au Parlement européen) ; manifestations indépendantistes à Lhassa.

1987-1989 :   Manifestations indépendantistes récurrentes au Tibet.

1989 :   En janvier, mort du Xe panchen-lama ; proclamation en mars de la loi martiale au Tibet (avant les manifestations de Tiananmen en juin), levée seulement en mai 1990 (plus tard qu'en Chine proprement dite) ; prix Nobel de la paix décerné en octobre au dalaï-lama « pour son combat pacifique et non violent ».

1992 :   Nouvelles restrictions officielles à l'usage de la langue et à la pratique de la religion tibétaines ; Lhassa est déclarée « zone économique spéciale ».

1994 :   Le 3e Forum sur le Tibet consacre l'accélération de la colonisation sur place.

1995 :   Reconnaissance par le dalaï-lama de la réincarnation du panchen-lama, jeune garçon aussitôt enlevé avec sa famille par les autorités chinoises, qui le remplacent par un enfant du même âge et du même village de leur choix ; début des campagnes de « rééducation patriotique » dans les monastères et parmi les fonctionnaires tibétains, renforcement des contrôles sur la population jusque dans les villages.

2000 :   Lancement du « programme de développement

de l'Ouest » et du projet de liaison ferroviaire ; fuite du karmapa (troisième dignitaire du bouddhisme au Tibet) au tournant du millénaire pour Dharamsala.

2006 : Inauguration du chemin de fer Pékin-Lhassa ; intensification de l'afflux de colons chinois en territoire tibétain ; accélération des programmes de sédentarisation des nomades.

2007 : Au vif mécontentement de Pékin, le dalaï-lama est reçu ès qualités successivement par les premiers ministres australien, autrichien et canadien, la chancelière allemande, et le Congrès américain lui décerne sa Médaille d'or.

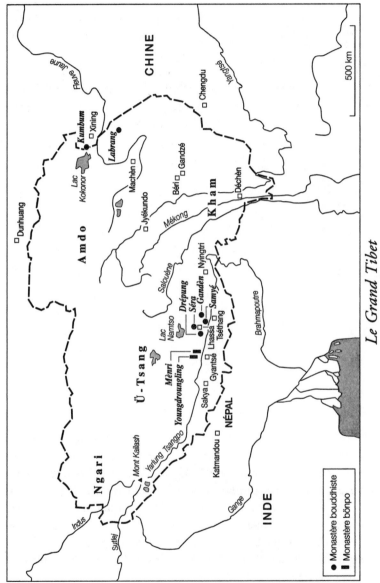

Le Grand Tibet

Après l'invasion chinoise de 1949, le Tibet a été partagé en six « divisions ». Le Tibet central forme dans l'ensemble la Région autonome du Tibet (RAT) ; la majeure partie de l'Amdo a été rebaptisée Quinghai, certaines zones étant incorporées dans la province chinoise du Gansu, tandis que la région du Kham oriental a été rattachée aux provinces du Sichuan et du Yunnan. Lorsque les Chinois se réfèrent au Tibet, ils pensent à la RAT.

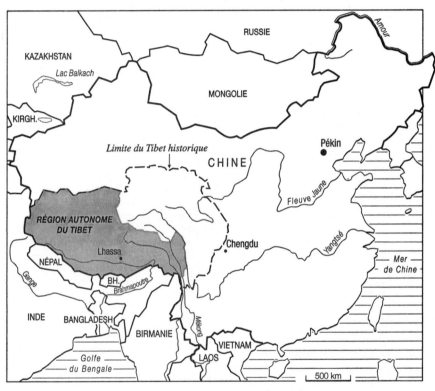

La Région autonome du Tibet

Bibliographie

BACOT, J., *Le Tibet révolté*, Hachette, 1912 (Peuples du monde, 1988 ; Phébus, 1997).

BACOT, J., *La Vie de Marpa le Traducteur*, Librairie orientaliste, 1937.

BLEICHSTEIN, R., *L'Église jaune*, Payot, 1937.

PERCHERON, M., *Dieux et démons, lamas et sorciers de Mongolie*, Denoël, 1953 (préface de Paul Claudel).

RIENCOURT, A. de, *Le Toit du monde*, France-Empire, 1955.

MARAINI, F., *Tibet secret*, Artaud, 1955 ; 1990.

WIGNALL, S., *Prisonniers au Tibet rouge*, Flammarion, 1959.

COMMISSION INTERNATIONALE DE JURISTES, *La Question du Tibet et la primauté du droit ; Le Tibet et la République populaire de Chine ; Tibet : Human Rights and the Rule of Law*, Genève, rapports 1959, 1960, 1997.

STEIN, R.A., *La Civilisation tibétaine*, Dunod, 1962.

DALAÏ-LAMA, XIVe, *Ma terre et mon peuple*, John Didier, 1963 (Olizane, 1984).

FORD, R., *Tibet rouge*, Stock, 1968 (Olizane, 1999).

NORBU, T.J., TURNBULL, C.M., *Le Tibet*, Stock, 1968.

TUCCI, G., *Tibet*, Albin Michel, 1969.

PEISSEL, M., *Les Cavaliers du Kham*, Robert Laffont, 1972.

EVANS-WENTZ, W.Y., *Les Religions du Tibet et de la Mongolie*, Payot, 1973.

BATAILLE, G., *Une société désarmée : le lamaïsme*, in *Œuvres* complètes, VII (cf. *L'économie à la mesure de l'univers, La part maudite*), Gallimard, 1973.

BOGOSLOVSKIJ, V.A., *Essai sur l'histoire du peuple tibétain,* Klincksieck, 1973.

TSEWANG, P., *Tibet, l'an du dragon,* Maisonneuve & Larose, 1975.

HAN SUYIN, *Lhassa, étoile-fleur,* Stock, 1976.

VAN GEEM, I., *Crier avant de mourir,* Robert Laffont, 1977.

GOVINDA, A., *Méditation créatrice,* Albin Michel, 1979.

DAVID-NÉEL, A., *Le Vieux Tibet face à la Chine nouvelle,* Plon, 1981.

TSYBIKOV, G.T., *Un pèlerin bouddhiste au Tibet,* Peuples du monde, 1982.

TAYLOR, M., *Le Tibet, de Marco Polo à A. David-Néel,* Office du Livre, 1985.

AVEDON, F.J., *Loin du Pays des neiges,* Calmann-Lévy, 1985.

COLLECTIF, *Question de...,* n° 61, *Le Tibet,* Albin Michel, 1985.

STODDARD, H., *Le Mendiant de l'Amdo,* Société d'ethnographie, 1986.

HAN YONGMING, *Les Tibétains à propos du Tibet,* La Chine en construction, 1988.

DONNET, P.A., *Tibet, mort ou vif,* Gallimard, 1990.

DIIR, *Tibet, environnement et développement,* Prajna, 1990.

JAN, M., *Le Voyage en Asie centrale et au Tibet,* Bouquins/Robert Laffont, 1992.

COLLECTIF, *Tibet, l'envers du décor,* Olizane, 1993.

BANCAUD, H., DAGPO RIMPOCHÉ, *Le Dalaï-lama, Tibet en exil,* Olizane, 1993.

CHAYET, A., *La Femme au temps des dalaï-lamas,* Stock, 1993.

CHANDRA DAS, S., *Voyage à Lhassa et au Tibet central,* Olizane, 1994.

DALAÏ-LAMA, XIVe, *Au loin la liberté,* Fayard, 1995.

DALAÏ-LAMA, XIVe, *La Voie de la liberté,* Calmann-Lévy, 1995.

DALAÏ-LAMA, XIVe, *Clarté de l'esprit, lumière du cœur,* Calmann-Lévy, 1995.

COLLECTIF, *Tibet. La solution : l'indépendance*, Olizane, 1995.
VARELA, F.J., HAYWARD, J., *Passerelles*, Albin Michel, 1996.
DIDIER, H., *Les Portugais au Tibet*, Chandeigne, 1996.
KAMENETZ, R., *Le Juif dans le lotus*, Calmann-Lévy, 1997.
DESHAYES, L., *Histoire du Tibet*, Fayard, 1997.
DALAÏ-LAMA, XIVᵉ, *Du bonheur de vivre et de mourir en paix*, Calmann-Lévy, 1998.
VARELA, F.J., *Dormir, rêver, mourir*, NiL, 1998.
ALAN WALLACE, B., *Science et bouddhisme*, Calmann-Lévy, 1998.
COLLECTIF, *Tibétains*, Autrement, 1998.
NORBU, T., *La Reconquête du Tibet*, Indigène, 1999.
HOPKIRK, P., *Sur le Toit du monde. Hors-la-loi et aventuriers au Tibet*, Philippe Picquier, 1999.
ARPI, C., *Tibet, le pays sacrifié*, Calmann-Lévy, 2000.
LENOIR, F., DESHAYES, L., *L'Épopée des Tibétains*, Fayard, 2002.
LOPEZ, D.S., *Fascination tibétaine*, Autrement, 2003.
DOCUMENTS DE TRAVAIL DU SÉNAT, *Tibet, un peuple en danger*, n° GA50, 2003 ; *Quelles solutions politiques pour le Tibet ?*, n° GA77, 2007.
FRENCH, P., *Tibet Tibet*, Albin Michel, 2005.

En anglais

LOWELL, Th., Jr., *Out of this World*, Macdonald & Co, 1951.
LOWELL, Th., Jr., *The Silent War in Tibet*, Doubleday, 1959.
STRONG, A.L., *When the Serfs Stood up in Tibet*, New World Press (Pékin), 1960.
MORAES, F., *The Revolt in Tibet*, Shrishti Publishers, 1960 ; 1988.
DALVI, J.P., *Himalayan Blunder*, Orient Backpapers, 1964.
GOPAL, R., *India-China-Tibet Triangle*, Jaico Publishing House, 1964.
MURPHY, D., *Tibetan Foothold*, John Murray, 1966.

GONPO TASHI, A., *Four Rivers, Six Ranges*, IPO Dharamsala, 1973.

BURMAN, B.R., *Religion and Politics in Tibet*, Vikas Publ. House, 1979.

CHANDRA SINHA, N., *How Chinese was China's Tibet region ?* Firna KLM, 1981.

NARAIN TEWARI, U., *Resurgent Tibet. A Cause for Non-Aligned Movement*, Selectbook Service Syndicate, 1983.

EPSTEIN, I., *Tibet Transformed*, New World Press (Pékin), 1983.

FINEGAN, J., *Tibet, a Dream of Image*, Tibet House, Wiley Eastern Ltd., 1986.

GRUNFELD, T., *The Making of Modern Tibet*, Zed Books, 1987.

BECKWITH, Ch.I., *The Tibetan Empire in Central Asia*, Princeton UP, 1987.

NORBU, D., *Red Star over Tibet*, Sterling Publishers, 1987.

LATA SHARMA, S., *Tibet. Self-Determination in Politics among Nations*, Criterion, 1988.

SNELLING, J., *Buddhism in Russia*, Element, 1993.

KAMENETZ, R., *The Jew in the Lotus*, HarperCollins, 1994.

FEIGON, L., *Demystifying Tibet*, Ivan R. Dee, 1996.

KULESHOV, N.S., *Russia's Tibet files*, LTWA (New Delhi), 1996.

DIIR, *The Mongols and Tibet*, Dharamsala, 1996.

BATCHELOR, St., *Buddhism without Beliefs*, Bloomsbury Publishing, 1997.

KANTA KHAN, Ch., *Trans-Himalaya Politics. China, Britain and Tibet*, Y.K. Publishers, 1997.

TIN, *A Poisoned Arrow*, 1997.

SHAKYA, T., *The Dragon in the Land of Snows*, Pimlico, 1997.

SCHELL, O., *Virtual Tibet*, Metropolitan Books, 2000.

LARSEN, K., SINDING-LARSEN, A., *The Lhasa Atlas*, Shambhala, 2001.

MCKAY, A., *Tibet and her Neighbours*, Hansjorg Mayer, 2003.

DREYFUS, G.B., *The Sound of Two Hands Clapping*, University of California Press, 2003.

Bibliographie

DIIR, *Travelers to Tibet,* Dharamsala, 2004.

POWERS, J., *History as Propaganda,* OUP, 2004.

DUNHAM, M., *Buddha's Warriors,* Penguin, 2004.

LIXIONG, W., WOESER, *Unlocking Tibet,* Zurich, 2005.

DALAI-LAMA, *The Universe in a Single Atom,* Morgan Road Books, 2005.

BARNETT, R., *Lhasa Streets with Memories,* Columbia UP, 2006.

NORBU, J., *Shadow Tibet,* Bluejay Books, 2006.

LAIRD, Th., *The Story of Tibet,* Atlantic Books, 2006.

CHHAYA, M., *Dalai Lama, Man, Monk, Mystic,* Doubleday, 2007.

Lectures

HERGÉ, *Tintin au Tibet,* Casterman.

COSEY, *Souviens-toi, Jonathan,* série tibétaine aux Éd. du Lombard.

MIGOT, A., *Caravane vers Bouddha,* Amiot-Dumond, 1954 (Éd. du Rocher, 1978).

SINGH, M., *L'Art de l'Himalaya,* Unesco, 1968.

WAHID RADHU, A., *Caravane tibétaine,* Fayard, 1981.

NORBU, J., *Un cavalier dans la neige,* Jean Maisonneuve, 1981.

JEST, C., *La Turquoise de vie,* A.M. Métaillé, 1985.

DALAÏ-LAMA, VIe, *La Raison de l'oiseau,* Fata Morgana, 1986.

RAY, S., *La Nuit de l'indigo,* Presses de la Renaissance, 1987.

MA JIAN, *La Mendiante de Shigatsé,* Actes Sud, 1988.

WANG CHAO, *Tibet sans retour,* Bleu de Chine, 2003.

LELIÈVRE, D., *Voyageurs chinois à la découverte du monde,* Olizane, 2004.

XINRAN, *Funérailles célestes,* Philippe Picquier, 2005.

MILARÉPA, *Les Cent Mille Chants,* Fayard, 2006.

BEER, R., *Symboles du bouddhisme tibétain,* Albin Michel, 2006.

Table

Table

DU MÊME AUTEUR

Le Chemin de Lhassa, Lieu commun, 1985.
Le Seigneur du Lotus blanc, le dalaï-lama, Lieu commun, 1987 (Livre de poche, 1989).
Ainsi parle le dalaï-lama, Balland, 1991 (Livre de poche, 1992).
L'An prochain à Lhassa, Balland, 1993 (Picquier poche, 2006).
1949-1959, la Chine envahit le Tibet, Complexe, 1995.
La Montagne des Trois Temps, Calmann-Lévy, 1995.
Kailash, Joyau des neiges, Olizane, 1995.
Symboles du bouddhisme tibétain, Assouline, 1996.
La Messagère du Tibet, Philippe Picquier, 1998.
Le dalaï-lama, naissance d'un destin, Autrement, 1998.
Tibet, un peuple en sursis, CHRD-Actes Sud, 2000.
Tibet, otage de la Chine, Philippe Picquier, 2002.
Le Bouddhisme, « Que sais-je ? », PUF, 2004.
Tibet, d'oubli et de mémoire, Phébus, 2007.

Avec Jean-Claude Buhrer

Le Guatemala et ses populations, Complexe, 1980.
D'Asie et d'ailleurs, Balland, 1991.
Aung San Suu Kyi, demain la Birmanie, Philippe Picquier, 2000 (Picquier poche, 2003 ; 2007).
L'Onu contre les droits de l'homme ?, Mille et une nuits, 2003.
Sergio Vieira de Mello, un espoir foudroyé, Mille et une nuits, 2004.

Ouvrages collectifs

Tibet, l'envers du décor, Olizane, 1993.
La Roue du temps, Actes Sud, 1995.
Grandes religions, Assouline, 1997.
Encyclopédie des religions, Bayard, 1997.
Aventuriers du monde, L'Iconoclaste, 2003 (Folio, 2005).